KB215326

당신은 하마스를 모른다

Understanding Hamas And Why That Matters
© 2024 Just World Educational

Korean Translation © 2025 by Dongnyok Publishers
Korean edition is published by arrangement with OR Books
through Duran Kim Agency.

이 책의 한국어판 저작권은 듀란킴 에이전시를 통한 OR Books와의 독점계약으로 도서출판 동녘에 있습니다.
저작권법에 의하여 한국 내에서 보호를 받는 저작물이므로 무단전재와 무단복제를 금합니다.

당신은 하마스를 모른다
금기와 편견 너머, 하마스를 이해하기

초판 1쇄 펴낸날 2025년 6월 13일

지은이 헬레나 코번·라미 G. 쿠리   **편집** 김혜윤 김현정 이심지 이정신 이지원 홍주은
옮긴이 이준태   **디자인** 김태호
펴낸이 이건복   **마케팅** 임세현
펴낸곳 도서출판 동녘   **관리** 서숙희 이주원

만든 사람들
편집 이심지   **디자인** 김태호

인쇄·제본 영신사   **라미네이팅** 북웨어   **종이** 한서지업사

등록 제311-1980-01호 1980년 3월 25일
주소 (10881) 경기도 파주시 회동길 77-26
전화 영업 031-955-3000 편집 031-955-3005 **팩스** 031-955-3009
홈페이지 www.dongnyok.com **전자우편** editor@dongnyok.com
페이스북·인스타그램 @dongnyokpub

ISBN 978-89-7297-158-0 (03340)

• 잘못 만들어진 책은 구입처에서 바꿔 드립니다.
• 책값은 뒤표지에 쓰여 있습니다.

당신은 하마스를 모른다

Understanding
Hamas And
Why That Matters

헬레나 코번
라미 G. 쿠리
지음

이준태
옮김

팔레스타인평화연대
감수

금기와 편견 너머,
하마스를 이해하기

أنت
لا تعرف
حركة حماس

동녘

일러두기

1. 이 책은 2024년 저스트월드 교육위원회Just World Educational에서 하마스의 역사와 성장을 주제로 진행한 동명의 공개 대담 시리즈를 기록한 책 *Understanding Hamas And Why That Matters*를 한국어로 옮긴 것이다.

2. 단행본, 정기간행물 등은 겹화살괄호(《》)를, 논문, 기사, 영화 등은 홑화살괄호(〈〉)를 사용해 표기했다.

3. 옮긴이주로 따로 표시하지 않은 각주는 모두 원주이며, 독자의 이해를 돕기 위해 옮긴이가 한국어판 본문에 추가한 내용은 대괄호([ ])로 표기했다.

4. 본문에 등장하는 단행본은 한국어판이 있는 경우 원서의 제목을 병기하지 않고 한국어판의 제목을 따랐다.

5. 외래어의 표기는 국립국어원 외래어 표기법의 원칙을 따랐고, 아랍어의 로마자 표기법은 원서를 참고하되 가장 널리 쓰이는 용례를 따랐다.

"이 책은 하마스가 '악마적인 테러 집단'이라는 편견을 바로잡아주는 책이다. 오랫동안 하마스를 지켜본 다섯 명의 전문가들은 하마스가 왜 저항을 멈추지 않는지, 많은 현지 사람들이 왜 하마스를 지지하는지, 이스라엘은 어떻게 중동 평화를 위협하는지, 국제 사회는 하마스를 어떻게 바라보는지, 비극을 멈추려면 어떤 노력들이 필요한지 이해하기 쉽게 알려준다. 이 책을 읽다 보면, 하마스의 투쟁과 지난날 일제에 맞섰던 우리 독립투사들의 투쟁이 모두 민족 해방이라는 본질적 목표를 갖고 있다는 점에서 크게 다르지 않다는 진실을 깨닫게 된다. 중동 평화를 바라는 독자들이라면 꼭 읽어봐야 할 책이다."

김재명
국제 분쟁 전문 기자·《눈물의 땅, 팔레스타인》 저자

"진실은 거의 없고 모든 비방이 그럴듯하게 들리는 정보전의 세계에서는 신뢰할 수 있는 정보에 접근하는 것이 무엇보다 중요하다. 《당신은 하마스를 모른다》는 하마스가 어떻게 구성됐는지, 팔레스타인인들의 자결권을 추구하는 다른 운동 세력들과 하마스가 어떻게 관계하는지, 이스라엘과 협상을 통해 공존하는 데 하마스가 어떤 위치를 차지하는지 '있는 그대로'를 들려주는 입문서다. 이스라엘과 팔레스타인 모두의 미래를 결정하는 데 하마스가 맡아야 할 핵심 역할이 있다. 무엇이 가능한지, 그리고 무엇이 가능하지 않은지를 이해하기 위해서 이 책을 읽어보길 권한다."

채스 프리먼 2세 Chas W. Freeman, Jr.
미국 전직 외교관·아시아 및 안보 문제 전문가

"이스라엘-팔레스타인 갈등을 진지하게 이해하고자 하는 모든 이들이 반드시 읽어야 할, 진정 중요한 책이다. 이스라엘과 서구의 이스라엘 지지 세력은 하마스를 악마화하고, 우리 모두가 이 운동에 대해 분별 있게 토론하는 것을 거의 불가능하게 만들어왔다. 하마스를 좋아할 필요는 없지만, 그들이 어떤 존재인지 정확히 이해하는 것은 반드시 필요하다. 이 책은 그 방향으로 가는 큰 걸음이다."

존 J. 미어샤이머 John J. Mearsheimer

시카고 대학교 정치학과 석좌교수·《왜 미국은 이스라엘 편에 서는가》 저자

"이스라엘의 강력한 프로파간다는 하마스가 유대인 국가의 파괴에 혈안이 된 이슬람 광신자와 테러리스트 무리라고 체계적으로 묘사한다. 이 책은 그런 고정관념을 교정해주는 가장 반가운 책이다. 일군의 '진짜' 전문가들은 여기서 하마스의 사상과 실천에 대해 섬세하고 역사에 기초한, 또한 놀랍도록 공정한 설명을 제시한다. 서구의 모든 정책결정자들이 반드시 읽어야 한다."

아비 슐레임 Avi Shlaim

옥스퍼드 대학교 국제관계학과 명예교수·
《철의 장막: 이스라엘과 아랍 세계The Iron Wall: Israel and the Arab World》의 저자

"이 책은 하마스는 테러 집단이라는 구호를 넘어 하마스를 탐색한다. 사회·종교적 운동에서 민족·정치적 참여를 하게 된 하마스의 결정적 전환, 하마스 정치 부문과 군사 부문 간의 민감한 균형, 초기 반유대적 경향에서 유대주의와 시온주의를 구별하는 하마스의 입장 변화까지 다루는 이 책보다 더 시의성 있는 책이 어디 있겠는가. 손에서 내려놓을 수 없는 책이다. 팔레스타인 민중의 고난을 우려하는 모든 이들에게 강력히 추천한다."

메디아 벤저민 Medea Benjamin

코드핑크CODEPINK 공동 창립자·
《당신은 우크라이나 전쟁을 모른다》의 공동 저자

"하마스의 행동 이면의 전략적 논리뿐만 아니라 하마스의 역사와 사상에 대한 비판적 관점을 제공한다. 이 전문가들은 서구 언론의 지배 서사에 맞서면서, 하마스를 매장하고 파괴하려는 시도와는 대조적으로 반식민주의 투쟁 안에서의 하마스를 맥락화하며 풍부한 생각거리를 던져준다."

파와즈 A. 제르제스 Fawaz A. Gerges

런던정치경제 대학교 국제관계학과 교수·

《무엇이 정말로 잘못되었나: 중동 민주주의의 실패와 서구

What Really Went Wrong: The West and the Failure of Democracy in the Middle East》의 저자

"서구 언론에서 하마스만큼 악마화된 정치조직이 있을까. 전쟁 프로파간다의 안개를 헤쳐가려는 이들을 위한 책으로, 팔레스타인 저항의 역사에 대한 전문성을 바탕으로 한 쉽고 빈틈없는 입문서다."

맥스 블루먼솔 Max Blumenthal

《그레이존Grayzone》 편집장·

《51일 전쟁: 가자지구의 폐허와 투쟁The 51 Day War: Ruin and Resistance in Gaza》의 저자

"중요하고 시의적절한 책이다. 하마스를 이해하지 않은 채, 이들을 상대하는 방법을 배우지 않은 채 팔레스타인 문제나 가자 문제에 대해 제대로 대처할 수 없다. 하마스를 악마화하고 이들과의 대화를 공식적으로 금기시하면서 일상적인 잔혹행위와 계속되는 집단학살도 정당화되어왔다. 팔레스타인과 이스라엘 간 평화에 관심이 있는 사람이라면 누구나 이 책을 읽고 하마스를 대화의 장으로 불러오기 위한 행동에 나서야 한다."

조너선 쿠탭 Jonathan Kuttab

인권 활동가·북미 사빌의 친구들Friends of Sabeel North America, FOSNA 전무이사

차례

있는 그대로의 하마스를 욕하라

덩야핑
팔레스타인평화연대

한국에서 '세속주의자'라는 표현은 다소 어색하게 들린다. 세속적이거나 속물 같다는 뜻으로 오해되기도 한다. 그만큼 우리에겐 정치와 종교를 분리하는 세속주의가 기본이고, 이슬람주의는 그 전제부터 낯설다.

나는 한국인 누구에게나 당연한 그 '세속주의자'로서 20년간 팔레스타인에 연대해온 그동안 이슬람과 이슬람주의에 대해 한국인이 잘 모르는 것이 별 문제가 아니라고 생각했었다. 팔레스타인 원주민은 서구가 기획한 '이스라엘'이라는 식민주의 프로젝트에 맞서 100년 넘게 싸워왔다. 가장 보수적인 국제법의 언어로도 팔레스타인인에겐 무장 저항을 포함해 모든 수단을 동원한 투쟁의 권리가 보장된다. 너무나 정당해서 그 이상의 정당성을 확보하려고 노력할 필요도 없다. 그래서 이슬람이라는 종교가 중요한 위상을 가진 팔레스타인 사회에 대해서나, 팔레스타인 민족 해방 운동의 한 조류를 구성하고 있는 이슬람주의에 대해 모르더라도 일제강점기 독립 운동의 역사를 배워온 한국 동료 시민들이 그 정당성을 이해하고 연대하는 데 아무 지장이 없을 것이라고 생각했다. 강연 등 기회가 있을 때마다 주어진 시간 내에 팔레스타인 세속주의 좌파, 페미니스트들의 운동에 대해 알리는 것이 더 중요하다고 생각했다. 미국이나 유럽과 달리 한국 사회 전반에 이슬람혐오가 짙게 깔려 있지 않았기 때문에 더더욱 그랬다. 그러나 2023년 10월 7일 이후 이것이 완전히 틀린 생각이었음이 드러났다.

이스라엘은 팔레스타인 가자 주민 집단학살을 시작하자마자 이슬람혐오에 기반한 가짜 뉴스(허위 조작 정보)를 퍼뜨렸다. 'ISIS＝하마스'라는 공식을 만들어 하마스를 극단적이고 광신적인 테러 집단으로 규정했다. 이스라엘이야 원래 그랬다. 서구 언론 역시 원래 이스라엘 프로파간다의 나팔수 노릇을 자처해왔다. 서구 언론으로부터 외신을 받아쓰기해온 한국 언론이 부화뇌동한 것도 익숙한 일이다. 그러나 한국 시민사회가 동요하는 것은 처음 겪는 일이었다. 그것도 매일 이스라엘에 도륙당한 수백 구의 팔레스타인 아동의 시신이 소셜 미디어를 타고 분 단위로 올라오는데, 그 어느 때보다도 집중적인 연대와 지지가 절실한 순간에 많은 이들이 '하마스의 잔혹 행위'를 거론하며 팔레스타인을 전폭적으로 지지하기를 주저했다. 충격 그 이상이었다. 이미 공격 6일차에 집단학살 전문가들이 이것이 홀로코스트와 같은 집단학살이라고 규정할 만큼 전례 없는 학살이 매일 그 규모를 갱신하는데도 주저함은 오래 이어졌다. 많은 동료 시민들은 하마스가 이스라엘 민간인을 상대로 테러를 감행하고 조직적으로 집단

강간을 자행했다는 이스라엘의 날조를 오랫동안 의심 없이 사실로 받아들였다.

이 날조가, 이스라엘과 미국, 유럽이 집단학살을 정당화하는 근거의 전부다. 이스라엘과 서구는 팔레스타인 민족 해방 운동을 '하마스'로 축소시키고, 하마스를 '이슬람 극단주의 테러' 세력으로 둔갑시켰다. 그리고 가자 민간인들이 겪는 고통은 '비극적'이지만 하마스를 지지해서 이 사태를 자초했다고, 즉 피해자에게도 집단학살당하는 책임이 있다는 프로파간다를 성공적으로 안착시켰다. 9·11 이후 미국이 이슬람을 테러와 동일시하며 주창했던 '테러와의 전쟁', '문명 대 비문명'이라는 테제는 이에 비판적인 사람들의 무의식에조차 각인돼 있었다. 그리고 연대가 가장 절박한 순간에 부활해 팔레스타인 민족 해방 운동의 한 세력과 이를 지지하는 가자 주민을 비인간화하는 프로파간다에 대한 저항력을 낮추는 데 역할을 했다. 시민사회조차 이슬람과 이슬람주의에 대해 무지했을 뿐 아니라 편견과 편향된 정보가 뒤섞인 채 기초 사실과 전제가 오염돼 있었음을 겪고 나서야 너무 늦게 깨달았다.

이슬람주의 계열이든 세속주의 계열이든 팔레스타인 저항 운동은 스스로를 반식민·반제국주의 투쟁의 계보 위에 위치시키며, 아파르트헤이트 시기 남아프리카공화국, 알제리, 쿠바, 베트남, 카슈미르 등 다른 해방 운동들과 유구한 연대의 역사를 자랑한다. 또한 대다수 조직이 산하에 무장 분파를 가지고 있으며, 무장 투쟁이 국제법상 민족 해방 운동에 보장된 권리임을 강조한다. 하마스도 마찬가지다. 서구 정부와 언론이 요약해주는 '반유대주의 이슬람 테러 단체' 하마스가 아니라 하마스의 공식 성명과 구성원의 글과 인터뷰 등을 직접 읽고 들어보면 이들이 앞선 해방 운동들과 특별히 다를 것이 없음을 쉽게 알 수 있다. 민간인 학살과 집단강간을 조직적으로 기획한다는 것이 있을 수 없는 일이란 것 또한 알게 될 수밖에 없다. 팔레스타인인들은 유대인 아동과 여성을 학살하고 싶어하는 증오에 가득 찬 악마들이 아니고, 이들이 지지하는 현재 해방 운동의 가장 큰 집단인 하마스도 그런 맹목적인 집단이었던 적이 없다. 하마스는 팔레스타인 해방 운동의 리더십을 점하기 위해 민중의 신임을 두고 다른 저항 세력과 항상 경합해왔고 이때 이슬람적 가치 수행은 하마스의 우위를 보장해주는 주요 경쟁력이다. 하마스는 아동과 여성 보호를 최우선시하고, 이스라엘 포로를 인도적으로 처우함으로써 이슬람적 가치를 올바르게 수행한다는 점을 팔레스타인 민중에게 끊임없이 어필해왔다. 이 점은 포로 교환 때 가장 두드러졌다.

집단학살 후 가진 두 차례 짧은 임시 휴전 중 포로 맞교환이 몇 차례 진행됐는데, 하마스는 포로를 적십자사로 인계하는 장면을 자체적으로 촬영해서 공개하거나 기자들의 취재를 허용해 생중계하기도 했다. 가자지구에 억류됐던 이스라엘 포로들은 가자 주민들에 비해 훨씬 건강한 모습으로 나타나, 하마스에게 받은 선물 가방을 들고 환한 얼굴로 자신들을 둘러싼 수백 명의 하마스 전투원들에게 감사를 표했다. 개중에는 전투원의 이마에 돌발적으로 키스를 한 이스라엘 포로도 있었다. 생환한 이스라엘 포로들은 각종 인터뷰를 통해 자신들을 억류했던 하마스 전투원들에게 느낀 친밀감을 회상했다. 이스라엘의 폭격으로 죽음의 위협을 느꼈을 때 억류자들이 자신들의 몸을 덮으면서까지 보호해주려 했었다는 증언도 있었다. 포로에 대한 인도적 처우는 국제법상 의무일 뿐 아니라 이슬람적 가치이기도 하다. 이런 증언은 다시 팔레스타인 사회로 돌아와 잔악한 이스라엘과 대비되는 해방 운동의 고결함과 정당성을 재확인하는 계기가 되고, 해방 운동 조류 중 이슬람 운동에 대한 민중의 지지를 확보하게 하는 중요한 수단이 된다.

아동과 여성을 포함한 민간인을 납치하고 학살하는 것은 오직 이스라엘뿐이다. 민간인을 강제수용소에 가두고 집단강간하는 것도 이스라엘뿐이다. 2023년 10월 7일부터 시작된 일도 아니다. 식민자로서 팔레스타인 땅을 침략한 유럽의 시온주의자들은 원주민 집단학살과 인종청소를 통해 이스라엘을 건국했다. 시작부터 끝까지 이스라엘의 속성은 식민국가이다. 그것도 지나간 과거의 역사가 아니라 현재진행형이다. 이스라엘은 집단학살이 정당한 '자위권' 행사라 주장하고, 미국에 비해 위선의 전통이 좀 더 남아 있는 유럽 역시도 과잉한 측면은 있지만 정당한 '자위권' 행사라고 주장한다. 그러나 자국이 점령한 땅의 주민을 상대로는 자위권이라는 것이 성립하지 않는다. 이는 세계 최고 법원인 유엔 국제사법재판소ICJ가 2004년 다른 어떤 국가도 아닌 바로 이스라엘에 대해 판시했던 내용이다. 무장 저항의 권리가 보장되는 것은 오직 팔레스타인뿐이다. 그러나 이스라엘은 식민자와 피식민자의 위치를 전도시키며 언제나 스스로를 피해자로 주장해왔고, 유럽 각국은 자신들의 유대인 박해를 반성한답시고 유럽의 반유대주의 역사를 팔레스타인에 투사하며 이스라엘의 피해 서사를 강화해왔다.

그렇다면 2023년 10월 7일에 하마스는 어떤 잘못된 행위도 하지 않았다는 말인가? 우선 알아크사 홍수 작전에 참여한 것은 하마스만이 아니며, 당일 열린 공간으로 수많은 가자 주민들이 경계선을 넘어 범람했음을 상기해두고 싶다. 10월 7일에 일어난 모든 일을 하마스가 한 것은 아니라는 뜻이다. 하마스는 민간인에 대한 공격을 기획하지 않았다고 말한다. 물론 이때 가자지구를 둘러싸며 배치된 이스라엘 키부츠 등 정착촌들(소위 '가자 봉투Gaza envelope')의 민병대는 민간인이 아닌 전투원으로 간주한다. 이 민병대는 인근 이스라엘 군사기지와 긴밀한 협업 관계에 있다. 또 하마스는 이스라엘 점령군의 화기에 의해 많은 민간인 사상자가 발생했다고 주장한다. 이는 이후 이스라엘 언론을 통해 이스라엘 군인과 생존자 들이 밝힌 것과 일치한다. 그렇다고 아무런 잘못된 행동이 없었다고 주장하는 것은 아니다. 교전에 휘말린 민간인 사상자가 있음을 부인하지 않으며, 국제형사재판소ICC의 재판을 통해 소명하겠다는 입장이다. 팔레스타인이 로마 협약을 비준한 이래 하마스는 이스라엘과 달리 국제형사재판소의 권위를 존중한다는 입장을 거듭 밝혀왔다.

당일 작전은 하마스가 기획한 것이지만, 이전에 분열돼 있었던 좌에서 우에 이르는 모든 세력이 해방이라는 단일한 목표 아래 통합을 도모하고 합동작전실을 꾸리며 10여 년간 준비해온 것이기도 하다. 말인즉슨 올 것이 왔던 것이다. 작전 개시일과 시간은 하마스 내부에서도 소수만이 공유했지만, 시작하자마자 제 세력이 곧바로 합류했다. 이스라엘 점령군은 예상과 달리 제대로 저항하지 않았고, 군기지들은 삽시간에 무너졌다. 팔레스타인도,

이스라엘도, 전 세계 모두가 놀랐다. 경계선을 따라 이스라엘 점령군이 설치한 '스마트 펜스(울타리)'가 무너지자 최근 봉쇄만 따져도 최소 16년간 가자지구에 갇혀 있던 주민들이 금지됐던 고향 땅으로 쏟아져 들어가며 혼돈이 펼쳐졌다. 많은 주민이 당일 이스라엘 점령군에 살해당하거나 이스라엘 감옥으로 끌려갔다. 그날의 혼돈과 무질서는 상당 부분 점령군이 급속도로 붕괴된 데서 비롯됐다.

'하마스의 잔혹 행위'라는 날조와 관련된 10월 7일의 진실 대부분은 이미 집단학살 초기부터 밝혀졌다. 여전히 미심쩍은 부분이 있다면, 그리고 그 외에도 포로에 대한 처우 등 다른 전쟁범죄에 대한 혐의가 있다면 하마스가 말하듯 재판을 통해서 밝히면 된다. 이러한 재판과 유엔 등 여타 독립적인 기구의 조사를 거부하고 금지하는 것은 이스라엘이다. 그런데도 '이스라엘의 잔혹한 점령이 10월 7일 하마스가 자행한 전쟁범죄에 대한 책임을 면제해줄 수는 없다'며 하마스의 잘못이 주요 쟁점이라고 제기하는 이들이 여전히 있다. 집단학살을 생중계로 지켜본 지 19개월이 지난 지금까지 말이다. 이스라엘의 전쟁범죄는 수사가 불가능할 만큼 양적으로 폭력적으로 누적되고 있고, 바로 그 이스라엘의 사보타주 때문에 그 어떤 재판도 진행되지 못하고 있는데, 이를 해결하는 것보다 판사를 자임하며 해방 운동을 단죄하는 것을 더 중요하게 여기는 것이다. 팔레스타인 민족 해방 운동이 아무런 잘못도 안 했을 리는 없다. 우리 독립 운동사만 봐도 온갖 오류로 얼룩져 있다. 이것은 폄훼가 아니다. 모든 해방 운동이 마찬가지다. 결점도 없고 오류도 범하지 않는 개인, 집단, 운동 같은 건 존재한 적도 없고 할 수도 없다.

　마치 팔레스타인인들은 모르는 하마스의 잘못이 있으니 이에 대해 알려주겠다는 듯한 외부자들의 태도는 유해할 뿐 아니라 집단학살 정당화의 논리와 교차한다. 팔레스타인 문제에 대해 외국인만 알고 팔레스타인인은 모르는 것 따위 하나도 없다. 심지어 하마스에 대해서도, 10월 7일에 대해서도 정확히 모르는 외국인들 말이다. 또한 저 태도는 10월 7일 군사 작전에 함께하고 지금도 무장 저항을 지속 중인 팔레스타인 세속주의 좌파들의 주장조차 전혀 경청하지 않고 있다는 것을 보여준다. 1967년 이스라엘이 제3차 중동전쟁을 일으켜 역사적 팔레스타인 땅의 고작 22퍼센트를 점하는 동예루살렘·서안지구·가자지구를 군사 점령한 당시, 팔레스타인의 세속주의 좌파들은 무장 투쟁을 이끌었다. 이스라엘의 감옥에 갇혀 고문당하며 비명을 질러도 세상의 아무도 들어주지 않았다고, 오직 피를 흘린 뒤에야 국제 뉴스에 올랐다고 당시 해방 운동가들은 고통스럽게 회상한다.

　지금 하마스도 같은 이야기를 하고 있다. 식민지배는 끝나긴커녕 더 잔혹해졌고, 피를 흘리지 않으면 그 투쟁에 아무도 주목하지 않는 현실 속에 팔레스타인인들은 무장 저항을 강요받는데, 이에 대해 오히려 미안함을 느끼는 것이 인지상정 아닌가? 자신이 강요한 건 아니라서 미안함이 느껴지지 않는다면, 최소한의 이해나 자제조차 불가능한 걸까? 어째서 팔레스타인 사람들의 이야기를 듣지 않고, 집단학살범들과의 교집합을 감수하면서까지 하마스의 잘못이 주요 쟁점이라고 계속해서 여길 수 있는 것인지 나로서는 도저히 이해가 되질 않는다.

하마스도 우리처럼 비폭력적인 혹은 외교적인 방식을 선호한다. 수많은 인명 손실은 인간으로서도, 그리고 지도부로서도 선호할 수가 없다. 그렇지 않을 수도 있다는 가정은 하마스와 이로 대변되는 팔레스타인 해방 운동 및 팔레스타인 민중의 비인간화에 다름 아니다. 우리와 달리 이슬람을 믿는 저들은 비이성적이며, 사후 천국에서 받을 보상을 믿으며, 광신적으로 목숨을 버릴 것이라는 이슬람혐오적이고 인종적인 편견에 불과하다.

팔레스타인 작가 수전 아불하와는 2024년 3월 가자지구 방문기에 이렇게 썼다. "하마스를 비판할 이유는 여럿 있고, 실제로 많은 사람들이 비판한다. 하지만 강간, 더욱이 집단 강간은 이유에 들지 않는다. 하마스를 앞장서서 폄하하는 이들, 심지어 이스라엘조차도 애초 하마스 내부에서 그런 행위를 결코 용인하지 않을 뿐더러, 만에 하나 그런 일이 일어난다 해도 당장 추방 그리고/또는 죽음으로 처벌하리라는 걸 알고 있다."

팔레스타인 민중의 정치적 입장은 우리처럼 다양하다. 하마스를 지지하는 사람도 있고, 비판을 넘어 적대하는 사람도 있다. 집단학살이 장기화되며 하마스에 대한 불만의 목소리도 커졌다. 그럴 수밖에 없다. 이스라엘이 이를 의도하고 민간인과 민간 시설 공격을 확대하고 있다는 점을 모두 알지만, 리더십을 가진 자들에게 책임을 묻는 반응 또한 지극히 자연스럽다. 그러나 "가자지구에 하마스 반대 집회가 열리고 있다"며 이스라엘이 주장하는 것처럼 규모가 있지는 않다. 오히려 집단학살 이전에 하마스를 비판하는 집회가 열리곤 했지만, 지금은 열리질 못한다. 이스라엘 때문에 말이다.

이 책을 읽은 여러분은 이제 알 것이다. 그동안 우리가 하마스의 이야기만 듣지 않은 것이 아니라 가자지구에 사는 사람들의 이야기를, 전 생애에 걸쳐 온몸으로 저항해온 팔레스타인 사람들의 이야기를 전혀 듣지 않았다는 것을. 이 책에는 내가 한국의 동료 시민들에게 알려주고 싶었던 것과 하마스에 대해 궁금해했던 모든 것이 담겨 있다. 특히 대체 왜 첫 헌장에 반유대주의적 수사를 담았는지 내내 궁금했던 것이 해소됐다. 반유대주의는 유럽 역사의 산물일 뿐 중동 지역의 맥락과 무관하며, 팔레스타인 원주민을 인종청소해 유대인만을 위한 국가를 세우겠다는 시온주의자가 아니라면 어떤 유대인과도 함께 사는 데 문제가 없다는 하마스의 기본 입장과 배치되기 때문이다. 더군다나 서구 사회가 팔레스타인에 반유대주의 혐의를 뒤집어 씌워왔기 때문에 팔레스타인 사회는 이에 빌미를 주지 않기 위해 부단히 노력해왔는데 말이다. 알고 있던 것보다 내부 합의체가 권력이 더 분산된 구조라는 것도 흥미로웠다. 아마도 이것은 저항 운동의 생존 전략일 것이다. 고위 지도부든 일선 사령관이든 일상적으로 살해당하고 있기 때문에 특정 인물에게 권력을 집중시키기보다 누구나 서로를 대체할 수 있는 쪽이 조직의 파괴를 막을 합리적인 방식일 것이다. 실제로 10월 7일 이후 집단학살 동안 최고위급 3인을 포함해 정치 및 군사 부문을 막론하고 수많은 구성원이 살해됐지만 미국과 이스라엘 내 정보기관들은 하마스가 건재하며 구성원이 오히려 늘고 있다는 불만 섞인 평가서를 낸 바 있다.

이 책은 하마스만이 아니라 이슬람주의에 대해서도 종합적인 그림을 그려준다. 그럼으로써 우리 시대 가장 첨예한 쟁점 중 하나인 이슬람혐오에 대해서도 이해의 폭을 넓혀준다. 과거 반유대주의가 인종주의 박해와 차별을 상징하며 모두가 맞서 싸울 공동의 과제였다면 지금은 이슬람혐오가 그 위상을 가지게 되었다. 책을 읽으며 팔레스타인에 대한 이해를 넘어 팔레스타인 연대와 이슬람혐오가 핵심 쟁점인 최근 미국과 유럽 사회와 사회 운동, 이에 대한 각국 정부의 탄압이 격화된 전체 맥락도 더 선명히 이해할 수 있게 될 것이다. 또한 책을 통해 팔레스타인 민족 해방 운동에서 이슬람 운동이 불가분한 요소라는 것도 알 수 있다. 특히 책에서 하마스가 최대 라이벌로 불리는 파타흐의, 그것도 여론 조사마다 차기 대통령으로 20년간 가장 높은 지지를 받고 있는 수감자 마르완 바르구티를 이번 알아크사 홍수 작전을 통한 석방 대상자 1순위로 이스라엘에 요구하고 있다는 점이 강조된다. 하마스는 팔레스타인해방인민전선PFLP 활동가 아흐마드 사다트 역시 1순위 석방 대상자로 요구 중이다. 하마스든 이슬람지하드든, 이슬람이라는 사상적 가치에 기반한 팔레스타인 민족 해방 운동의 한 분파라는 점이 더 분명해지는 것이다. 자신은 이슬람주의자가 아니지만 선거(총선. 대선만이 아니라 대학과 조합에서도 선거가 있다)에서 하마스나 이슬람지하드를 뽑았다는 사람들을 여럿 만났는데, 개인적으로 이들의 맥락도 더 이해할 수 있었다. 사상적으로 다르더라도 이스라엘에 대한 저항이라는 가장 중요한 가치를 가장 적극적으로 실천하는 세력에, 그 가치에 힘을 실어주고자 하는 것이다.

이 책의 강점 중 하나는 인터뷰이뿐만이 아니라 인터뷰어들도 팔레스타인인이거나 팔레스타인 해방 운동에 오래 연대해온 전문가라는 점이다. 입문용 질답의 경우 초심자의 눈높이에 맞춘답시고 '여성 인권'과 '테러', '이란의 대리행위자' 운운하며 편견과 혐오를 그대로 담는 경우가 왕왕 있는데 이 책의 질문들은 청정하고 그 수준이 높다. 그렇다고 전문가만 알 수 있는 어려운 대화를 나누는 것은 아니다. 애초 초심자를 위해 기획한 취지에 맞게 초심자도, 오래된 연대자도 궁금할 만한 것들을 질문하고 해설해준다. 전문가들 간에 하마스에 대한 입장도 다르고, 하마스에 다소 비판적인 이들도 있어서 다양한 관점을 통해 오히려 하마스를 더 객관적으로 이해할 수 있게 해준다.

지금 이 책이 제기하는 질문들을 통해 하마스를 이해한다는 것은 집단학살이라는 현재의 정세를, 집단학살이라는 것의 본질을 이해하는 것이다. 이스라엘과 미국은 더는 가자지구 민간인 피해 규모를 날조해 축소하려는 노력조차 하지 않는다. '하마스를 박멸'하는 결과만이 집단학살을 정당화해 줄 수 있다는 믿음과, 팔레스타인 저항 세력이 굳건해서 '박멸'이 불가능하다는 현실론 사이에서 전범국의 수뇌부들은 동요하고 있다. 하마스를 이해하고 팔레스타인 저항을 지지하는 외부자들이 늘어나는 것은 이들을 더욱 흔들어 집단학살을 끝내도록 강제하는 더디지만 꼭 필요한 일이다. 그동안은 하마스에 대해 한국어로 접할 수 있는 자료가 거의 없었지만 이제는 이 책이 있다. 우리는 10월 7일의 군사작전이 이스라엘에 무단 감금된 정치 수감자들, 즉 우리로 치면 독립 운동가 수천 명과 무고하게 재판은커녕 기소조차 당하지 않은 채로 무기한 갇힌 1,200여 명의 민간인을 구출하기 위한 방편이었다는 것을 알게 됐다. 집단학살 이전부터, 그리고 집단학살 이후에 더욱 폭력적으로 쏟아진 이슬람혐오에 기반한 가짜 뉴스에 더는 현혹되지 않을 밝은 눈을 우리는 갖게 됐다. 정의와 해방을 향한 투쟁에 더욱 확고한 연대가 가능해진 것이다.

마지막으로 이 책을 읽는 독자들이 이 투쟁에 팔레스타인 좌파들이 전면적으로 함께하고 있다는 사실을 기억해주길 바란다. 이슬람주의가 부상한 여러 이유 중 하나가 팔레스타인 좌파에 대한 미국과 이스라엘의 탄압과 그로 인한 해방 운동 지도부의 부재였다. 그 공백을 열고 이슬람주의가 부상했던 것이다. 하마스가 스러지면 다음은 좌파다. 이 점은 서구 사회가 팔레스타인을 대표하는 유일한 기구로 인정하는 팔레스타인해방기구PLO를 테러 조직으로 취급했던 지난 역사에 대해 책에 언급된 바와 같다. 이슬람주의든 좌파든 어떤 조직도 그 자체가 가진 결함이나 비판 지점 때문에 파괴당하고 있는 것이 아니다. 팔레스타인 민족 해방 운동 전체를, 아니 팔레스타인 민족 전체를 파괴해 정착민 식민국가 이스라엘을 중동 지역에 온존시켜 미국의 대리행위자로 기능하게 두는 것이 미국과 이스라엘의 목적이다. 이 책을 읽고도 하마스를 지지한다고 말하기가 꺼려진다면 팔레스타인 좌파들이 하마스에 대해 가진 입장이라도 존중해주셨으면 한다. 판사의 관점에서가 아니라 같이 해방을 일궈나가는 주체로서, 서로의 오류를 동지적 관점에서 비판하는 연대자의 마음으로, 그러나 지금은 그런 동지적 비판조차 유효하긴커녕 집단학살의 논리를 강화할 뿐이라는 점을 숙지하고, 팔레스타인 좌파들과 팔레스타인 민중들의 이야기에 귀 기울여주시기를 당부드린다.

들어가는 글

오랜 기간 동안, 특히 [알아크사 홍수 작전이 있었던] 2023년 10월 7일 이후 이스라엘 지도자와 그 지지자들은 팔레스타인의 이슬람 저항 운동인 하마스를 악마화하는 가혹한 캠페인을 맹렬히 전개해 왔으며, 하마스를 파괴하려는 노력에 광범위한 국제적 지지를 얻으려 해왔다. 이러한 악마화 전략은 이전 세대의 이스라엘인들이 수십 년 동안 하마스보다 세속주의적인 팔레스타인해방기구 Palestine Liberation Organization, PLO의 평판을 악화시키기 위해 노력하던 방식과 유사하다. 1993년 이스라엘 총리 이츠하크 라빈이 노르웨이의 중재로 팔레스타인해방기구와 획기적인 협정(1967년 이스라엘이 점령한 영토 일부에서 팔레스타인인에게 자치권을 부분적으로 부여)을 체결했는데도 팔레스타인해방기구의 평판을 악화하려는 시도는 지속되었다(이 협정을 통해 궁극적으로 팔레스타인의 정치적 독립을 부여하려 했으나 이는 실현되지 않았다). 또한 이스라엘의 하마스 악마화는 이전에 베트남, 알제리, 케냐 등 식민 통치를 타파하고 **스스로** 민족 독립을 쟁취하기 위해 싸웠던 글로벌 남반구 전역의 운동을 많은 유럽과 미국의 지도자들이 맹비난하고 배제했던 방식을 상기시킨다.

이러한 악마화는 외교를 방해할 뿐만 아니라, 수십 년 동안 파괴적인 분쟁에 갇혀 식민 통치나 군사 점령으로 고통받아온 이들을 훨씬 더 폭력적인, 그리고 중무장한 침략자들의 손에 내맡긴다. 우리가 매일 목격하는 것처럼 이는 팔레스타인의 경우에도 마찬가지다.

이와 같은 악마화 작전은 항상 표적이 된 민족 해방 운동의 실질적이고 유의미한 정치적 역사를 평면화하고 생략하는 방식에 기댄다. 베트남에서는 미군에 저항하는 이들을 '국gook'이라고 부르며 멸시했다. 케냐에서 영국군은 토지와자유당의 마우마우 조직원들을 폭력적이고 원시적인 악의 전도사로 묘사하기도 했다. 최근에는 이스라엘, 미국, 그리고 많은 유럽 정부들이 자신들의 강압에 저항하는 대부분의 운동을 '테러리스트'로 묘사하고, 이슬람권 저항자들을 '지하드 테러리스트'로 일컬으며 공포를 조장하고 있다.

2023년 10월 7일 가자지구의 하마스와 그 동맹 세력들은 수십 년 동안 가자 지역과 그 주민들의 숨을 막아왔던 이스라엘의 점령을 뚫기 위해 다각적이며 기술적으로 대담한 공격을 감행했다. 이들은 가자지구 주변의 이스라엘 상설 군사 지휘소 여러 곳을 점령하고, 그 지휘소에 근무하는 주요 군사 요원들과 다수의 민간인을 포로로 잡아 이스라엘이 장기간 구축해온 방어 체계의 신뢰를 무너뜨렸는데, 이스라엘 지도부는 아직 여기서 회복하지 못하고 있다. 하마스 병력을 포함한 팔레스타인인들은 이제는 무너진 가자지구의 담장을 뚫고 이스라엘의 키부츠와 다른 민간인 표적을 공격했으며, 유엔 조사위원회에 따르면 의도적으로 다수의 민간인들을 사살했다. 이스라엘 지도부가 이번 공격에 대응하기 위해 동분서주하면서 두 가지의 광범위한 '정보 작전'을 조직적으로 진행한 것은 별로 놀랍지 않다. 하나는 하마스와 그 동맹 세력들이 공격 과정에서 (일부 또는 대부분은 나중에 근거 없는 것으로 밝혀진) 여러 유형의 끔찍한 잔혹행위를 저질렀다는 비난을 증폭시킨 것이고, 다른 하나는 이스라엘군이 격렬하고 때때로 혼란스러워지는 전투 중에 가자지구 주변 지역을 장악하기 위해 자국 민간인에게 상당한 피해를 입힌 일의 심각성을 숨긴 것이었다.*

이스라엘과 그 동맹들은 유엔 안전보장이사회와 세계 곳곳에서 모든 세력이 '하마스를 규탄'해야 한다고 시끄럽게 요구했는데, 이는 이스라엘이 수십 년 동안 팔레스타인의 아랍 원주민 다수를 억압해온 방식이 어떻게 10월 7일의 사건으로 이어졌는지를 더 심도 있게 고려하지 못하도록 만드는 효과를 노린 것이다. 또한 팔레스타인-이스라엘 문제를 해결하는 성공적 외교를 위해서는 하마스를 악마화하고 하마스가 팔레스타인 정치에서 차지

---

*   자세한 내용은 다음의 보고서를 참조할 것. Yaniv Kubovich, "IDF Ordered Hannibal Directive on October 7 to Prevent Hamas Taking Soldiers Captive", *Haaretz*, July 7, 2024.

   (옮긴이주) 원주의 기사에 언급된 이스라엘군의 한니발 지침이란 자국 군인이 적군의 포로가 되는 것을 방지하기 위해 (자국 군인을 살해하는 등) 모든 수단과 방법을 동원할 수 있다는 비밀 지침이다. 팔레스타인 무장 단체들은 이전부터 이스라엘이 불법구금하고 있는 팔레스타인 수감자들과의 포로 교환 협상을 위해 군사작전 시 이스라엘 군인을 포로로 잡으려던 경우가 많았다. 이스라엘은 자국 군인이 포로로 잡혀 자신들이 수감자들을 석방해야 하는 상황을 만들지 않으며 납치된 자국 군인과 다수의 팔레스타인 민간인을 살해할 수 있다는 이 비밀 지침을 1986년부터 운용해왔다.

하는 중요한 역할을 축소하려는 수십 년간의 시도를 지속하는 대신, 팔레스타인의 주요 정파 모두와 함께 이 문제를 논의해야 한다는 생각을 차단하는 효과도 노린 것이다.

· · ·

2024년 봄 저스트월드 교육위원회Just World Educational, JWE(이하 'JWE') 이사회는 많은 북미권 사람들, 그중 소위 친팔레스타인 성향의 단체까지도 하마스에 대해 논의하는 것조차 주저하는 현실에 정면으로 도전하기로 결정했다. 우리는 여러 주요 국제 문제에 대한 대중 교육 캠페인*을 시작하면서 얻은 전문성을 바탕으로 '하마스 이해하기와 그것이 중요한 이유Understanding Hamas and Why That Matters'라는 제목의 새로운 캠페인을 기획하고 발표했다. 그 첫 번째 단계로 '하마스의 역사와 성장'이라는 주제하에 독립 연구자 다섯 명과 함께 웨비나로 대담을 진행했고, 2024년 5월에 이를 공개했다.

하마스에 관한 이들의 방대한 직접적 경험과 지식이 있었기에 우리의 프로젝트가 가능했다. 이 전문가들 중 세 명은 현재 팔레스타인 바깥에 거주하는 팔레스타인 학자들이고, 두 명은 하마스의 역사 초기부터 이후까지 다년간 가자지구, 예루살렘, 서안지

---

* JWE는 모든 주요 교육 캠페인 기록을 아카이빙하고 있다. 이 내용은 다음의 링크를 통해 접근 가능하며, 크리에이티브 라이선스에 따라 무료로 제공된다. https://justworldeducational.org/resources/.

구에 거주한 유럽 출신의 전문가다. 이들 모두는 여러 층위의 하마스 지도자와 운동가 들을 인터뷰하며 하마스 운동을 심층적으로 연구해왔다.

그 전문가들은 다음과 같다.

파올라 카리디 박사는 현재 팔레르모 대학교의 강사로, 2001～2003년 카이로와 2003～2012년 예루살렘에서 기자로 활동했다. 그가 집필한 세 권의 저서 중 두 번째인《하마스: 저항에서 정부로Hamas: From Resistance to Government》는 2009년 이탈리아어로, 2012년 영어로 출간되었으며, 개정판은 2023년 출간되었다.

칼레드 흐룹 박사는 케임브리지 대학교 이슬람 연구 센터의 선임 연구원이자 노스웨스턴 대학교 카타르 분교의 중동학과 교수다.《하마스의 정치사상과 실천》과《하마스에 대한 기초 안내서Hamas: A Beginner's Guide》등 여러 권의 저서를 집필했다.

예룬 구닝 박사는 킹스칼리지런던의 중동정치분쟁학과의 교수이자 오르후스 대학교와 런던 정치경제 대학교의 방문 교수다. 그는 비판적 테러리즘 연구 분야의 개척자 중 한 명으로 정책 입안자와 수많은 시민 사회단체에 강의와 자문을 해왔다.

무인 랍바니는《자달리야Jadaliyya》의 공동 편집자이자《평화구축과 개발Journal of Peacebuilding and Development》의 편집국장이며, 또한《중동 보고서Middle East Report》의 객원편집자다. 이전에는 국제위기그룹International Crisis Group에서 이스라엘-팔레스타인 선임 중동 분석관 및 특별 보좌관을 역임했다.

아잠 타미미 박사는 영국-팔레스타인-요르단계 학자이자

2008년까지 이슬람 정치사상 연구소를 이끈 정치사상가다. 《권력을 분점하는 이슬람?Power-Sharing Islam?》, 《중동에서의 이슬람과 세속주의Islam and Secularism in the Middle East》, 《하마스: 내부로부터의 역사Hamas: A History from Within》 등 중동 및 이슬람 정치에 관한 다수의 책을 집필했다.

한편 아잠 타미미 박사와의 공개 대담은 JWE 이사회 동료 세 명이 함께했다. 라디오 저널리스트 겸 작가이자 《일렉트로닉 인티파다Electronic Intifada》의 편집장인 노라 배로우즈 프리드먼Nora Barrows-Friedman, 국제적인 베테랑 시민권·정치권 활동가이자 플로리다 대학교의 아프리카계 미국인 종교 및 이슬람학과 명예교수인 궨덜린 조하라 시먼스Gwendolyn Zoharah Simmons 박사, 캘리포니아의 마운트 디아블로 평화·정의 센터의 이사장이자 작가이며 활동가인 릭 스털링Rick Sterling이 그들이다(우리 두 사람과 전체 JWE 이사회 구성원들의 자세한 약력은 다음 웹페이지에서 확인할 수 있다. justworldeducational.org/about/).

• • •

우리는 공개 대담에서 북미와 서유럽 지역의 일반 대중에게는 거의 알려지지 않았을 뿐 아니라 이 지역의 정치 지도자들 역시 거의 인식하지 못한 하마스의 역사와 실천을 여러 측면에서 살펴봤다. 여기에는 아래와 같은 내용들이 포함된다.

• 중동 지역 무슬림형제단 운동의 팔레스타인 지부에서 시작된

팔레스타인 이슬람주의 운동 조직인 하마스는 초기에 정치 참여보다는 사회 및 종교 문제에 중점을 두어 정치적으로 가장 소극적인 활동을 펼쳤다. 이와 같은 하마스의 기원에 대해 알아본다.

- 하마스 창립자들은 팔레스타인 전역에서 예전부터 지속해 온 자선 및 지역사회 봉사 사업에도 계속 깊이 관여하면서, 1987년부터 진지한 민족·정치 운동을 추구하기 시작했다. 공식적으로 이 운동을 창설하도록 만든 여러 요인에 대해 알아본다.

- 가자지구와 이스라엘이 점령한 서안지구, 그리고 팔레스타인 난민들이 집중적으로 거주하며 일하는 서아시아('중동')의 다른 모든 지역에 걸쳐 지리적으로 광범위하게 퍼져 있는 하마스 네트워크를 알아본다.

- 하마스 내부의 정치 부문과 군사 저항 운동 부문 사이의 균형, 그리고 각 시기마다 구체적인 형태의 군사 활동을 시작하거나 종료하는 결정이 어떻게 내려지고 뒤따를 것인지 알아본다.

- 하마스는 1987년과 1988년 사이 신앙심을 강조하고 반反유대인 성향을 뚜렷이 드러냈다가 이후 훨씬 더 분명하게 민족적, 정치적 성향을 띠게 됐다. 2017년 발표 및 승인된 관점에 의하면 하마스는 반유대주의와 거리를 두고 종교로서의 유대주의와 식민주의적—정치적 기획로서의 시온주의를 명확히 구분하기 위해 노력하는데, 이러한 하마스 정치사상의 진화를 알아본다.

- 수년에 걸친 하마스의 프로그램과 행위 경로, 그리고 팔레스타인해방기구 지도자들이 이전에 취했던 프로그램과 행위 경로 사이의 연속성과 불연속성, 또한 복잡하고 때로는 난처하지만 결코 '이분법적'이지 않은, 팔레스타인 민족 운동의 분파들 간 관계의 경로를 알아본다.

- 강력한 이슬람주의 지도 체제를 공유하지는 않지만, 민족주의적 정치 영역에서 해방과 저항의 우선순위를 공유하는 팔레스타인 운동의 여타 세력들과 동맹을 유지하는 하마스의 관행을 알아본다.

- 다수의 존경받는 정치 지도자를 포함해 이스라엘의 교도소에 구금된 수천 명의 팔레스타인인을 석방해야 한다는 팔레스타인 정치공동체 내에서의 명확한 강조점, 그리고 이와 관련하여, 수감된 팔레스타인 지도자와 활동가 들이 팔레스타인 민족주의 정치에서 깊이 존경받는 역할에 대해 알아본다.

- 이란, 레바논의 헤즈볼라, 예멘의 안사르 알라(후티), 시리아와 이라크의 다른 세력들을 포함하는 '저항의 축Axis of Resistance' 등 서아시아의 국가·비국가 행위자들과 하마스가 형성하고 있는 관계에 대해 알아본다.

- 여성의 권리와 역량 강화에 대한 하마스의 지지, 그리고 사회에서 여성의 위치에 대한 견해, 기타 사회 문제에 대한 하마스의 견해와 실천에 대해 알아본다.

- 2006년 점령지 팔레스타인Occupied Palestine Territories, OPT* 전체 차원

---

* (옮긴이주) 1967년 이전까지 가자지구와 동예루살렘을 포함하는 서안지구는 각

의 선거와 여러 시기 더 많은 지역 및 부문별 선거에 참여한 하마스의 유산, 가자지구와 동예루살렘을 포함한 서안지구에서 하마스와 그 지도자들이 지속적으로 누리고 있는 광범위한 정치적 지지의 정도에 대해 알아본다.

- 자신들의 운동을 팔레스타인해방기구라는, 더 광범위한 상부 구조로의 통합을 지향해온 하마스의 정책에 대해 알아본다.

- 하마스가 '이스라엘의 파괴'를 추구하는지 여부와 어떤 조건에서 그러한지, 또는 반대로 1967년 이후 국제 사회가 요청해온 협상, 즉 영국 위임통치령 팔레스타인British Mandate for Palestine*

각 이집트와 요르단이 관리하고 있었다. 1967년 제3차 중동전쟁/6일 전쟁(혹은 '좌절'이란 의미의 나크사Naksa)의 결과로 이스라엘은 역사적 팔레스타인 땅의 가자지구와 서안지구뿐만 아니라 이집트의 시나이 반도와 시리아 남서부의 골란고원까지 점령하게 된다. 점령지 팔레스타인이란 제3차 중동전쟁 이후 이스라엘의 불법 군사 통치 아래 놓인 팔레스타인의 가자지구와 서안지구, 동예루살렘을 가리킨다. '역사적 팔레스타인'에 대해서는 아래의 옮긴이주를 참조하라.

* (옮긴이주) 영국 위임통치령 팔레스타인이란 제1차 세계대전의 결과로 1920년부터 1948년까지 영국이 팔레스타인 지역을 위임통치한 시기를 가리킨다. 지리적인 의미로 위임통치령 팔레스타인은 골란고원을 제외한 현재 이스라엘의 (점유하에 있는) 땅과 점령지 팔레스타인 땅(가자지구와 서안지구)에 해당한다. 이 지역을 역사적 팔레스타인Historic Palestine이라 부르기도 한다. 명칭과 형식은 위임통치였으나 영국과 프랑스의 위임통치를 받은 다른 중동 지역과 마찬가지로 실질적으로는 식민지에 가까웠다. 위임통치령 시기 팔레스타인 사회의 변화와 영향에 대해서는 다음의 책을 참고하라. 라시드 할리디, 《팔레스타인 100년 전쟁: 정착민 식민주의와 저항의 역사, 1917–2017》, 유강은 옮김, 열린책들, 2021, 51~87쪽. 국제연맹의 위임통치제도가 가진 국제법적 의미에 대해서는 다음 논문을 참고하라. 이서희, 〈국제연맹규약의 위임통치제도에 대한 비판적 검토〉, 《국제법학회논총》 66(2), 2021, 129~170쪽.

지역 내에 유대인이 다수인 이스라엘 국가와 팔레스타인 아랍 국가라는 두 국가가 나란히 살게 되는 구상을 지지(혹은 심지어는 참여)할 수 있는지 여부와 어떤 조건에서 그러한지에 대해 알아본다.

이 서문이 독자들의 궁금증을 자극하고 책의 나머지 부분을 읽는 데 동기를 부여했기를 바란다. 살펴본 것처럼 하마스는 팔레스타인의 공적 영역에서 매우 중요한 운동이다. 독자들이 서방 국가의 주요 언론이 광범하게 유포하는 것보다 더 풍부한 역사적 사실에 기초해 이 운동을 입체적으로 이해하기를 기대한다.

• • •

이 '하마스 이해하기' 프로젝트는 온라인 학습 허브로 기획했던 것이라, 2024년 5월 하마스에 관한 다섯 차례의 공개 대담이 종료됐을 때 우리는 이 프로젝트의 온라인 학습 허브에 멀티미디어 기록(시청각 자료와 속기록)을 다른 참고 자료와 함께 공개했고,* 온라인 자료의 조회 수가 빠르게 증가하는 것을 보고 반가웠다. 웹사이트에서 속기록을 읽은 이들 중 일부는 거기 올라간, 거의 편집되지 않은 버전도 흥미롭고 유익하며 귀중한 내용이었다고 언급해주었는데, 그것이 이 책을 엮게된 동기가 되었다. 초기 속기

---

*   이 프로젝트의 온라인 학습 허브는 다음의 단축 링크를 통해 접근할 수 있다. bit.ly/UH-Resource-Page.

록의 '조직/모금' 관련 부분 일부는 덜어냈지만, 우리가 초대한 전문가들과 진행한 풍부한 대담의 본질과 흐름은 거의 그대로 유지하려고 노력했다. 또한 책의 뒷부분에는 하마스가 만든 혹은 하마스와 관련된 주요 문건, 용어집, 짧은 참고 문헌과 기타 자료를 덧붙였다. 이를 통해 (1) 비전문가를 포함한 광범위한 독자들이 이 책에 접근할 수 있고, (2) 이 책이 관심 있는 이들의 추가 연구를 위한 첫 이정표가 될 수 있기를 바란다.

온전히 군사적인 시각 혹은 '테러리즘에 반대한다anti-terrorism'는 차원의 시각이 아니라, 하마스를 이해하고 정치적 관점에서 이들과 관계를 맺도록 우리의 정부들을 설득하는 것이 시급하다. 우리와 JWE 이사회 동료들은 이스라엘과 그 후원자들이 가자지구의 팔레스타인 사람들에게 가하고 있는 집단학살 수준의 공격과 서안지구 등 다른 지역에서 저지르고 있는 여러 전쟁범죄와 잔혹 행위가 신속하고 시속 가능한 방식으로 종식되기를 원한다. 이를 위해서는 전 세계 정부와 대중이 하마스와 그 동맹 세력에 대한 악마화를 중단하고, 집단학살과 잔혹행위를 중단하는 것을 넘어 서안지구와 가자지구에서 1967년부터 이어진 군사 점령을 종식하기 위한 실질적인 지원을 제공해야 한다. 팔레스타인 바깥에 있는 우리가 하마스의 정책과 입장을 '좋아하느냐'의 여부는 요점을 벗어난 것이다. 중요한 것은 팔레스타인 사람들이 군사 점령에서 자유로워지고, 스스로 미래를 결정하고, 평화와 안전이 보장되는 가운데 그들이 선택한 방식으로 국가 통치 기구를 건설할 권리를 존중해야 한다는 것이다. 이러한 일이 조만간 실현된다면 이론의 여지 없이 이슬람 저항 운동 하마스가 그 프로젝트의 핵심이 될 것이다.

여러분도 우리가 귀담아들은 모든 전문가의 견해가 경청하고 공유할만한 가치가 있는 분석 능력과 정치·외교적 지혜를 갖추고 있다는 데 동의하기를 바란다. 또한 우리는 전문가적 지식을 공유해준 다섯 명의 대담자에게도 깊은 감사를 드린다. 이번 프로젝트는 이들의 기여 없이는 결코 성공할 수 없었을 것이다. 녹취록에 대한 가벼운 편집이 이 전문가들이 말한 내용의 핵심을 바꾸지 않았다고 믿지만, 혹시라도 그들의 견해가 잘못 전달된 부분이 있다면 그에 대한 책임은 우리에게 있다는 점을 말해둔다.

대담을 통해 여러 차례 강조했던 지점을 다시 강조하고 싶다. 이 프로젝트의 핵심 목표는 하마스에 대한 지지나 반대의 입장을 정리하는 것이 아니라 하마스 운동과 관련하여 많은 이들이 이용할 수 있는 사실에 기초한 지식 기반을 확대하는 것이다.

2024년 7월 26일
헬레나 코번·라미 G. 쿠리

1987년 말	이스라엘의 서안지구와 가자지구 점령에 대항한 제 1차 팔레스타인 인티파다Intifada가 시작될 무렵 중동 지역 무슬림형제단 조직의 팔레스타인 지부에서 하마스가 시작되었다.
1988년 8월	하마스가 최초의 헌장Charter을 발표했다. 헌장에서 는 조직의 종교적 지향을 강조하고, 팔레스타인 땅 에 대한 '유대인의 강탈'이 서기 11~13세기 십자군 왕국에서 직접적으로 유래한 것임을 명시하였으며, 내용은 상당히 반유대주의적이다(⟨부록 1⟩의 발췌문 참조).
1993년 9월	야세르 아라파트의 정당인 '파타흐Fatah'가 이끄는 팔레스타인해방기구는 이스라엘과 오슬로 협정을 체결했고 이는 팔레스타인자치정부의 창설로 이어 졌다. 오슬로 협정에 따라 이스라엘과 팔레스타인 해방기구는 1999년 중반까지 점령지 팔레스타인에

팔레스타인 독립 국가를 수립하기 위한 협상을 완료하기로 합의했다. 하마스는 오슬로 협정 전체에 반대했다.

1994년 2월	미국 태생의 이스라엘 정착민 바루크 골드스타인이 헤브론의 이브라히미 모스크Ibrahimi Mosque에서 무장 난동을 일으켜 29명의 참배객을 살해했다. 이에 대응하여 하마스는 이스라엘의 민간인 표적에 대한 자살 폭탄 공격에 착수했다. 이스라엘은 파타흐의 도움을 받아 하마스를 탄압했다.
2000년	팔레스타인 독립 국가에 대한 오슬로 협정의 약속이 실패한 것이 분명해졌고, 1994년 이후 이스라엘은 서안지구에서 훨씬 더 넓은 땅을 점령했다. 2000년 9월 하마스와 일부 파타흐 기층 조직이 속한 하마스 동맹 세력은 제2차 인티파다를 시작했다. 제2차 인티파다는 제1차 인티파다보다 더 격렬했고, 아리엘 샤론 이스라엘 총리가 매우 강경하게 대응하면서 하마스와 다른 조직들은 이스라엘 민간인을 대상으로 자살 폭탄 공격을 조직했다.
2005년	샤론 총리는 가자지구 내부에서 이스라엘 정착민과 군인을 철수시켰지만 가자지구의 모든 육지와 해상 국경을 엄격히 통제하여 국제법상 이스라엘의 '점령군' 역할을 유지했다. 샤론과 미국, 파타흐는

	2006년 1월 팔레스타인자치정부의 의회 구성을 위해 점령지 팔레스타인에서 새로운 선거를 실시하기로 합의했고 하마스의 참여 결정을 환영했다.
2006년 1월	하마스가 팔레스타인자치정부 의회 선거에서 승리했다. 이스라엘, 파타흐, 미국은 이에 경악하여 팔레스타인자치정부에서 새로 선출된 이스마일 하니예 총리를 축출하려는 계획에 착수했다.
2007년	하마스의 공안 경찰이 가자지구에서 쿠데타 시도를 차단했다. 파타흐와 팔레스타인자치정부는 서안지구에 대한 통제를 유지하고, 하마스는 가자지구에 대한 통제를 유지했다. 이후 정치적으로 파타흐와 하마스 간 분열을 수습하려는 시도가 여러 차례 있었지만 2024년 7월 현재까지 성공하지 못했다.
2007년	이스라엘군은 미국과 이집트의 지원을 받아 가자지구를 단단히 포위하고, 식량, 물, 전기 등 기본 생필품의 가자지구 반입을 엄격하게 제한했다. 이스라엘은 이스라엘 지도자들이 종종 '잔디 깎기mowing the lawn'라고 부르는 가혹한 공격을 주기적으로 단행하며 포위망을 강화했다.
2017년 5월	하마스 지도자들은 개정 헌장을 새롭게 채택했다. 1988년 헌장에서 변경된 주요 내용으로는 반유대주의적 표현을 완전히 삭제한 점, 종교적 문제보다는

	팔레스타인의 정치적 문제를 강조한 점, 〔팔레스타인과 이스라엘을 별개 국가로 인정하는〕 두 국가안two-state solution 수용의 문을 일부 열어둔 점, 무슬림형제단에서 하마스가 분리되어야 한다고 강조한 점 등이 있다.
2018년 3월	팔레스타인 시민 사회단체들이 '귀환대행진Great March of Return'이라는 이름의 비폭력 행동 캠페인을 시작했다. 매주 금요일 이슬람 기도 후 대규모 군중이 이스라엘과의 1949년 휴전선까지 행진하며 유엔이 오랫동안 약속했던 귀환권Right of Return을 (거의 완전히 평화적으로) 행사하기 위해 행진했다. 휴전선 주변의 이스라엘군이 이들을 향해 총격을 가해 223명이 사망했다.
2023년 10월 7일	하마스가 알아크사 홍수 작전을 개시했다.

1장

파올라 카리디
박사와의
대담

헬레나 코번   여러분, 안녕하십니까. 이 중요한 기획에 여러분과 함께하게 되어 반갑습니다. 저는 헬레나 코번이라고 합니다. 저는 작지만 활발하게 활동하고 있는 비영리 교육 단체인 JWE의 대표이며, 피스캐터웨이 선주민들 고유의 땅인 워싱턴 D.C.에서 여러분과 이야기를 나누고 있습니다.

지난 수십 년 동안 하마스는 미국을 비롯한 영어권 및 서방 세계의 주류 언론으로부터 지속적인 비방의 대상이 되어왔습니다. 외교관들은 이미 오래전 국제법과 국제법이 규정하는 모든 권리에 기초해 역사적 팔레스타인 땅의 분쟁을 근본적으로 완전하고 최종적인 평화 협정으로 이끌어갈 수 있었지만, 중요한 시기마다 서구의 비방 때문에 제 역할을 미처 하지 못했습니다.

일이 잘 풀렸다면 수만 명의 생명을 구할 수 있었을 테죠. 하지만 아시다시피 그런 일은 일어나지 않았습니다. 그리고 〔알아크사 홍수 작전이 있었던〕 2023년 10월 7일 이후 살인과 사망, 파괴의 속도가 빨라지면서 하마스에 대한 비난이 폭증했습니다. 서구의 대중은 여전히 이 조직에 대해서 충격적일 정도로 아는 바가 없습니다. 이 책에서 메우고자 하는 틈이 바로 이것입니다. JWE 이사회 구성원 중 한 명인 라미 G. 쿠리가 저와 긴밀히 협력하여 이 프로젝트를 기획했고, 라미가 파올라 카리디 박사와 진행하는 대담이 이 기획의 첫 번째 프로그램입니다.

　라미와 파올라 박사를 소개하기 전에 퀴즈를 내보겠습니다. 참석자 여러분의 지식 수준을 파악하는 데 도움이 될 텐데요. 세 가지 답변 결과는 모두 익명입니다. 첫 번째 질문은 "하마스라는 이름은 무엇의 약어일까요?"인데요. 다음 선택지 중 답을 골라보세요.

- 이슬람지하드
- 팔레스타인 이슬람 운동
- 이슬람 저항 운동
- 약어가 아님

　마지막 두 가지 선택지는 모두 일정 정도 사실입니다. '하마스'라는 단어는 이슬람 저항 운동이라는 의미인 '하라카트 알무카와마 알이슬라미아Harakat al-Muqawama al-Islamiya'의 약어이며, 그 자체로 '열정enthusiasm'이나 '열의zeal'를 뜻하는 단어이기도 합니다. 혹자는 '광신자zealot'와 비슷하다고 말하기도 하지만 실제와는 조금 차이가 있다고 생각합니다.

　두 번째 퀴즈를 내보죠. "하마스는 몇 년에 설립되었을까요?"

- 1947년

- 1967년

- 1987년

- 2007년

- 모른다

58명이 응답했고 64퍼센트가 정답을 맞혔네요. 하마스는 1987년에 설립되었습니다. "모른다"고 답한 14퍼센트에게도 감사드립니다. 이 또한 우리가 알아야 할 중요한 정보이니까요.

마지막 퀴즈에는 정답이 없습니다. 익명이니 솔직하게 답해주세요. 질문은 이것입니다. "하마스에 대한 우리나라의 정부 정책은……." 선택지는 다음과 같습니다.

(1) 하마스를 파괴하기 위한 모든 조치를 강력히 지원해야 한다.

(2) 단호하게 하마스를 배제하고 팔레스타인을 대변하는 교섭 상대를 따로 찾아야 한다.

(3) 하마스와의 협상은 오직 이스라엘 인질 석방을 위해서만 제3자를 통해서 조심스럽게 허용해야 한다.

(4) 민족 운동의 통합을 위한 팔레스타인인의 모든 노력을 환영하고 지지해야 한다.

(5) 하마스를 정당한 반反점령 저항 운동이자 가자지구 주민의 대표로 인정해야 한다.

(6) 잘 모르겠지만, 하마스에 대해 더 알고 싶고, 문제를 건설적으로 해결하기 위한 선택지에 대해서도 더 알고 싶다.

사려 깊게 선택지를 고민해주신 것에 감사드려요.* 이 프로젝트의 참가자들이 누군가를 대표하는 것은 아니지만, 여러분의 태도를 알 수 있어서 기쁩니다.

이제 이 프로그램의 진행자인 라미 G. 쿠리를 소개합니다. 라미는 나사렛 출신의 팔레스타인계 기독교인이면서 1968년부터 팔레스타인 문제Palestine Question**와 관련해 글을 써온 저명한 저술가이자 분석가입니다. 또한 요르단과 미국 이중국적자이기도 합니다. 현재 《알자지라Al-Jazeera》에 칼럼을 기고하고 있고 아메리칸 대학교 베이루트 분교의 이삼 파레스 공공정책 및 국제관계 연구소에서 공공정책 석좌연구원으로 재직하고 있습니다.

우리가 초청한 첫 번째 전문가는 파올라 카리디 박사입니다. 파올라 박사는 현재 팔레르모 대학교 강사이며, 역사학자이자 언론인입니다. 또한 통신사 레테라22Lettera22의 창립자이자 대표로 2001년부터 2003년까지 이 통신사의 카이로 특파원을, 2003년부터 2012년까지 예루살렘 특파원을 역임했습니다. 예루살렘에서 근무하는 기간 동안 파올라 박사는 하마스가 지나온 주요한 변화들을 가까이에서 취재할 수 있었습니다.

파올라의 두 번째 책인 《하마스: 저항에서 정부로》는 2009년 이탈리아어로, 2012년 영어로 출간됐고 지난 2023년에 개정판이 출

---

* 이 객관식 문항에 대한 반응은 다음과 같다. (1) 0명 (2) 2명 (3) 1명 (4) 25명 (5) 29명 (6) 18명.

** (옮긴이주) 서구에서는 1917년 밸푸어 선언 이후 현재까지 해결되지 않는 이스라엘과 팔레스타인의 갈등을 주로 '팔레스타인 문제Palestine Question/Question of Palestine'로 지칭한다.

간됐습니다. 자, 그럼 이제 라미에게 진행을 부탁합니다.

라미 쿠리　　고마워요, 헬레나. 함께해주신 모든 청중 여러분께도 감사드립니다. 그리고 파올라 카리디 박사님, '하마스 이해하기와 그것이 중요한 이유'의 첫 손님이 되어주셔서 매우 감사합니다. 이는 분명 시의적절하고 중요한 주제입니다. 하마스를 이해하는 문제는 이념적 대립과 전략적으로 악용된 분석으로 점철되어 있어요. 전 세계 사람들 대부분은 하마스를 테러 집단으로만 바라보고 있고, 다른 한편 하마스를 어떤 이들은 현재진행형인 지구적 반식민주의 투쟁의 맥락에서 숭고한 저항 운동의 일부로 바라보고 있습니다.

　　그런 의미에서 저희는 하마스를 개인적으로 알고 있거나 하마스를 연구한 정상급 학자들의 분석 결과를 공유하기 위해 이 기획을 준비했습니다. 박사님은 아랍권에 거주했고, 2003년부터 2013년까지는 수년간 예루살렘에 거주했죠. 그러면서 이 과정, 이 문제, 이 운동을 추적해오셨습니다. 하마스 운동의 지도자와 구성원 들을 만나보셨으니 일차적 경험을 통해 잘 아실 겁니다. 그리고 하마스 등의 자살 폭탄 공격이 일어났을 때도 예루살렘에 계셨죠. 많은 이들이 하마스와 교류했을 때 느꼈던 것을 박사님도 느끼셨을 겁니다.

　　'하마스를 어떻게 이해해야 하는가' 이것이 저의 첫 번째 질문입니다. 하마스를 이해하는 데는 복잡한 층위가 있겠지만, 하마스란 무엇이고 왜 중요한지를 이해하기 위해 우리가 가장 주목해야 할 점은 무엇일까요?

파올라 카리디 박사　　정말 어려운 질문이에요. 하마스는 정치 협상, 무장 투쟁, 심지어 테러까지 아우르는 다양한 수단을 사용해온, 때로는 아주 경직된 구조를 가진 정치 운동 단체입니다. 우리는 특정 단어를 사용하는 걸 두려워할 필요가 없어요. 민간인에 대한 자살 공격은 테러입니다. 하지만 우리는 하마스가 출범한 1987년 이전에 태동한 이 운동의 정치적 차원을 무시할 수 없습니다. 1987년에 가자지구에서 있었던 회의가 하마스의 길을 열어준 것이고요. 현재의 하마스가 된 팔레스타인 무슬림형제단의 정치 부문과 관련한 고민이 왜 수년간 있었는지는 중요한 문제입니다.

　시작은 1982년 베이루트에서였습니다. 당시 이스라엘의 갈릴리 평화 작전*이 있었고 팔레스타인해방기구가 베이루트에서 추방됐죠. 팔레스타인해방기구의 실패는 무슬림형제단에서 시작된 이슬람주의 정치 운동이 성장할 수 있는 토대를 마련한 주요 요인 중 하나였습니다. 그 이후 하마스의 여정은 여러 시기로 나뉩니다. 첫 번째 시기는 제1차 인티파다와 함께 시작됩니다. 두 번째 시기는 알칼릴(헤브론) 지역의 이스라엘 정착민 바루크 골드스타인이 자행한 이브라히미 모스크 학살 이후로**, 이 시기 하마스는 (정치 부문의 결정에 의해) 무장 투쟁과 자살 공격 같은 테러 수단을 사용하기로 합니다.

　정치적 관점에서 가장 중요한 시점은 2005년으로, 하마스가 자

---

*　(옮긴이주) 이 책의 부록 〈용어〉의 '갈릴리 평화 작전'을 참조하라.

**　(옮긴이주) 알칼릴은 서안지구 남부의 도시로 아랍어로는 알칼릴이고, 히브리어로는 헤브론이다. 이브라히미 모스크 학살에 대해서는 앞의 '하마스 역사의 주요 연표'를 참조하라.

살 공격을 중단하고 팔레스타인자치정부의 의회 선거에 참가하기로 했기 때문입니다. 하마스가 총선에 참여했다는 건 이들이 팔레스타인자치정부를 인정했다는 의미이고, 또한 하마스의 총선 참여를 국제 사회의 누구도 막지 않았다는 점은 커다란 변화였어요. 이스라엘, 미국과 국제 사회, 유럽연합, 아랍 국가들, 그리고 이집트까지도 하마스가 명부에 포함된 선거를 인정했고, 이를 통해 하마스가 정치적으로 성공할 수 있는 길을 열어주었습니다. 그러고 나서 2007년 쿠데타가 일어났어요.*

여기서 가장 중요한 것은 처음부터 지금까지 하마스가 서안지구, 가자지구, (난민촌이 있는) 해외와 교도소**에 구성원이 있는 네 개의 권역이자 분산된 활동 조직, 그리고 매우 강력한 조직 구조

---

* 　2007년의 반反하마스anti-Hamas '쿠데타'에 대한 유용한 보도는 이 책의 참고 문헌에 실린 데이비드 로즈David Rose의 기사를 참조하라.

** 　(옮긴이주) 유엔 팔레스타인 난민 구호 사업 기구와 팔레스타인 통계국의 자료를 종합하면 현재 공식 등록된 팔레스타인 난민 수는 팔레스타인 내의 난민을 포함해 약 600만 명이다. 이들은 요르단, 레바논, 시리아, 점령지 팔레스타인 등에 있는 68개의 팔레스타인 난민촌(10개의 비공식 난민촌 포함)에 거주 중이며, 이 중 가자지구와 서안지구(동예루살렘 포함)에 약 200만 명, 요르단에 약 250만 명, 레바논에 약 50만 명이 있다. 이들은 주로 1948년 제1차 중동전쟁과 1967년 제3차 중동전쟁으로 난민이 된 사람들이다. 이는 공식적으로 등록된 난민의 숫자이며, 일부 자료는 전체 팔레스타인 난민의 수를 900만 명 이상으로 추산하기도 한다. UNRWA, "Report of the Working Group on the Financing of the United Nations Relief and Works Agency for Palestine Refugees in the Near East", August 30, 2024, https://www.un.org/unispal/document/report-of-the-working-group-on-unrwa-financing-30aug24/; BADIL, "Palestinian Refugees and IDPs: Survey 2019-2021", September 31, 2022, https://badil.org/press-releases/13359.html.

를 가지고 있다는 점이에요.

라미 쿠리   고맙습니다. 말씀하신 대로 하마스는 시간이 지남에 따라 진화하고 변화해왔어요. 이와 관련된 두 가지 질문이 있습니다. 하마스가 변화한 원인은 무엇인가요? 정치적 실용주의 때문인가요? 절박함 때문인가요? 아니면 기회주의인가요? 말씀하신 다양한 권역 사이에서 결정은 어떻게 이루어지나요?

그리고 이와 관련된 두 번째 질문도 있습니다. 팔레스타인과 관련된 사건, 그리고 특히 하마스에 대해 더 알아보고 싶은 분들은 그와 관련해서 어떻게 믿을 만한 분석과 사실관계를 찾아볼 수 있나요? 하마스의 언론 성명서를 읽어야 하나요? 하마스의 기관지를 읽어야 하나요? 아니면 지도자들의 인터뷰를 들어봐야 하나요? 하마스의 생각을 그때그때 정확하게 알기 위해 유심히 찾아봐야 하는 핵심 출처를 추천해주실 수 있나요?

파올라 카리디 박사   어떻게 보면 하마스의 운동 조직은 매우 강고한 구조와 엄격한 결정 과정 속에서도 상당한 실용주의를 가지고 있다고 말할 수 있어요. 굳이 출처를 제시해야 한다면, 하마스 지도자들과의 인터뷰, 하마스의 언론 성명서, 특히 서면 성명서 등을 추천합니다. 하마스가 무언가를 하겠다고 하면, 그들은 반드시 합니다. 이게 또한 하마스의 엄격성이에요. 왜 그럴까요? 각 권역이 투표를 통해 의사결정 과정에 참여하기 때문입니다.

그게 무슨 뜻일까요? 하마스가 2005년 자살 공격을 중단하기로 결정했을 때 권역들 사이에는 일종의 여론조사가 있었어요. 강조해보자면 이 권역들에는 서안지구, 가자지구, (지도부와 활동가들이 있는 난민촌을 의미하는) 해외와 교도소가 있습니다. 그중 교도소, 특히 이스라엘 교도소는 하마스 활동가들이 계속 의사결정 과정에 개입하고 정치적으로도 개입하는 곳이에요.

이게 무슨 의미냐고요? 예를 들면 2005년과 2007년 당시, 팔레스타인자치정부 선거에 참여하고, 정파들 사이의 단결을 도모하는 데 교도소 권역은 대단히 중요했어요.

저는 운 좋게 허가를 받고 이스라엘 교도소에 들어가서 파타흐, 팔레스타인해방인민전선, 이슬람지하드와 하마스의 활동가들을 만날 수 있었어요. 이들은 저에게 〈수감자 문서〉 초안을 보여줬는데 당시에는 그 문건이 팔레스타인 정치사에서 그렇게 중요한 의미를 지닐 줄 몰랐지요. 어쨌든 하마스 운동은 외부 세계와 이스라엘, 팔레스타인 정치, 동맹들, 역내의 다양한 행위자들을 상내하면서 엄격성과 실용주의를 동시에 보여줍니다.

라미 쿠리　　그렇다면 〈수감자 문서〉를 근거로 할 때, 그리고 교도소에서 하마스 수감자들의 행동이나 팔레스타인 민족 운동의 다른 정파들과의 교류 방식을 근거로 할 때 말입니다. 팔레스타인의 지도자들 간에, 아니면 이를 넘어 아랍 국가들, 이스라엘, 서방과 정치적으로 무언가를 주고받을 수 있는 협상을 할 하마스의 실제 능력과 의지에 대해 우리는 무엇을 알 수 있나요? 하마스의 수감 경험을 통해 하마스의 협상 능력에 대한 통찰을 얻을 수 있나요?

그리고 거기에 이어서, 하마스는 무엇을 위해 협상하는지를 여쭙습니다. 현재 그들의 궁극적인 목표가 무엇이라고 생각하시나요?

파올라 카리디 박사　우리는 수감자들의 경험을 통해 교도소 밖의 하마스의 정치적 행동 양식에 대해서도 알 수 있습니다. 즉 하마스는 계속 협상하고 있고 협상할 수 있다는 것입니다. 그들은 다른 정파들과 교도소 안에서도, 밖에서도 모두 협상했습니다.

정치 운동으로서 하마스가 걸어온 길을 따라가다 보면, 하마스가 이스라엘과도 협상했다는 것을 알 수 있습니다. 운동 조직으로 형성된 지 몇 달 후인 1988년부터 하마스는 이스라엘과 협상을 시작했습니다. 이에 대한 많은 내용을 알려주는 문건들이 있죠. 하마스는 텔아비브로 초청받아 이스라엘 지도부와 회담을 하기도 했는데 많은 요구를, 사실상 이스라엘 지도부의 **모든** 요구를 거부했죠.

하마스는 시작부터 협상을 했고 그걸 계속 이어왔습니다. 오래 가지는 못했지만 하마스는 야세르 아라파트와도 협상을 했습니다. 이스라엘과도 협상을 해왔는데, 2011년 길라드 샬리트와 팔레스타인 정치 수감자 1,027명의 포로 교환에도 합의했고요.* 그리

＊　(옮긴이주) 길라드 샬리트는 이스라엘군에 의무복무를 하던 중 2006년 6월 25일 가자지구 남부의 케렘 샬롬 검문소를 습격했을 때 납치됐던 인물이다. 이스라엘은 가자지구에 대대적 공격을 가하며 그를 구출하려 했지만 실패했다. 당시 5개월간의 공격으로 팔레스타인인 400여 명이 사망했다. 이후 그의 석방과 관련한 협상은 장기화됐다. 5년이 지나 2011년 10월 하마스와 이스라엘 정부 간의 협상이 마침내 타결돼 포로 교환이 이뤄졌다.

고 특히 이 수감자들 안에 하마스 수감자들만 있는 게 아니라는 것을 주목해야 합니다. 그리고 하마스는 가자지구의 경계를 뛰어넘는 팔레스타인 정치 지형 안에서 협상하기도 하죠.

　그들은 오랜 기간 많은 일을 해왔습니다. 제가 '협상'이라고 할 때 이건 어떤 목표를 달성하기 위해 중재하는 것을 의미하지는 않아요. 그 대신 예를 들면 하마스가 팔레스타인해방기구 내에서 인정받기 위해 노력한 것을 협상이라고 할 수 있죠. 2006년에는 선거를 위해 협상하고 2021년에는 선거 반대를 위해 협상했어요. 수감자와 관련해서도 협상했고요. 팔레스타인 정치 지형 안에서는 예루살렘과 관련한 협상을 했죠. 이런 식으로 그들은 가자지구의 경계를 넘어 전 세계 정치 무대에서 다시 인정받으려고 노력했습니다.

라미 쿠리　　그렇다면 박사님은 이런 변화를 거친 오늘날의 하마스가 여전히 팔레스타인 사람들에게 유일하게 공인받는 민족 운동 조직인 팔레스타인해방기구의 일원이 되려 한다고 생각하시나요? 현재 팔레스타인해방기구가 거의 활동 중지 상태인데도 말이에요. 팔레스타인해방기구의 일부가 되는 것에 대한 하마스의 현재 태도는 어떻다고 생각하시나요?

파올라 카리디 박사　　2005년 3월에 카이로 선언*이 있었죠. 하마스는 그 해부터 팔레스타인해방기구에 들어가는 것을 고려하기 시

---

*　　(옮긴이주) 이 책의 부록 〈용어〉의 '카이로 선언'을 참조하라.

작했습니다. 그리고 아직 고려 중이에요. 14개의 다른 정파들과 모스크바에서 회담했던 것을 보면,* 또 중국 베이징에서 했던 것을 보면,** 이들은 팔레스타인 정치 場의 일부가 되길 바라는 것처럼 보입니다. 말하자면 팔레스타인 민중의 정당한 대표자로 팔레스타인해방기구의 일부가 되길 원하는 것입니다. 팔레스타인해방기구를 통해 정당성을 인정받길 원하니까요. 그리고 그들은 국제적 차원에서 팔레스타인 이슈의 일부가 되길 원합니다. 〔하마스 정치 부문의 두 번째 의장이었던〕 칼리드 마슈알의 오랜 목표이기도 했지만 여전히 논의의 일부분으로 남아 있죠.

라미 쿠리　　박사님은 제가 앞서 말씀드린 문건들, 특히 하마스 헌장이 여전히 하마스를 분석하는 데 핵심이라고 생각하십니까?

파올라 카리디 박사　　1988년 8월에 발표된 헌장은 하마스 설립의 기둥이에요. 지금까지 하마스는 이 헌장을 기각한 적이 없습니다. 하마스의 어깨를 짓누르는 일종의 무거운 짐이기도 하면서, 동시

---

*　파타흐, 하마스와 이슬람지하드 등의 팔레스타인 정파들은 2024년 3월 모스크바에서 이틀간 회담을 진행하고 전후 가자지구의 통합 정부 구성을 논의했다. 다음을 참조하라. english.alarabiya.net/News/middle-east/2024/03/01/Palestinian-factions-meeting-in-Russia-s-Moscow-agree-to-continue-push-for-unity.

**　중국은 2024년 4월 하마스와 파타흐를 초청하고 관계 회복을 위한 회담을 개최했다. 다음을 참조하라. www.aljazeera.com/news/2024/4/30/china-says-palestinian-rivals-hamas-and-fatah-met-for-talks-in-beijing.

에 하마스 서사의 일부이기도 하죠.

하마스는 수년에 걸쳐 많은 문건을 발표했습니다. 특히 2017년에는 헌장과는 매우 다른, 일반 원칙과 정책에 관한 문서를 발표했습니다.* 헌장을 폐기하지 않고 대신 다른 문서를 쓴 거죠. 이 문건은 하마스의 의사결정 과정이 얼마나 신중하고 절차적으로 작동하는지를 보여줍니다. 결국 원칙에 대한 매우 광범위한 협의의 결과였던 겁니다. 문건을 읽어보시면 1988년의 헌장과는 완전히 딴판일 거예요. 2017년의 문건은 현재적이지요. '식민주의'와 '불법정착민', '정착촌'과 같은 단어를 사용하고 있어요.

이게 무슨 뜻일까요? 기초 헌장의 무거운 짐을 내려두고 하마스라는 생명체의 또 다른 장을 열려고 했던 거죠. 그건 정치 부문 의장으로서 칼리드 마슈알의 마지막 행보였습니다. 그는 특히 팔레스타인해방기구에 들어가고자 하는 목표를 이루기 위해 이런 문서를 만들고 싶어 했죠. 문서는 두 국가를 인정하고 있습니다. 이 문서는 이스라엘의 파괴, 그리고 이슬람 와크프waqf**로서의 팔레스타인에 대한 기초 헌장의 시각을 기각하지는 않는 대신 두 국가안에 대해 타협했죠.

그 이유는 무엇일까요? 기초 헌장에는 다른 절차가 있었기 때문이에요. 아니, 기초 헌장의 절차가 아예 없었다고 하는 편이 더 낫겠습니다. 이 문건의 작성자는 '누세이라트 난민촌 교사 압둘 파타흐 두칸'이라고 적혀 있는데, 이는 권역들 사이에서 이 문서

---

* 이 책의 〈부록 1〉과 〈부록 3〉에서 확인할 수 있다.

** (옮긴이주) 이 책의 부록 〈용어〉의 '와크프'를 참조하라.

의 문구를 수용하는 등의 협의 절차가 없었다는 걸 의미합니다.

라미 쿠리 맞아요. 이제 개정된 헌장, 즉 2017년 성명이 있고, 최근 두 국가안을 수용하겠다고 명시적으로 언급한 하마스 지도자 한 명의 인터뷰도 있어요. 하지만 하마스는 항상 이스라엘을 국가로 인정하기를 거부한다고 해온 동시에, 한편으로 자신들은 이스라엘을 인정할 의지가 있으나 이스라엘이 자체적으로 국경border-ders을 공포한 적이 없으므로 이스라엘이 자신을 인정하지 않는다고도 합니다. 그러니 하마스는 자신들이 누구를, 어떤 국경을 인정하라고 하는 것이냐고 되묻습니다.

이런 태도를 어떻게 해석하시나요? 결국 이것이 '이스라엘과 평화롭게 공존할 의지가 있는가' '이스라엘 국가를 인정할 것인가' '이스라엘을 유대인 국가로 인정할 것인가'와 같은 질문에 대한 답을 회피하는 하마스의 방법이라고 생각하시나요? 물론 팔레스타인인, 아랍인, 무슬림이 이스라엘과 어떻게, 어떤 형태로 관계를 맺는지에는 다양한 스펙트럼이 존재하긴 합니다. 박사님은 하마스의 입장을 고려할 때 이를 어떻게 해석하시나요?

파올라 카리디 박사 하마스의 성명서들에는 항상 어떤 애매함과 불투명성이 존재합니다. 그러나 하마스 지도자들과 대화해보면 물론 자기들은 이스라엘을 인정한다고 말하죠. 그게 현실이니까요. 그건 많은 부분을 말해주는 동시에 여러분이 기대하는 것보다 적은 부분을 말해줍니다. 제가 생각하기에 하마스와 모든 팔레스타인인들에게 핵심은 '이스라엘이 우리를 인정하느냐'라는 문제입니다.

대다수의 이스라엘인들은 이스라엘 시민권을 가진 팔레스타인 사람들을 팔레스타인인이 아니라 아랍인으로 보죠.* 그러므로 팔레스타인인들 전체가, 그리고 하마스가 던지는 질문은 '당신들은 우리를 이 영토 안에서의 정당한 주민으로 인정하는가?' 혹은 '우리가 이스라엘 국가를 인정하는 것처럼 당신들도 팔레스타인 국가를 인정하는가?' 같은 것입니다.

그러므로 이건 '1967년 경계선은 하마스의 문서에 존재하는데, 그렇다면 이스라엘의 경우는 어떠한가'와 같은 질문입니다.

라미 쿠리　　그럼 실제로 서안지구와 가자지구에서 팔레스타인 국가를 세우고 정착촌을 없애는 것의 가능성은 잠시 차치하고 (그건 미래에 결정할 일이니까요), 다른 질문을 던져보고자 합니다. 그것이 가능하다고 하더라도, 하마스는 기본적으로 이스라엘과 세계를 향해 이렇게 말하고 있는 걸까요? 자신들은 야세르 아라파트처럼 하지 않을 것이다. 이스라엘을 인정하는 것과 같은 정도의 무언가를 대가로 얻기 전까지는 이스라엘을 인정하지 않을 것이다. 혹은 그런 식의 조치를 취하거나 무장 저항을 멈추는 것을 승인하지 않을 것이다, 라고요. 이러한 이해가 하마스의 입장을 정확하게 설명하는 것일까요?

---

*　　(옮긴이주) 이스라엘 시민권을 가진 인구는 약 1,000만 명이다. 이 중 팔레스타인계 주민은 2023년 기준 약 210만 명으로, 전체 인구의 21%를 차지한다.

파올라 카리디 박사　　어떤 면에서는 그렇습니다. 또 다른 면에서는 하마스가 드리우는 베일은 일시성의 문제입니다. '후드나', '타디아', '정전', '장기 휴전'〔네 가지 모두 비슷한 의미로 쓰임〕 등은 수십 년간 하마스의 역사 속에서 사용되어온 단어들입니다. 그러니 이 문제는 하마스가 무엇을 말하고 있는지의 관점에서 바라봐야 합니다. 그리고 2005년과 2006년에 하마스가 무엇을 했는지 들여다봐야합니다. 당시 하마스는 팔레스타인민족평의회Palestine National Council, PNC가 아니라 팔레스타인자치정부의 의회*에 참여함으로써 직접적으로 말하지 않으면서도 두 국가안을 인정했어요. 가장 확실하게 인정한 거죠.

　그리고 제가 생각하기에 국제 사회의 실수는 하마스를 당시 선거의 일부로 인정한 부분이 아니라 **하마스를 선거의 승자로 인정하지 않은 데** 있어요. 이들에게는 하마스가 선거를 이기고 파타흐가 패한 것이 문제였으니까요.

라미 쿠리　　국제 사회에 대해 언급을 해주셨는데요. 국제 사회, 특히 유럽과 미국에 대해 질문을 드립니다. 러시아, 중국, 인도, 튀르키예, 이란 같은 국가들 역시 모두 중요하게 살펴야 합니다. 하지만 박사님께서 전에 서방 세계의 강대국들과 하마스와 관계에서 서구의 실수는 공간이 생겼을 때 제대로 관여하지 않은 것이라고 말씀하셨던 내용을 더 들어보고 싶습니다.

　이와 관련해서 하마스는 아랍 국가들과도 매우 복잡한 관계를

---

*　(옮긴이주) 이 책의 부록 〈용어〉의 '팔레스타인자치의회'를 참조하라.

맺고 있습니다. 아니, 차라리 아랍 정부들이라고 하죠. 아랍 국가들의 대중 정서와 정부의 공식 입장 사이에는 큰 차이가 있으니까요. 항상 일치하지는 않죠.

박사님은 하마스와 서구 강대국들 및 아랍 정부들 간의 관계를 어떻게 보시나요? 이 부분 역시 하마스의 변화와 함께 진전되고 있다고 보시나요?

파올라 카리디 박사　2006년과 2007년 이후, 몇 년이 지나 유럽의 정치인과 외교관들은 자기들이 2006년 1월 선거 이후 실수를 한 것 같다고 하더군요. 하마스를 봉쇄할 수 있는 제도적 틀을 만들지 않았다는 것이죠. 그런데 그건 과거의 이야기고, 현재는 서방 국가들이 하마스와 관계를 맺기가 매우 어렵습니다. 극히 어렵죠.

하마스와 아랍 국가들, 그리고 아랍만이 아니라 중동 지역 국가들* 간의 관계는 1982년으로 거슬러 올라갑니다. 하마스가 가장 먼저 선언한 것은, 자기들은 파타흐나 팔레스타인해방기구처럼 행동하지 않겠다는 것이었습니다. 즉 자기들은 동맹을 맺은 국가들의 국내 문제에 연루되지 않겠다는 것입니다. 레바논 내전에 연루되지 않겠다는 것, 1970년 요르단에서의 검은 9월처럼 되지도 않겠다는 것이죠.** 그리고 실제로도 그렇게 했습니다.

---

*　(옮긴이주) '아랍'이란 아랍어를 사용하는 아랍 민족이나 문화권을 가리키는데, 중동 지역 국가 중 이슬람 국가지만 아랍 국가가 아닌 국가들도 있기 때문에 이렇게 표현한 것이다. 대표적으로 이란은 페르시아어, 튀르키예는 튀르키예어를 사용하고 아랍 문화권에 속하지 않는 국가다.

**　(옮긴이주) 과거 주변국에 본부를 두고 있던 팔레스타인해방기구가 상황의 변화로

한편 시리아 정권은 시리아 무슬림형제단에게 매우 혹독했지만, 하마스 지도부는 시리아 다마스쿠스에 남아 리더십을 유지했습니다. 하지만 2012년 하마스 지도부는 다마스쿠스를 떠나는데, 시리아 정권의 저 태도로 인한 것은 아니었습니다. 2011년 혁명* 이후 무함마드 무르시가 이집트 대통령으로 당선되는 등 중동 전역에 불었던 이슬람주의 물결이 그 배경이었죠. 그들은 이러한 시대적 흐름이 자기들에게도 유리하게 작용할 것이라는 기대를 품고 다마스쿠스를 떠났습니다.

2012년 가자지구에서 그들이 저에게 직접 했던 말입니다만, 하마스는 당시 이슬람주의 물결이 지역적 차원에서 매우 강한 주체가 될 것이라고 생각했어요. 그래서 처음에 요르단과도 관계를 정상화하고, 그 후 시리아와도, 또 2011년 이후 특정 시기에는 이집트와도 관계를 정상화했던 것이죠. 그런데 팔레스타인과 이집트 이중국적자인 마흐무드 자하르나 하마스 내부 중재에 능한 무사 아부 마르주크의 역할을 살펴보면, 이란과 같이 하마스와 관

해당 국가에서 쫓겨났던 상황을 반복하지 않겠다는 의미다. 팔레스타인해방기구는 창립 초기 팔레스타인 난민이 많은 요르단에 본부를 두고 있다가 1970년 검은 9월을 겪고 레바논 남부로 쫓겨났다. 이후 레바논 내전에서 팔레스타인해방기구와 갈등하던 레바논의 마론파 기독교 민병대는 1982년 이스라엘의 레바논 침공 당시 이스라엘군의 지원을 받아 이들의 소탕을 위해 싸우고 베이루트 외곽의 팔레스타인 난민촌에서 민간인 수천 명을 학살하기도 했다(사브라-샤틸라 난민촌 학살사건). 이후 팔레스타인해방기구는 다시 튀니지로 쫓겨났다. 이 책의 부록 〈용어〉의 '갈릴리 평화 작전', '검은 9월'을 참조하라.

* (옮긴이주) 2010년 말 튀니지의 무허가 노점상 청년의 죽음이 기폭제가 되어 2011년 중동 및 북아프리카의 아랍 국가들로 퍼져나간 반정부 민주화 시위인 아랍의 봄을 가리킨다.

계를 맺고 싶어 하는 국가들과의 관계를 통해 이들의 실용주의를 이해할 수 있을 겁니다. 물론 이란뿐만은 아니지만요.

라미 쿠리   "이란뿐만은 아니"라는 말은 헤즈볼라, 하마스, 이란, 안사르 알라 등 저항의 축에 대한 질문으로 자연스럽게 이어지는 것 같습니다. 박사님은 저항의 축과 하마스의 관계 혹은 저항의 축 내에서 하마스의 위치, 그리고 저항의 축 구성원들의 대응을 어떻게 이해하고 계신가요? 하마스가 그와 관련해 실망하거나 만족하고 있다고 보시나요?

파올라 카리디 박사   먼저 마지막 질문에 대한 답은, 실망했다는 것입니다. 이들이 10월 7일 이후 하마스를 지원하는 방식으로 대응하지 않았으니까요. 예를 들면 2006년 이스라엘과 레바논 사이의 33일간의 전생에서 하마스와 헤즈볼라는 서로 강력히 지지하는 관계였죠.* 당시에는 하마스와 헤즈볼라의 동맹이 군사적 차원에서 매우 강력했지만 이번 경우에는 그렇지 않았습니다.

　아마도 이것이 10월 7일 공격이 가자지구 내부에서 결정되고 다른 권역들과 상의되지 않았다는 점을 확인시켜주는 것 같아요. 2007년 이후 하마스의 전환이 있었으니까요. 그때 이후로 하마스는 영토와 일정 지역에 대한 권력, 통치력, 행정력을 갖게 됩니다. 야외 감옥이나 다름없어도 한 영토에 대한 완전한 행정력과 통치력을 갖게 된 것이죠. 그러므로 저항의 축이 군사적 차원에

---

*　(옮긴이주) 이 책의 부록 〈용어〉의 '헤즈볼라'를 참조하라.

서 몇 주, 몇 달이 지나서야 반응했다는 사실은, 이번에는 하마스의 가자지구 부문이 단독으로 행동했거나, 아니면 하마스의 다른 부문에 강한 압력을 가하고 10월 7일 공격을 단독으로 감행했음을 보여준다고 생각합니다.

라미 쿠리　　팔레스타인 인구는 매우 젊습니다. 정확한 인구 통계는 알 수 없지만 인구의 50퍼센트 가량이 30세 미만일 것입니다. 실제 거주 경험과 연구를 토대로 박사님이 보시기에 팔레스타인의 젊은 세대, 가령 35세 미만의 사람들이 어떤 식으로든 변화하고 있다고 볼 만한 근거가 있다고 생각하시나요? 아니면 윗세대 형제자매나 부모들과 동일한 정치적, 이념적 경로를 밟고 있나요? 하마스의 일원이거나 하마스와 가까운 팔레스타인 청년층 안에서 유의미한 변화가 일어나고 있나요?

파올라 카리디 박사　　중간 세대 실용주의자들의 실패로 인해 젊은 세대 안에서 실망이 커진 2007년부터 전환은 시작됐습니다. 실용주의자들이란 이스마일 하니예, 무사 아부 마르주크, 칼리드 마슈알이나 서안지구에서 선거에 참여하기로 결정한 이들이죠. 그러므로 2007년의 실패, 즉 서안지구와 가자지구의 분할, 파타흐와 하마스의 분열을 통해 하마스의 젊은 활동가들이 급진화했어요. 이들이 가자지구에서 저에게 말하길, "일어난 일들을 봐. 어떤 결과도 달성하지 못했으니 '무카와마', 즉 저항을 할 수밖에 없다"는 거였죠.*

라미 쿠리　　그래서 말씀하신 것처럼 하마스를 들여다보고 그 안에 여러 부문들이 있다는 것을 이해해야 하는 거죠. 아니면 권역constituencies, 요소elements, 권력의 중심축power centers이라고 표현할 수도 있겠죠. 군사 부문, 수감자들, 팔레스타인 내 서안지구와 가자지구의 인구, 주변 국가의 난민촌, 그리고 난민촌에 있는 것은 아니지만 전 세계의 망명 중인 팔레스타인 사람들까지 말이에요. 박사님은 하마스의 여러 부문 간 의사결정 과정에서 권력의 균형을 어떻게 보고 계신가요?

　또한 다음과 같은 질문들을 전 세계 사람들이 묻고 있고 누구도 그에 대해 명확한 답을 갖고 있는 건 아니지만, 앞으로 답을 알게 되겠죠. 현재 제시되고 있는 전후 서안지구와 가자지구에서 통치구조의 이행에 대해 하마스는 어떤 관점을 가지고 있나요? 조금 더 유연하게 대처할까요? 하마스는 다른 아랍 및 국제 세력들이 역할을 하도록 허용할까요? 경계선 너머 이스라엘의 실체를 인정할까요? 하마스 내부의 여러 권력의 중심축이나 권역들이 '집단학살에 해당할 수 있는 전쟁plausibly genocidal war'**이라는 매우 어려운 시기 이

---

*　　(옮긴이주) '이슬람 저항 운동'의 아랍어 약어인 HAMAS의 'M'이 '무카와마muqawama'의 이니셜이다.

**　　(옮긴이주) '집단학살에 해당할 수 있는 전쟁'이라는 표현은 국제사법재판소의 판단을 인용한 것이다. 남아프리카공화국은 2023년 12월 29일 국제사법재판소에 2023년 10월 7일 이후 이스라엘이 가자지구에서 저지른 행위에 대해 이스라엘을 집단학살 방지협약 위반으로 제소했다. 국제사법재판소는 2024년 1월 26일 임시조처를 통해 이스라엘의 행위가 집단학살 방지협약 위반에 "해당할 수 있다plausible"고 결정하며, 이스라엘이 즉각 협약에서 금지하는 행위를 막을 수 있는 모든 조처를 강구하고 인도주의적 구호물품 반입을 허용하라고 명령했다. 이스라엘은 이런 국제사법재판소의 명령에 대해 즉각 "근거 없는 거짓주장"

후의 전개에 관해 어떻게 판단하고 있다고 보시나요?

파올라 카리디 박사   이렇게 말씀드릴게요. 하마스가 샤이크sheikh〔종교 지도자의 의미〕아흐메드 야신의 암살과 야세르 아라파트의 사망 이후 새로운 팔레스타인 정치에 참여하기로 결정한 2004년 이후의 전문가이자 역사학자라는 면에서 저는 운이 좋았어요. 하마스 스스로 자기들을 드러내길 **원했기** 때문에 운이 좋았던 거죠. 당시는 하마스가 스스로에 대해 이야기하길 원했어요. 더 이상 비밀 조직이 아니니 저에게 많은 것들을 얘기해줬죠. 하지만 요즘은 불명확성이 존재하기 때문에 이들을 이해하기 매우 어렵습니다.

제가 멀리서 보기엔 정치 운동 부문의 약점은 거기에 서로 다른 입장들이 있다는 점인 것 같아요(이건 이전에도 하마스 내부에 존재했지만요). 불과 오늘만 해도 레바논과 테헤란의 하마스 대표 오사마 함단이 기자회견에서 국외의 지휘부는 알카삼 여단의 수장 모하마드 데이프 및 하마스의 가자지구 지도자 야흐야 신와르와 연락하고 있다고 밝혔습니다. 그게 무슨 뜻일까요? 정치 부문과 군사 부문 모두를 포함하는 가자지구의 하마스 세력과 가자지구 외부의 하마스 세력 사이에 권력의 균형이 있다는 의미죠.

글쎄요, 저에게는 국외에서도 유연성을 유지하고 있다고 보여요. 특히 칼릴 알하야, 무사 아부 마르주크 같은 하마스 인사들은

이라고 일축하며 명령을 거부했다. 이 판결에는 법적 구속력은 있지만 강제력은 없기 때문이다. 한편 이 결정은 잠정 명령으로, 최종 판결에는 수년이 걸릴 것으로 예상된다.

정치의 장 내외부 모두에서 합의를 원한다고 생각해요. 마르주크가 몇 주 전 언급한 것처럼 이들은 기술관료적 정부가 생긴다고 해도 수용할 거예요. 전쟁에서 벗어나야 한다고 생각한다는 의미죠.

또한 가자지구 주민들로부터 압박을 느끼고 있으니 가자지구에서 벌어지는 현재진행형의 학살에서 벗어나야 합니다. 이들은 고통을 받는 정도가 아니라 죽어가고 있으니까요. 몇 달째 학살 당하고 있잖아요. 그리고 서안지구에서 하마스는 2007년부터 조직적 차원에서는 허약했습니다. 상당수의 지도자들이 팔레스타인 교도소나 이스라엘 교도소에 수감 중이니까요. 그래서 제 생각에 지금은 하마스의 조직 구조적 차원에서나 권력 균형의 차원에서 아주 민감한 시점인 것 같아요.

라미 쿠리　박사님은 앞으로 연구를 통해 하마스, 그리고 팔레스타인 민족 투쟁, 팔레스타인 지역과 해외에서의 관계들이라는 더 넓은 질문과 관련해서 어떤 부분을 살펴보실 건가요? 박사님이 특별히 집중할 영역이 있나요?

파올라 카리디 박사　하마스, 파타흐 및 전통 정파들을 벗어나 팔레스타인의 정치를 실현하는 방법을 이해하는 거예요. 서안지구와 동예루살렘, 해외 난민촌과 가자지구의 팔레스타인 사람들은 권리에 대해 서로 다른 언어를 사용하고 정체성에 대한 뉘앙스도 서로 다르기 때문이죠. 저는 그게 이전부터 시작된 것이라고 생각해요.

가령 제가 관심을 가졌던 것은 2021년에 예루살렘에서 일어난 시위였어요. 시위대는 서안지구, 동예루살렘과 1948년 팔레스타인 출신의 젊은 층이었습니다. 이들은 나사렛* 등의 지역에서 예루살렘으로 온 것이었죠. 그래서 저는 우리가 미국 대학 캠퍼스에서의 비팔레스타인 청년들을 보는 것처럼 똑같이 팔레스타인 청년들을 봐야 한다고 생각합니다.**

헬레나 코번 라미와 파올라, 둘 다 정말 고마워요. 정말 중요한 대화였습니다. 청중석에서 나온 질문 중에 몇 가지 여쭤보고 싶은 게 있어요. 하나는 이것입니다. 파타흐와 세속주의 민족주의자들을 약화시키고 팔레스타인 사람들을 분열시키기 위해 하마스를 지원했던 전통적인 분할통치 방식을 이스라엘 정부, 특히 베냐민 네타냐후가 취한 것을 어떻게 생각하시는지, 그리고 이 전략은 얼마나 성공적이었다고 보시는지 궁금합니다.

파올라 카리디 박사 이건 최근 몇 달간 나오고 있는 서사, 즉 이스라엘이 하마스를 지원하는 역할을 했다고 하는 서사의 일부이기도 한데요. 저는 그렇게 생각하지 않아요. 그리고 그렇다고 하더라도 최근 네타냐후 임기에 시작된 것도 아니겠죠. 그런 정책은

---

*   (옮긴이주) 서안지구 북쪽 이스라엘 북부에 위치한 도시로, 인구가 무슬림 69%, 기독교인 30%로 팔레스타인인이 대다수인 곳이다.
** (옮긴이주) 팔레스타인인들과 다른 경험을 가지고 외국에서 팔레스타인과 연대하는 사람들처럼 팔레스타인 민족 내부에서도 사람들은 가자지구, 서안지구, 역사적 팔레스타인 땅(이스라엘) 등 지역과 그 지역의 상황에 따라 다른 경험을 가지고 있다는 점을 강조한 것이다.

1988년 시작됐지만 고작 몇 달밖에 지속되지 않았어요. 그 시절을 경험했던 하마스 지도자들에 따르면, 이스라엘은 1989년 하마스 운동을 궤멸시키는 데 거의 성공합니다. 1992년에는 하마스 운동을 완전히 궤멸시키기 위해 〔하마스에 가입한 것으로 의심되는 팔레스타인 수감자〕 415명을 레바논 남부의 마르즈 알주후르로 추방하고요.

가자지구에서 최소 다섯 번의 전쟁이 있었던 2008년 이후를 생각해보면, 이스라엘이 1980년대 후반 하마스를 만들어냈다거나 이스라엘이 팔레스타인 사람들을 분열시키기 위해 하마스를 지원했다는 식의 서사는 비현실적이라고 생각해요. 이스라엘은 같은 방식으로 라말라*나 팔레스타인자치정부를 지원하지 않았으니까요. 그러니까 이스라엘은 두 가지 수단을 가지고 팔레스타인 정치 전체와의 투쟁을 벌인 거예요. 한 가지 수단은 가자지구에서 하마스와 전쟁을 하는 것이고, 다른 하나는 라말라의 팔레스타인 자치정부를 극도로 약화시키는 것입니다.

헬레나 코번   흥미롭네요. 다른 질문도 있습니다. 하마스가 팔레스타인해방기구에 들어가지 못하는 이유는 무엇이라고 생각하시나요?

파올라 카리디 박사   그건 파타흐**에 질문해야 합니다. 하마스는 팔

---

*   (옮긴이주) 서안지구의 도시로, 팔레스타인자치정부가 위치한 팔레스타인의 실질적인 행정수도다.
**   (옮긴이주) 팔레스타인해방기구의 최대 정파로 하마스의 경쟁 세력이다.

레스타인해방기구 내부에서 인정받기 위해 많은 노력을 기울였고 그 안의 많은 정파들은 하마스와 이슬람지하드가 팔레스타인해방기구 안으로 들어오길 바랐죠. 그걸 정말 원했던 게 [팔레스타인 국가선도당의 창립 대표] 무스타파 바르구티입니다. 파타흐가, 아니 파타흐 내부의 일부가 반대한 거죠. 그리고 무엇보다 [파타흐의 원로 지도자인] 아부 마젠, 즉 마흐무드 압바스가 반대했습니다. 현재 파타흐의 다수는 하마스가 팔레스타인해방기구로 들어오길 바라고 있어요. 그중 한 명이 지브릴 라주브인데, 이미 여러 차례 그런 의견을 밝힌 바 있습니다.

헬레나 코번 네, 그럼 다음 질문으로 넘어가죠. 박사님은 러시아와 중국 같은 외부 강대국들이 팔레스타인해방기구 내부의 여러 정파 사이의 화해와 통일을 달성하기 위해 관여하고 있는 상황에 희망이 있다고 생각하시나요?

파올라 카리디 박사 우리에겐 희망이 있습니다. 팔레스타인 내부의 화해가 이루어진다면, 가자지구에서 지금 벌어지고 있는 일의 많은 부분을 알 수 있을 테니까요. 그래서 우리는 희망을 가져야 합니다. 사실 저는 그렇게 낙관적이지만은 않아요. 제 친구 마흐디 압델하디가 말하길 "중동에서 어떤 과정이 시작되면 수십 년이 걸린다"라고 하더군요. 화해의 절차가 17년 전에 시작됐는데* 현재까지는

---

* (옮긴이주) 2006년 하마스 등의 세력이 팔레스타인자치정부 의회 선거에 참여하기로 한 결정을 의미한다.

확실한 화해라는 결과에 이르지 못했다는 것이 사실이니까요.

헬레나 코번　　종종 역사에서 수십 년 동안 아무 일도 일어나지 않지만 때로는 수십 년의 역사가 한 주 만에 이루어지기도 한다는 레닌의 유명한 말도 있어요. 그리고 저는 사실 여러 이유로 우리가 그런 굴절의 시점에 있을지도 모른다고 느껴요.

명확히 정리되진 않았지만, 저는 현재 일어나는 일들이 파타흐의 정신을 위한 투쟁이라고 생각하고 있어요.

파올라 카리디 박사　　네, 그럼요. 앞서 제가 요즘 어디에 주목하고 있는지 질문을 주셨을 때 청년층에 관심을 가지고 있다고 말씀드렸죠. 그건 부활해야 하는 정신, 또는 부활 그 이상으로 재창출해야 하는 정신이 있기 때문이에요. 부활해야 하는 것은 비단 파타흐의 정신만은 아니지만 파타흐의 정신도 그중 하나죠.

저는 단지 전 세계 청년의 일부로서 팔레스타인 청년의 언어를 세계에 불어넣는 것이 미래에 흥미로운 발전으로 이어질 수 있다고 생각합니다. 포용적이고 평화적인 정치적 실천의 일환으로 대학 캠퍼스에서 벌어지는 일들을 보세요.* 제가 보기에 이들은 타흐리르 광장부터 월스트리트까지 이어지는 오큐파이 운동의 후예들이에요.** 그래서 우리는 여기에 새로운 가치가 주입되는 것

* （옮긴이주）2024년 미국 등의 대학가에서 이스라엘의 가자지구 학살 중단을 요구하며 불붙은 친팔레스타인 점거 캠프 시위대를 의미한다.
** （옮긴이주）타흐리르는 아랍어로 '해방'이라는 의미다. 타흐리르 광장은 이집트의 수도 카이로 중심부에 있는 광장으로, 한국의 광화문 광장처럼 2011년 아랍의

을 눈여겨봐야 한다고 생각해요.

라미 쿠리　　제가 여기에 조금 덧붙여 말씀드릴게요. 저는 현재 미국 보스턴에 살면서 대부분의 시간은 여기서 보내지만 중동에도 1년에 두세 번은 다녀옵니다. 저는 최근 이곳에서 전개되는 상황과 지난 3주간의 친팔레스타인 대학생 시위, 그리고 권력층을 이루는 주류 언론과 정부, 기업 부문이 여기에 대응해온 방식을 매우 면밀히 지켜보고 있습니다. 이들은 이런 시위에 대해 군사적인 방식으로 매우 강경한 대응을 하고 있어요.

　우리는 현재 이스라엘의 가자지구 집단학살 전쟁으로 인한 팔레스타인 문제와 이스라엘이 국제법을 준수해야 할 책임이 모두 공론장의 의제가 된 역사적 순간을 목격하고 있습니다. 관련 내용이 거의 매일 밤 뉴스에 나오죠. 현재 학생들이 시위를 통해서 이 문제를 공개적으로 토론하도록 압박하고 있으니까요. 팔레스타인이 공론장에서 화제가 되었을 뿐만 아니라 미국의 2024년 11월 대통령 선거에도 영향을 줄 수 있을 정도의 국내 이슈가 된 전례 없는 순간입니다. 여태껏 이런 상황은 없었죠.

　시온주의 운동과 이스라엘은 항상 미국 정치 시스템에 관여해왔고 항상 어떤 방식으로든 미국의 선거에도 영향을 미쳐왔어요. 여태껏 팔레스타인 사람들이 그러한 영향을 미치지 못했던 것이

봄 당시 이집트 혁명 등 주요 집회가 진행된 상징적인 공간이다. 같은 해 9월에 시작된 '월가를 점거하라 시위Occupy Wall Street'를 '아랍의 봄American Autumn'과의 연장선 속에서 '미국의 가을'이라 부르기도 한다.

죠. 그러므로 우리는 앞으로 미국에서 이 상황이 어떻게 전개될지 계속 주시해야 합니다. 저는 지난 3개월 간 열 개 이상의 대학을 방문하고 사람들을 만나왔는데 학생들이 물러설 것 같지 않아요. 이건 세대의 이슈거든요.

이런 흐름이 대학생들에게서만 일어나고 있는 것도 아닙니다. 미시간 주 디어본에서 2024년 1월과 2월에 아랍계 미국인, 무슬림 미국인, 흑인과 히스패닉계 미국인, 노동조합, 교회, 유대계 진보주의자들이 연합 조직을 만들었고, 이들은 대선 예비선거에서 '지지후보 없음uncommitted'에 투표하는 운동을 벌였죠. 그리고 이 운동은 예상을 훨씬 뛰어넘는 성공을 거둡니다.* 하마스가 의회에 들어갔을 때 그렇게 선전할 거라고 스스로 예상하지 못했던 것처럼 이들도 스스로 이런 결과가 나올 거라고 예상하지 못했죠.

현재 미국에선 정말로 역사적인 일들이 벌어지고 있고 이것이 어디로 흘러가는지를 잘 지켜봐야 합니다. 저는 이것이 기득권층

---

* (옮긴이주) 미국 대통령 선거의 예비선거에서는 선거용지 마지막에 'none of the above'라는 항목이 있어서 '지지후보 없음'으로 투표가 가능하다. 또한 미국 민주당 전국위원회 규정에 따라 지지후보 없음이 각 하원의원 선거구에서 15% 이상을 득표하면 대선 후보지명 전당대회에서 지지후보 없음 대의원을 얻을 수 있다. 지지후보 없음 전국운동Uncommitted National Movement은 미시간에서 조직되어 미국 정부의 이스라엘에 대한 무기 지원 중단을 요구했고, 미시간, 미네소타주 등을 중심으로 지지후보 없음 운동이 전개되었다. 여기 언급된 미시간 주 디어본은 아랍계 미국인 인구가 40% 이상으로 미국에서 아랍계 인구 비율이 가장 높은 도시인데, 민주당 예비선거에서 '지지후보 없음'이 57%를 득표하며 바이든의 득표율(40%)보다 훨씬 높게 나왔다. 또한 지지후보 없음 운동은 디어본이 위치한 미시간(13.21%)과 하와이(29.1%), 미네소타(18.9%) 등에서 높은 지지를 받으며 총 70만 표(4.25%)를 득표하여 37명의 대의원을 확보했다.

이 여기에 맞서 격렬하게 싸우는 이유라고 생각해요. 이들은 공론장에서 이스라엘의 정책이 논의되길 원하지 않고, 팔레스타인의 목소리가 청중들에게 들리길 원하지 않죠. 하지만 이 두 가지 측면 모두에서 저 기득권층의 움직임은 성공적이지 못합니다.

파올라 카리디 박사　　그리고 독일도 있죠. 이스라엘을 지지하는 두 개의 기둥이 있습니다. 하나는 미국이고 다른 하나는 독일을 포함한 유럽입니다.

헬레나 코번　　저는 1968년에 잉글랜드에서 당시 미국의 상황을 지켜보았고, 정말 흥미로웠어요. 이때 미국 내에서는 베트남전쟁 반대 운동이 일어났고, 잉글랜드에선 그보다 한참 전에 남아공의 아파르트헤이트에 반대하는 사회운동이 있었어요. 이런 종류의 운동〔국제적 연대〕이 진정한 변화를 가져올 수 있습니다.

　그래서 하마스 문제를 다루는 것은 중대한 문제예요. 미국에서는 토론장에서 건드릴 수 없는 성역 같은 주제니까요. 아시겠지만, 10월 7일 이후 얼마 안 지났을 때는 모두가 입을 떼기도 전에 '하마스를 규탄하느냐'는 질문에 답하도록 지목받았으니까요. 그런 게임에 휘말리는 걸 거부한 저희 같은 사람들은 오랫동안 침묵을 지켰죠. 하지만 이제는 팔레스타인 민족 운동의 매우 중요한 흐름을 대표하는 단위로서 하마스에 대한 논의를 해야 할 때입니다. 그런 의미에서 9년간 예루살렘에 거주하며 사태를 매우 가까이서 직접 지켜본 경험을 공유해주신 파올라 박사님께 감사를 전합니다.

2장

칼레드 흐룹 박사와의 대담

헬레나 코번　　안녕하세요, 여러분. 오늘은 칼레드 흐룹 박사님과 대담을 나눕니다.

먼저 오늘 참석하신 모든 분에게 드리는 깜짝 퀴즈가 있습니다. 정답은 따로 없는 퀴즈입니다. 첫 번째 질문입니다.

하마스와 ISIS 사이의 어떤 차이가 있다고 생각하시나요?

- 차이가 없다.
- 다르다는 것은 알지만 어떻게 다른지 잘 모른다.
- 하마스는 ISIS보다 고등교육을 훨씬 더 강조한다.
- 여성의 교육, 고용과 역량 강화에 대한 조직의 태도에 차이가 있다.
- 유엔과 국가 간 국제 규범에 대한 조직의 태도에 차이가 있다.
- 선거에 대한 조직의 태도에 차이가 있다.
- 폭력 사용에 대한 조직의 태도에 차이가 있다.

차이가 없다는 응답은 없군요. 6명이 "다르다는 것은 알지만 어떻게 다른지 잘 모른다"고 답했는데 중요한 지점이라고 생각합

니다. 그리고 12, 13명 정도가 여성과 고등교육, 유엔과 국제 규범에 대한 태도 차이를 골라주셨고, 11명은 선거에 대한 태도 차이를, 12명은 폭력 사용에 대한 태도 차이를 골라주셨네요.

자, 그럼 다음 퀴즈입니다.

하마스와 ISIS 사이의 차이를 주변에
얼마나 자신 있게 설명할 수 있습니까?
- 매우 자신 있다.
- 약간 자신 있다.
- 자신 없다.

이번에는 34명이 답변해주셨는데 7명이 매우 자신 있다고 답했군요. 어떻게 설명하실지 들어보고 싶네요! 퀴즈에 답해주셔서 모두 고마워요.

자, 오늘의 전문가 게스트는 노스웨스턴 대학교 카타르 분교의 중동학과와 아랍미디어학과 교수인 칼레드 흐룹 박사님입니다. 영국 케임브리지 대학교 아시아 및 중동학과 전前 연구원으로, 그곳에서 현대 중동의 역사와 정치에 대해 강의하셨고 2003년부터 2012년까지 케임브리지 아랍 미디어 프로젝트의 창립 대표를 맡기도 하셨습니다. 또한 팔레스타인, 아랍 및 국제 관계에 대한 여러 책과 논문을 영어와 아랍어로 발표해오셨습니다.

박사님은 《하마스에 대한 기초 안내서》라는 유용한 소책자의 저자이며, 가자지구 터널을 주제로 출간을 준비 중이시라고 합니다. 《홍수: 가자지구와 이스라엘, 위기에서 대변동으로》라는 책을 함께 쓰기도 하셨고요.

이제 라미가 칼레드 박사님께 질문을 드리도록 할게요.

라미 쿠리　하마스 문제는 매우 다차원적이고 거대한 문제이기 때문에, 우리는 5부작 시리즈를 기획했습니다. 이 프로젝트에서는 하마스를 잘 알고 있는 학자들과 전문가들과 대담을 나눕니다. 이들은 하마스를 오래 연구해왔을 뿐만 아니라, 팔레스타인 지역, 광범한 팔레스타인 문제 전반, 중동 지역, 아랍 세계, 이슬람 세계, 그리고 하마스와 서방과의 관계에 대해서는 더 잘 알고 있는 분들입니다. 이런 동심원들이 어떻게 서로 맞물려 있는지 제대로 이해해야 하마스란 무엇이고, 무엇을 하며, 왜 그런 행동을 하는지를 제대로 파악할 수 있습니다.

이 대담 시리즈는 하마스를 옹호하거나 비판하려는 것이 아니고 사람들에게 하마스란 무엇인지를 분명히 하기 위한 것입니다. 그리고 나서 각자 판단할 수 있겠죠. 저는 칼레드 박사님, 그리고 하마스와 수년간 교류해온 사람들을 통해 하마스의 사고방식 내에 두 개의 주요한 이념적 흐름이 존재한다는 것을 알게 되었습니다. 첫 번째는 이슬람주의적 흐름이며, 두 번째는 아랍 민족주의가 아닌 팔레스타인 민족주의에 기반을 둔 흐름입니다. 이 두 번째 흐름은 팔레스타인 민족 해방 투쟁의 맥락 속에서 이슬람주의를 중심으로 한 운동으로 발전해왔습니다.

그래서 제가 칼레드 박사님에게 드리는 첫 질문은 박사님이 이들의 균형을 어떻게 보시는지입니다. 이 균형은 시간이 흐르며 변화 혹은 진화하는 것일까요? 지금은 어떻다고 보시나요?

칼레드 흐룹 박사   고마워요, 라미. 그리고 이렇게 중요한 주제를 사람들에게 알릴 수 있는 프로그램을 기획해주신 헬레나에게도 고마움을 전합니다. 먼저 라미가 언급한 하마스 내에서의 팔레스타인 민족주의와 이슬람주의라는 두 흐름에 대해 얘기해보죠.

그건 사태를 보는 하나의 방식이고 시사점도 있지만 사태를 단순화하기도 하고 사회 현상과 정치 활동, 그리고 일련의 현상에 대한 이분법적 이해 방식에 가까워요. 물론 더 광범위한 대중들을 위해서는 단순화가 좋을 수도 있어요. 도움이 될지도 모르죠. 하지만 제가 보기에 현실은 이런 이분법보다 좀 더 미묘하고 복잡한 것 같아요.

왜냐하면 하마스 내에 민족주의와 이슬람주의 요소가 있다고 말하면, 거기에는 이 두 요소가 서로 배타적이라는 무의식적인, 혹은 의도치 않은 가정이 있는 것 같으니까요. 그러니까 그들은 이슬람주의자거나 그렇지 않으면 민족주의자라는 거죠. 어떤 사람이 이슬람주의자라면 민족주의자일 수 없고, 반대의 경우도 그렇고요.

그런데 영국 식민주의 시대 이래로 지금까지 이어지는 팔레스타인의 맥락과 팔레스타인 민족주의 운동 안에는 좀 더 복잡한 부분들이 있다고 생각해요. 그러니까 중첩되는 부분, 서로 영향을 주는 부분들이 있는 거죠. 당시 맥락과 상황에 의해 때로 이 중 한쪽이 주도권이 잡고 다른 쪽은 뒤로 밀려나기도 해요.

물론 이슬람주의와 민족주의의 이분법은 간단한 논의를 위해서는 도움이 되죠. 하지만 저는 하마스가 다층적인 조직이자 운동이라고 말하고 싶어요. 하마스는 정당이기도 하고, 자선 조직이기도 하면서, 군사 조직이기도 하다는 의미죠. 그리고 이 모든 게 합쳐진 것이기도 하고요. 그래서 하마스를 민족주의 운동이라고만 말할 수 없는 거예요. 그럼 이슬람주의의 이상과 원칙에 따라 작동하는 이들의 자선 부문과 기능은 뭐가 되냐는 말이죠. 그러니까 사실 이 둘을 서로 분리할 수 없는 겁니다.

하마스는 변화하는 상황에 대응하면서 맥락에 따라 정치 요소 혹은 이슬람주의 요소를 강화할 거예요. 예를 들어 만약 하마스가 선거에 참여하고, 팔레스타인 내 다른 정파들과 협력하며, 중동 지역 안팎의 정부들과 대화를 진행한다면, 하마스의 정치 부문이 주도권을 잡게 될 것입니다. 즉, 현재 민족주의 성향을 보이는 하마스의 정치 부문이 전면에 나서게 된다는 것입니다. 이 경우 하마스는 팔레스타인 민족주의적 관점에서 팔레스타인인들을 대표하는 목소리로, 팔레스타인 민족주의 담론을 중심으로 소통하게 될 것입니다.

그런데 예를 들어 하마스가 국제적으로 무슬림 집단에 호소하고 사회 연결망과 자선, 종교 문제에 대응한다면, 이럴 경우 하마스의 종교적 측면, 즉 이슬람주의적 얼굴이 주역을 맡을 것입니다.

그래서 이 두 가지 요소가 하마스 안에 존재하긴 한다고 생각합니다. 하지만 이런 복잡하고 미묘한 논의는 차치하고, 결국 하마스는 이슬람주의와 민족주의라는 두 요소로 수렴된다고 단순화한다면, 저는 지난 20~30년간 하마스 내에서는 종교적 요소 대신 민족주의적 경향이 점차 강화되어왔다고 말할 수 있을 것 같아요. 그건 분명한 추세입니다. 하지만 이 안에서도 오르내림이 있는데, 하마스 내 민족주의의 추세는 상황에 따라 느리게 혹은 빠르게 움직이기도 하죠.

만약 민족주의적 대응이 더 호응을 얻는다면 하마스는 민족주의적 측면을 더 강화할 거예요. 반면 어떤 종류의 고립과 이탈이 발생한다면 하마스의 종교적 측면이 특정 시기에 더 분명해지는 것을 볼 수 있을 거예요.

헬레나 코번　여기서 제가 잠깐 끼어들자면, 팔레스타인 기독교인의 인구가 크다는 점을 인지하고 이들이 하마스를 어떻게 생각하는지를 확인하는 건 유용할 것 같아요. 가자지구의 최근 저항운동에서도 실제로 하마스와 팔레스타인 이슬람지하드의 전투원들은 명백히 세속주의적인 운동인 팔레스타인해방인민전선(아랍어로는 '알자브하 앗샤비야'. 이하 '인민전선')의 전투원들과 함께 싸우고 있거든요. 물론 인민전선은 저명한 팔레스타인 기독교인인 조지 하바시가 창립했고, 여기에 많은 팔레스타인 기독교인들이 참여하고 있어요.

그래서 하마스와 ISIS의 차이가 뭐냐는 방금 전의 질문으로 잠시 돌아가자면, ISIS가 기독교 운동 조직과 동맹을 맺는 경우는 생각하기 어렵죠.

칼레드 흐룹 박사　정말 흥미진진한 부분이에요. 팔레스타인 정치, 혹은 아랍 정치를 논의할 때, 조지 하바시가 만들고 이끌었던 팔레스타인 마르크스주의 조직인 인민전선을 언급하시잖아요. 그게 제가 현실은 좀 더 복잡미묘하다고 말씀드리는 이유기도 합니다. 종종 마르크스주의자이면서 종교가 있는 팔레스타인인을 만날 수 있어요. 이들은 자신의 종교적 의무를 다하지만 사상적인 측면에서는 좌파, 마르크스주의자이고, 심지어는 레닌주의 전통을 따른다고 말하기도 해요. 이런 것이야말로 강고한 이분법, 즉 흑백논리에 입각한 접근이 팔레스타인 사람들의 다양한 현실을 제대로 포착하지 못한다고 말씀드리는 이유죠.

라미 쿠리　설명 감사합니다. 이어가보도록 하죠. 팔레스타인 사회에서 하마스의 위치와 이들의 인지도, 그리고 영향력을 확인할 수 있는 두 개의 주요 지표인 설문조사와 선거에서 측정된 것처럼 하마스는 명확히 기복을 보여요. 〔팔레스타인정책조사연구소의〕 칼릴 시카키가 진행한 조사에 따르면 10월 7일 공격 이후 하마스의 인기가 매우 높았어요.

　그런 의미에서 팔레스타인 혹은 아랍 국가의 개인들이 '나는 하마스를 지지한다. 혹은 하마스에 반대한다'라는 식의 입장을 취하게 만드는 요인은 무엇이라고 생각하시나요? 하마스를 지지하는 데는 다양한 이유가 있으니까요. 이들이 좋게 느껴진다는 단순히 감정적 요인일 수도 있고, 하마스가 자신을 보호해줄 것이라는 감각 혹은 이들이 아랍과 이스라엘의 정의로운 합의를 추진할 것이라는 감각일 수도 있고요. 개인이 여러 정치 운동 조직과 관계를 맺는 매우 복잡한 방식의 세계관을 살펴보려고 하는데, 박사님은 팔레스타인인들과 아랍인들 사이에서 하마스가 서 있는 위치와 방식을 어떻게 이해하고 계신가요?

칼레드 흐룹 박사　네, 아마도 저는 저항이 핵심어가 될 것 같다고 생각합니다. 구체적으로는 팔레스타인인들, 그리고 아랍 사람들과 민족 전체로 보면 이들이 하마스를 지지하는 근본적인 이유는 종교나 민족주의 같은 것들 때문이 아니라 바로 저항 때문이에요. 마르크스주의 운동이든, 혹은 팔레스타인 민족주의 운동이든, 현재 저항하고 있는 자유주의 운동이든 아마 대개 동일한 지지를 얻을 것이라고 생각해요.

여러 다른 요소들도 존재합니다. 이 조직은 사회복지 활동이나 정부 업무를 운영하는 면에서 청렴하고 깨끗합니다. 하지만 제가 생각하기에 가장 핵심적인 문제는 저항입니다. 여러 글에서 저는 영국 식민지 시절부터 팔레스타인의 역사를 관통하며 이런 사고방식과 지지 방식을 추적해왔습니다. 저항 정신을 고수하는 특정 조직과 운동이 있다면, 그 조직이 주도권을 잡을 거예요. 1930년대 중반 샤이크 이즈앗딘 알카삼은 당시 모든 팔레스타인 사람들의 마음을 사로잡았기 때문에, 실제 저항 기간은 불과 3, 4년에 불과했지만 그는 명망 혹은 대중성과 지지도라는 측면에서 최선두에 있었던 거예요.

그리고 하즈 아민 알후세이니를 비롯한 많은 전통적인 지도자들은 뒷전으로 밀려났죠. 그리고 이제 1950년대와 1960년대에 이르러 파타흐가 처음 조직되고 만들어졌을 때 이들의 주된 이슈, 슬로건, 모토는 이념 문제가 아니라 바로 저항이었어요. 그 결과로 이들이 주도권을 잡았죠. 파타흐 이전의 모든 조직들은 부차적인 존재가 됐어요. 그리고 파타흐는 오슬로 협정을 체결하기 전까지 팔레스타인 민족 운동과 리더십의 최전선에 있었죠. 협정을 체결한 그때부터 파타흐가 쇠퇴하기 시작한 이유는 저항이라는 가치를 포기했기 때문입니다.

반면 하마스는 저항의 기치를 계속 높이 들고 있었기에 세력을 확장해나갈 수 있었습니다. 1987년에 창립된 하마스의 모태인 무슬림형제단은 이스라엘 국가가 수립되기도 전에 팔레스타인에서 만들어졌어요. 무슬림형제단은 1946년에 시작됐으니까요. 하지만 무슬림형제단의 운동은 팔레스타인 민족 운동의 주변부에 머물렀어요. 그건 이들이 저항을 긴급한 것이 아닌 미룰 수 있는 것이라고 여겼고, 종교 문제 같은 것에 집중해야 한다고 생각했기 때문이에요. 이들의 핵심 가치는 저항이 아니었던 거죠. 그러니 주변부에 머물 수밖에요.

그러므로 저는 식민지를 겪고 있는 팔레스타인 현장에서 특정 정치 운동을 주변화하거나 주류화하는 것은 저항의 여부라고 생각해요. 따라서 저의 부족한 식견을 토대로 말씀드리자면 서안지구와 가자지구 등지에서 사람들이 하마스를 지지하게 만드는 최우선 요소는 저항이라고 생각합니다. 물론 부차적인 이유들도 있지만, 무엇보다도 저항이 제일 중요합니다.

라미 쿠리　그런 맥락에서 보자면 하마스는 1980년대부터 지금까지 활동해오면서, 군사적 저항을 해왔고 사회적으로 많은 일을 했습니다. 하마스는 이스라엘을 공격했고, 하마스가 이스라엘에 로켓을 발사한 데 대한 보복으로 이스라엘이 가자지구에 일고여덟 번의 주요 군사 공격을 감행하기도 했죠.

이런 맥락에서 박사님은 이스라엘의 공격과 그로 인한 고통에 대해 팔레스타인 시민들, 특히 가자지구 사람들이 보이는 반응을 어떻게 이해하고 계신가요? 이런 공격을 이스라엘인들은 '잔디 깎기'라고도 불렀는데, 이스라엘이 몇 년마다 대규모 공격을 가해 수천 명을 죽이고 수많은 것을 파괴하며 가자지구를 봉쇄해버리는 방식이죠. 아시다시피 이런 공격이 주기적으로 있었고요. 그로 인해 가자지구 주민들의 삶의 질은 차츰 악화했고, 이제 우리는 가자지구에 대한 심각한 수준의 공격을 보고 있습니다. 시민들이 자신들의 고통에 대해 하마스에 책임을 묻거나 묻지 않는데 이런 상황이 어떤 영향을 미친다고 생각하시나요?

혹은 이런 일을 겪지 않고서는 누구도 점령에서 해방된 적이 없으며, 이스라엘의 고통은 저항에 따른 불가피한 측면이라는 논리를 시민들이 인정하나요? 시민들의 반응을 박사님은 어떻게 분석하시나요?

칼레드 흐룹 박사　먼저 가자지구 주민들이 하마스가 한 일에 대해, 그리고 10월 7일 공격이 초래한 일에 대해 어떻게 판단하는지 알기 위해서는 여론조사를, 아니면 선거까지도 지켜볼 필요가 있을 것 같아요.

그런데 제가 가자지구의 친구들과 주변 사람들로부터 수집한 정보로 판단해보자면, 가자지구의 많은 팔레스타인인은 자신들이 감내해야 했던 막대한 고통과 파괴에 하마스도 일정 부분 책임이 있다고 생각하는 경향이 있는 것 같아요. 이는 아마도 예상치 못했던 잔혹함이 전례 없는 규모로 닥쳤기 때문일 것입니다. 결국 집단학살이 벌어지고 있는 것이니까요.

평범한 주민들은 과거에 방금 언급하셨던 전쟁을 겪었으니 2주에서 4주 동안은 전쟁을 견딜 수 있을 거예요. 가자지구의 주민들은 전쟁에 적응하게 됐으니까요. 그래서 2, 3주 동안 이전처럼 잔혹한 전쟁이 벌어져도 삶은 계속돼요. 이들에게는 어떤 단단함과 회복력이 있고 이들의 사기도 높기 때문입니다.

그런데 지금 일어나는 사건은 집단학살입니다. 적당한 피난처 없이, 적절한 쉴 곳도 없이 가족을 잃은 평범한 팔레스타인 주민 한 명 한 명이 울부짖고 하마스를 비롯해 좌우와 중도를 막론하고 모든 이들을 비난하는 것, 그 이상을 그들에게 기대하기는 어렵습니다. 그래서 저는 결국 하마스가 여러 어려운 질문에 직면해야 하며 절대다수의 가자지구 주민들에게 일어난 일을 정당화해야 한다고 생각해요.

이런 건 우리가 인정해야 할 부분입니다. 그리고 좀 더 답변을 보충하자면 이게 가자지구에 한정된 것이라는 점도 있어요. 가자지구 바깥의 팔레스타인 사람들과 얘기해보면 물론 가자지구의 형제들에게 깊은 애도와 연대를 느끼죠. 그러나 이들은 하마스에 대해서는 좀 더 신중하고 이해에 기반한 입장을 취한다고 해요.

그리고 말씀하신 것처럼 6주 전인 3월의 최신 설문조사에 따르면 서안지구에서 하마스에 대한 지지는 높은 것으로 나왔습니다.*
70퍼센트의 주민들이 10월 7일에 벌어진 일이 정당하다고 보고,

---

* 칼릴 시카키의 팔레스타인정책조사연구소가 2024년 3월 실시한 여론조사를 언급한 것이다. 이 연구소는 같은 해 6월에 실시한 또 다른 여론조사 결과도 발표했다. 여론조사 결과 요약과 전체 여론조사 결과를 밝혀둔 웹페이지 링크는 이 책의 〈부록 6〉에서 확인할 수 있다.

이를 팔레스타인에서의 점령과 식민지 체제에 저항한다는 더 큰 맥락 안에서 인식한다는 거예요. 그러므로 지역이나 대화하는 권역에 따라 다양한 의견을 가진 팔레스타인 사람들을 만날 수 있는 거죠.

그러나 가자지구 주민들은 상상을 초월하는 고통을 겪고 있으며, 이렇게 심각한 파괴와 잔혹함 때문에 많은 이들이 현 상황과 점령 상태, 그리고 심지어 하마스까지도 비난하게 된 것으로 보입니다.

라미 쿠리   지난 20~30년 동안의 하마스의 역사를 돌이켜보면 하마스는 비슷한 경험을 여러 번 했죠. 많은 것이 파괴되고 사람들이 고통받고 있지만 그들은 여전히 건재해요. 그리고 이스라엘은 그들을 상대해야 하죠.

박사님은 이스라엘의 집단학살이 끝나면 하마스가 무엇을 하려고 할 것이라 예측하시나요? 가령 주민들의 신뢰를 되찾고 다른 세력들과 함께 정부의 리더십 역할을 유지하기 위해 하마스가 어떤 식으로 운영될 것이라는 신호나 조짐이 보이나요?

칼레드 흐룹 박사   저는 그렇다고 봅니다. 하마스는 신호를 보냈고, 사실 신호 정도가 아니라 공식적이고 분명한 언어로 가자지구를 독점적으로 통치하는 데 관심이 없다고 표현해왔죠. 그들이 원하는 것은 스스로 밝혔던 것처럼 팔레스타인 연립정부 리더십, 즉 가자지구를 주도할 집단적인 팔레스타인 의사결정 절차예요. 사실 하마스는 여기에 가자지구뿐만 아니라 서안지구도 통합돼야 한다고 말해왔죠.

이제 이 문제가 수면 위로 올라왔어요. 10월 7일 이전부터 하마스 내부에서는 자신들이 가자지구의 모든 문제를 해결해야 하는 책임에 대한 피로감이 드러났다고 말할 수 있습니다. 이들은 2007년 이래로 최초의 계획과는 다르게, 혹은 그 계획과는 반대로 정부의 자리를 차지한 저항 운동 조직이에요. 이들은 한편에서는 저항 운동, 다른 한편에서는 가자지구의 통치라는 이상한 체제를 운영해야 했죠. 그건 오슬로 체제 아래의 통치라고는 할 수 없지만 어떻게든 오슬로 체제와 연결되어 있었어요. 기본법Basic Law*을 만들고 많은 규칙과 정부 부처를 만들어낸 팔레스타인자치정부라는 현 체제는 오슬로 체제에서부터 나온 것이니까요.

그런 의미에서 사실 하마스가 권력을 잡고 있는 데는 어색한 점이 있죠. 이 점은 많은 하마스 지도자들이 표명한 것이기도 하고요. 그래서 제 생각에는 이번 집단학살이 끝나면 (빨리 끝나길 바랍니다만) 하마스가 어쩌면 이전만큼 영향력을 유지하고 강력하게 존재하면서도 반드시 주도권을 쥐지는 않는 새로운 형태의 창의적 구도가 만들어질 가능성이 있습니다. 하마스 구성원이 정부 지도부에 들어가 있고 물밑에서 그 힘과 영향력을 유지하면서도, 모든 것을 자기들의 세력권 안에 담아두는 것이 아니라 부담을 다른 조직들과 공유하는 것이죠.

* (옮긴이주) 오슬로 협정 이후 팔레스타인 정식국가 수립 시까지 팔레스타인자치정부의 임시 헌법으로 기능하기 위한 팔레스타인 기본법이 1997년 제정되고 2002년 발효됐다. 삼권분립 원칙, 대통령 및 팔레스타인자치의회의 역할과 권한, 종교의 자유와 같은 기본권 등을 명시한 121개 조항으로 구성되어 있다.

헬레나 코번　이 주제가 다음 질문으로 자연스럽게 연결되네요. 한쪽에는 하마스와 그 동맹 세력이, 다른 한쪽에는 파타흐와 그 동맹 세력이 있는 관계에 대해서 더 얘기해주실 수 있을까요? 팔레스타인해방기구라는 주요 국가 기구에 들어가고자 하는 하마스의 최근 시도가 성공할 가능성이 있을까요?

칼레드 흐룹 박사　예, 하마스와 동맹들 간의 관계에 대해서는 팔레스타인 차원에서부터 설명드릴게요. 팔레스타인 전체 정당들과 관련한 하마스의 입장과 관계는 이번 집단학살을 거치며 점점 강화되어왔다고 말씀드릴 수 있을 것 같아요. 좌우에서부터 중도까지 팔레스타인 내부의 스펙트럼을 생각해보시면 그들과 하마스가 맺어온 관계는 매우 탄탄한 것으로 보여요. 반면 유일한 예외는 파타흐와의 관계죠. 그런데 파타흐와 관련해서는, 두 개의 파타흐에 대해서 얘기해야 합니다. 우선 팔레스타인 대통령* 마흐무드 압바스가 주도하는 공식적인 파타흐가 있는데, 이는 많은

＊　(옮긴이주) 팔레스타인자치정부 구성 이전까지 팔레스타인 대통령직은 상징적인 지위였다. 팔레스타인해방기구는 1988년 11월 팔레스타인 독립 선언을 발표하고, 1년 후인 1989년 팔레스타인 국가의 첫 번째 명목상 대통령으로 야세르 아라파트를 선출했다. 오슬로 협정의 결과로 팔레스타인자치정부가 구성된 이후 1996년 총선과 함께 치른 첫 자치정부 대통령 선거에서 아라파트가 압도적 지지율로 당선됐고, 2004년 사망할 때까지 대통령직을 유지했다. 2005년 치러진 두 번째 대선에서는 압바스(67% 득표)가 무소속으로 출마한 무스타파 바르구티(21% 득표)를 누르고 당선됐는데, 압바스는 2009년 그의 임기를 연장하고 차기 대선을 무기한 연기한 이후로 2025년 현재까지 대통령직을 지키고 있다. 엄밀히 말하면 팔레스타인 국가의 대통령과 팔레스타인자치정부의 대통령은 별개의 직위이나, 자치정부 수립 이래로 동일한 인물이 맡아왔다.

팔레스타인 사람들에게 이스라엘 점령 당국의 관리직원 정도로 인식되고 있죠. 기본적으로 이들은 이스라엘 정착촌을 보호하고 이스라엘 식민지 지배자들의 명령을 수행하는 안보 체제의 일부이니까요.

그리고 또 다른 파타흐가 있죠. 또 다른 파타흐는 공식적인 파타흐와는 심각하게 의견 대립이 있는 고유의 민족주의적 파타흐입니다. 이제 이런 대립들이 표면에 드러나기도 하고 때로는 억눌리면서 계속 끓어오르는데 제가 보기에 결국에는 무언가 일이 벌어질 것 같아요. 제가 아는 한 이 다른 파타흐와 하마스의 관계는 매우 좋다고 할 수 있는데 사실 하마스가 지난 20년간 수감되어 있는 파타흐의 지도자 마르완 바르구티를 석방하라고 요구하는 데서도 그것을 알 수 있습니다. 하마스는 석방을 원하는 수감자 목록에서 그를 가장 위에 두었죠. 이 파타흐 지도자는 파타흐 내부에도 지지층이 있고 심지어 파타흐 바깥에도 있습니다. 그래서 제가 아는 한 하마스는 이 두 개의 그룹을 분명히 구분합니다.

여기까지가 팔레스타인 차원의 하마스와 동맹 간 관계를 살펴본 것이고요. 중동 지역 차원에서 하마스의 동맹이라면, 가장 먼저 헤즈볼라, 이란, 후티를 떠올릴 수 있습니다. 이번 전쟁 초기 2주 혹은 3주 정도의 기간에는 하마스와 이란, 헤즈볼라 사이의 불협화음이 감지됐습니다. 주지하다시피 하마스는 10월 7일 공격을 사전 협의 없이 실행했으니까요.

공격이 하마스에 의해 자체적으로 계획, 설계, 조정 및 실행된 것이죠. 그게 이란과 헤즈볼라의 심기를 다소 건드렸던 것 같아요. 그건 중요한 문제죠. 이들은 같은 저항의 축에 속해 있다면 자기들이 사전에 혹은 어떤 방식으로든 고지를 받고 고려의 대상이 돼야 했다고 생각하니까요.

그럼에도 불구하고 초기 3~4주간 이어진 불화는 현재 종결된 것으로 보입니다. 헤즈볼라의 팔레스타인 북부 활동, 하마스의 행동, 이란의 대응 사이에서 조화로운 정책과 합의가 관찰되고 있어, 이들의 공조가 더욱 조직화되었다고 할 수 있습니다.

제가 예멘의 후티에 대해서 언급하는 것은 빼먹었지만, 주요 동맹들, 그리고 후티와 같은 행위자들과 하마스의 관계는 시간이 갈수록 점차 강화됐습니다.

헬레나 코번　　사실 이 부분은 ISIS와 대비되는 다른 중요한 지점을 보여줘요. ISIS가 시아파 조직과 동맹을 맺는 것은 상상할 수도 없거든요!* 시리아와 이라크에서 수니파 무슬림이 아닌 모든 소수자들은 ISIS의 표적이었던 데 반해 하마스는 [수니파에 속하면서도] 항상 시아파 운동과 우호적인 관계를 맺어왔고 때로는 지금처럼 가까운 동맹을 맺기도 했죠. 그런 의미에서 저는 이것이 또 다른

---

*　(옮긴이주) 수니파와 시아파는 이슬람의 대표 종파로 아들이 없던 무함마드의 계승자가 누구인지에 대한 해석으로 분리됐다. 이라크에서 시작된 급진 수니파 무장 단체인 ISIS는 극단적 노선을 취함으로써 이란과 시리아 정부 등 시아파 세력은 물론 사우디아라비아, 하마스와 같은 수니파 세력 대부분과도 대립했다. 저항의 축도 이란 주도하에 ISIS의 소탕을 위해 미국에 협조했을 정도다. 저항의 축 구성 세력은 하마스를 제외하고는 모두 시아파에 속한다. 하마스는 시리아 혁명과 시리아 내전 중 이란과 헤즈볼라 등 저항의 축 내에서 시리아 내 수니파에 대한 공격이 강화되자 이들과 거리를 두었던 것처럼 상황에 따라 유동적인 입장을 취하고 있다.

주요 차이점이라고 생각해요.

칼레드 흐룹 박사　　여기에 한 가지를 보탠다면, 하마스는 어떤 조직
과 동맹을 맺을 때 그 조직의 종파적 정체성이나 사상적 정체성
은 고려하지 않는다는 점입니다. 오슬로 협정 시기로 돌아가보면
당시 팔레스타인 현장 내에 10개 정파 동맹Ten Factions Alliance*이라는
동맹이 있었어요. 팔레스타인 공산당부터 (마르크스주의 정당인) 인
민전선까지 모두 오슬로 협정에 반대한 팔레스타인 조직들이었
죠. 사실 하마스와 이슬람지하드를 제외하고 이들은 대부분 정치
적으로 좌파 지향 조직들입니다.

　　그래서 하마스는 동맹을 맺을 때 상대방이 세속주의건, 마르크
스주의건, 공산주의건 개의치 않았습니다. 중요한 건 저항을 지
지하거나 반대하는지, 또는 오슬로 협정을 지지하거나 반대하는
지와 같은 정치적 입장이었습니다.

헬레나 코번　　정말 중요한 지점이군요. 사실 그래서 파타흐와 하
마스의 관계에 관한 질문을 이어서 드리고 싶네요. 두 운동 조직
의 대표단은 2023년 2월에는 모스크바로, 또 베이징으로 날아갔
습니다. 멀리 있는 두 외국 정부가 각각 차이를 조정하고 팔레스
타인해방기구를 재통합하기 위해서 노력했죠. 박사님은 이런 외

---

*　(옮긴이주) 무장 투쟁을 기치로 내건 동맹으로 정식 명칭은 '팔레스타인 세력 동맹
Alliance of Palestinian Forces'이다. 당시 하마스를 제외하고는 모두 다마스쿠스에 근
거지를 두고 있었기 때문에 '다마스쿠스 10Damascus 10'이라고도 불린다.

부 개입이 팔레스타인해방기구를 재통합하는 데 성공적이라고
보시나요?

칼레드 흐룹 박사　　이론적으로는 그게 맞겠지요. 러시아나 중국 같
은 중량급 국가들이 개입하고 도우려 한다고 할 때 혹자는 여러
운동 조직과 단체에 속한 팔레스타인인들이 이들의 얘기를 경청
해서 모종의 타협안을 도출할 수 있지 않겠냐고 생각할 수도 있
어요. 그러나 불행히도 해결의 장애물은 〔팔레스타인의 실질적인 행정
수도인〕 라말라에, 어쩌면 마흐무드 압바스 개인에게, 그리고 그의
파벌에 있어요. 그는 더 이상 팔레스타인 민족 운동을 통합하는
것뿐만 아니라 파타흐 자체를 통합하는 것도 하려 하지 않아요.
자기네 운동 조직인 파타흐조차도요! 그는 하마스와 이슬람지하
드를 배제하고서라도 팔레스타인해방기구를 개혁하려는 의지도
없어요. 팔레스타인해방기구는 기능이 마비되고 주변부로 밀려
나 어떠한 활동도 하지 않고 있습니다.

　팔레스타인해방기구는 지금 어디에 있습니까? 팔레스타인해
방기구는 팔레스타인인들의 합법적이고 공식적인 대의기구입니
다. 오슬로 체제 전체를 무효화할 수 있는 기구이기도 하죠. 팔레
스타인자치정부의 상위 조직이에요.

　그러나 이제 팔레스타인해방기구는 팔레스타인자치정부의 미
미한 부속품 정도로 주변화되고 축소됐죠. 〔팔레스타인해방기구 내 의
회인〕 팔레스타인민족평의회는 팔레스타인 의회라고 할 수 있는
기구입니다. 그런데 이 팔레스타인 의회는 어디로 간 건가요? 누

가 마흐무드 압바스와 이 권력에 책임을 묻고 있나요?"

그래서 저는 안타깝게도 팔레스타인자치정부가 아랍 세계 안팎에 존재하는 권위주의 체제를 복사, 붙여넣기한 것이라고 생각해요. 어떤 것도 제대로 할 의지가 없죠. 다시 말씀드리지만 하마스를 빼고 보더라도 모든 팔레스타인 정파가 변화와 선거, 최소한의 정당성을 요구하고 있어요.

헬레나 코번 제발 점령을 종식하자고 요구하는 거죠.

칼레드 흐룹 박사 정확합니다. 그게 핵심이니까요. 그러나 여전히 이 모든 요구가 완벽히 거부되고 있어요. 그래서 안타깝지만 하마스와 파타흐, 그리고 다른 정파들을 합치기 위한 모든 작업과

* (옮긴이주) 팔레스타인해방기구는 1974년부터 유엔에 의해 팔레스타인 국가를 대표하는 기구로 공식적으로 인정받았고 팔레스타인자치정부 설립의 근거가 된 오슬로 협정을 주도했으므로, 팔레스타인해방기구가 팔레스타인자치정부보다 상위에 있다. 그리고 팔레스타인자치정부는 가자지구와 서안지구로 한정된 점령지 팔레스타인에 대한 자치와 행정적 관리를 책임지지만, 팔레스타인해방기구는 점령지 팔레스타인과 해외의 디아스포라 난민인 팔레스타인인 모두를 대표한다. 게다가 팔레스타인자치정부는 2006년 의회 선거와 2007년 파타흐-하마스 간의 가자지구 내전을 거치며 하마스에 가자지구에 대한 실효지배도 빼앗겼다. 칼레드 흐룹 박사는 여기서 임기를 무기한 연장해 여전히 자치정부의 대통령으로 군림하고 있는 압바스와 국내외 팔레스타인 민중을 대표해야 할 팔레스타인해방기구의 영향력이 거의 사라진 상황을 비판하고 있다. 참고로 팔레스타인민족평의회는 국내외 팔레스타인 민중을 대의하는 팔레스타인해방기구 내의 의회. 또한 오슬로 협정 당시 팔레스타인자치정부 모델을 주도한 것이 마흐무드 압바스였다. 이 책의 〈용어〉의 '팔레스타인해방기구', '팔레스타인자치정부' 등을 참조하라.

시도는 이렇게 봉쇄됐고 이로 인해 완전히 실패하게 됐다고 생각해요.

라미 쿠리　박사님을 포함한 학자들은 하마스의 사회사업 등의 부문과 함께 존재해온 정치 부문과 군사 부문에 대해 연구하고 글을 발표해왔습니다. 박사님은 연구와 조사를 통해 하마스가 처음에는 이스라엘의 군사 시설만을 공격하고 이스라엘 또는 팔레스타인, 광역 팔레스타인 지역greater Palestine 혹은 역사적 팔레스타인 내에서만 공격을 수행하겠다고 했던 것에 대해서 어떻게 이해하고 계신가요?

이러한 입장은 시간이 지나며 바뀌었고 하마스는 자살 폭탄 공격으로 민간인을 공격하기 시작했어요. 파타흐나 다른 세력도 그랬죠. 박사님은 하마스가 민간인을 공격하지 않고 군사 표적만 공격하겠다는 합의를 이스라엘과 수차례 시도했다는 것에 대해 글을 썼던 것으로 기억하는데요. 그때마다 항상 이스라엘이 거부했다는 점을 지적하셨습니다.

민간인을 대상으로 한 공격 여부에 대한 하마스의 태도, 그리고 모든 민간인에게 도움이 될 수 있게끔 이스라엘과 합의를 도출하려는 하마스의 시도에 대해 좀 더 명확하게 설명해주세요.

칼레드 흐룹 박사　1990년대 중반으로 돌아가볼까요. 많은 분들이 당시 하마스와 이슬람지하드 운동이 주도하고 이후 파타흐 등의 단체들이 이어받은 자살 공격의 물결을 기억할 거예요.

그런데 이 모든 상황은 이스라엘 정착민들이 팔레스타인 민간인들을 살해한 사건에 대응하며 시작되었습니다. 이스라엘은 이 가해자들을 처벌하기보다는 오히려 그들을 기리는 성지를 만들었습니다. 헤브론의 이브라히미 모스크 학살 가해자에 대한 처우가 대표적인 사례였죠. 하마스는 그 사건 이후 두세 차례 보복 공격을 실행했고, 1994년에는 양측의 민간인을 전투에서 배제할 준비가 되어 있으며, 이스라엘이 하마스를 군사 조직으로만 표적화한다면 하마스도 그렇게 하겠다는 내용의 성명을 발표했습니다. 모두가 군사 시설을 목표로 작전을 수행하면 양측의 민간인들 모두 피해를 면한다는 것입니다.

이스라엘은 가자지구의 민간인에 대한 무차별 대규모 공격으로 대응했고, 그 이후로 하마스는 2, 3년마다 똑같이 민간인을 보호하기 위한 제안을 발표했지만, 이스라엘 정부 측에서는 어떠한 반응도 보이지 않았습니다. 그러다 보니 팔레스타인 측 민간인 사망자가 이스라엘 쪽보다 10배 가량 많아지는 악순환으로 이어졌죠. 저는 이전 연구에서 이스라엘이 살해하는 팔레스타인 민간인이 하마스와 모든 팔레스타인 정파가 살해하는 이스라엘 민간인의 약 15배에서 20배에 이른다고 정리한 바 있습니다. 살해된 이스라엘 민간인 1명당 15명의 팔레스타인 민간인이 죽는다는 거죠. 하지만 모든 언론의 논의와 논란은 이스라엘 민간인을 살해하는 팔레스타인인들만을 다룹니다. 팔레스타인인들은 여러 이유로 동등한 언로를 가지고 있지 않고 동일한 영향력을 지니고 있지 않으니까요. 이 점을 염두에 두어야 합니다.

또 하나 주목할 만한 지점은 하마스의 군사 부문이 처음부터 역사적 팔레스타인 땅 바깥에서 군사 작전을 하지 않는다고 선언했다는 겁니다. 그러니까 이곳이 전쟁터인 것이죠. 과거 1960년대와 1970년대의 다른 팔레스타인 정파들은 이목을 끌기 위해 유럽 여기저기에서 군사 작전을 펼쳤고 그에 대한 일정한 논리도 있었지만, 하마스는 거기서 교훈을 얻었다고 말해요. 대차대조표상에는 잃은 게 더 많다는 거죠. 그래서 약 37년간의 하마스의 정치 여정에서 이들은 그때나 지금이나 역사적 팔레스타인 바깥에서는 무엇도 하지 않는다고 말합니다.

헬레나 코번　제가 잠시 끼어들자면 이것도 하마스와 ISIS의 또 다른 구분점이죠. ISIS와 알카에다는 세계적 시각과 국제적 활동 범위로 가장 널리 알려진 조직들입니다.

라미 쿠리　그렇다면 이런 설명과 하마스의 유산이라는 맥락에서 10월 7일 공격을 어떻게 보시나요? 최근 쓰신 논문에서는 "하마스가 주사위를 던졌다"고 쓰셨어요. 박사님이 보기에 이는 무언가라도 하고 상황을 지켜보겠다는 절박한 시도인가요, 아니면 이스라엘에 의해 이렇게 큰 타격을 받을 것을 알고도 진행한 고도의 계산된 행동인가요? 어떻게 평가하시나요?

칼레드 흐룹 박사　제가 분석하고 하마스의 성명과 지도자들의 인터뷰를 통해서 모은 내용을 근거로 말씀드리면 원래 계획된 것은 민간인이 아니라 일군의 군인들을 납치하기 위한 소규모 작전이었던 것 같습니다. 이들을 가자지구로 매우 신속하게 데려가는 작전을 펼치고 포로 교환을 시도하는 것이 원래 계획이었던 거죠.

작전은 대단히 성공적이었는데, 이 성공으로 현장의 지도자들도 놀란 것 같아요. 그래서 작전을 확대했죠. 원래 계획에서 작전을 확대한 건 임기응변이었던 것 같아요. 군사 기지와 정착촌 등지에 침투하면서 보고 확인하게 된 용이한 상황으로 인해 이런 군사적 결정을 하는 유혹을 느끼게 됐죠. 이건 엄청난 일이에요! 역내 초강대국을 수백 명의 전투원으로 물리치고 이들을 30, 40킬로미터 밀어내는 것이니까요. 군사적으로 계산하자면 도저히 포기할 수 없는 것이죠. 이렇게 승리하는 걸 포기할 수 없다는 겁니다.

이러한 전개는 이들의 계산 너머였고 결국 이후 이스라엘의 대응에 대해서는 준비가 부족했어요. 앞서 말씀하신 제 글에 썼던 내용은 바로 성공의 대가가 매우 크다는 것이었죠. 그 글에서 저는 일정한 패턴을 추적했고, 하마스 역사에서 그들 스스로도 예상치 못했던 성공을 거두어 주변뿐 아니라 스스로도 놀랄 수밖에 없었던 세 가지 주요 사건을 언급했습니다. 이들은 그 성공을 감당할 수 없었죠. 역내의 어떤 국가도 하마스가 이렇게 하고 싶은 대로 행동하도록 놔두지 않는다는 지역적 맥락 때문에요.

제가 언급한 세 가지 사건 중 첫 번째는 2006년 팔레스타인 선거에서의 승리였습니다. 2006년 당시 하마스는 선거에 승리할 준비가 안 돼 있었어요. 아이러니하게도 그건 선거에 뛰어드는 논리에 반할지도 몰라요. 이기기 위해서 승리에 출마하는 거니까요. 그러나 하마스는 당시 소위 '테러와의 전쟁'에서 스스로를 보호하기 위해 선거에 참여했어요. 하마스는 테러리스트 단체 목록에 올라가 있었으니까요. 그래서 자신들을 반대하는 이런 움직임을 미연에 방지하고, 팔레스타인자치정부의 일부가 아니라 국민에 의해 선출되는 정치체제 내지는 의회 체제의 일부가 됨으로써 자신들이 보호받을 수 있을 것이라고 생각했어요.

어쨌든 이들은 선거에서 승리했는데 문제는 그게 너무 큰 승리였다는 거예요. 하마스는 그 승리를 통제할 수 없었고 그 이후의 결과는 우리가 이미 잘 알고 있죠. 이스라엘, 미국, 이집트, 그리고 유럽 역시 하마스 정부와 그 권력을 저지하기 위해 힘을 모았습니다.* 두 번째 사건은 그로부터 1년 후인 2007년 하마스가 가자지구 전체를 군사적으로 통제하게 됐을 때인데, 이 역시 계획되지 않은 것이었어요. 원래 계획은 미국으로부터 훈련을 받은 파타흐 계열의 '예비 안보preventive security' 조직이 가자지구에 혼란과 불안정을 초래하려 했던 시도를 응징하는 것이었습니다.*

그래서 그들을 응징하고 침묵시키려 했을 때, 하마스는 가자지구 전체의 친파타흐 안보 기구들이 매우 취약하고 기본적으로 훈련도, 대비도 되지 않은 상태라는 것을 확인했습니다. 그들이 바로 꽁무니를 뺐죠. 그러자 갑자기 며칠 만에 하마스는 전체 구역을 통제하게 된 거예요. 이것은 또 다른 성공, 군사적 성공이었지만, 주지하다시피 이것은 이후 가자지구의 연쇄적 전쟁이라는 결과로 이어졌죠.

제가 주목한 성공의 세 번째 사례는 10월 7일 사건입니다. 모든 측면에서 군사적 성공이지만 그들이 감당하거나 소화하기에는

---

*   David Rose, "The Gaza Bombshell", *Vanity Fair*, March 3, 2008(Issue of April 2008).

너무 큰 것이었어요.

헬레나 코번　　네, 저는 그걸 파국적 성공이라고 불러요. 2006년 선거와 2007년의 일들을요. 이 일련의 사건을 그런 범주로 묶어주신 것은 큰 도움이 된다고 생각해요. 제가 생각하기에 하마스가 10월 7일 공격으로 분명히 달성한 것은 이스라엘의 총체적 전략 개념을 흔들어놓은 것입니다. 단지 몇몇 지역 군사 사령부를 함락하기만 한 게 아니란 말이에요. 그리고 우리는 여전히 그로 인한 여파를 지켜보는 와중이고, 이게 어떻게 끝날지는 모르죠.

　그러나 저는 하마스의 군사 부문이 가진 강한 회복력에 주목해왔어요. 이스라엘은 계속 하마스의 18개 대대를 파괴했다는 식의 얘기를 해요. 마치 하마스의 군사 부문이 중유럽에서의 미군처럼 대대 단위로 싸우는 것같이 말하죠. 그런데 저는 예를 들면 매주 《일렉트로닉 인티파다Electronic Intifada》* 라이브 뉴스에서 존 엘머의 군사 분석을 확인하거든요.

　아직 못 보셨다면 에피소드 몇 편만 보시면 알 거예요. 하마스 전투원들은 잘 조직되어 있고 지난 약 10~12년간 가자지구 내에서 자체적으로 생산한 다양한 형태의 탄약을 비축하고 있어요. 그리고 저나 대부분의 사람들이 생각했던 것보다 훨씬 더 강한 회복력을 가지고 있죠.

---

*　⟮옮긴이주⟯《일렉트로닉 인티파다》는 제2차 인티파다가 시작된 직후인 2001년 2월 미국에서 설립된 온라인 독립 언론으로 팔레스타인 문제와 관련해 '팔레스타인의 관점'에서 보도하는 것을 지향한다.

10월 7일 이후, 제 친구인 채스 프리먼 대사는 북베트남이 일시적으로 큰 성공을 거두며 인도차이나에서 프랑스의 전략적 구상을 무너뜨린 구정 공세와 하마스의 10월 7일 공격이 유사하다고 언급했습니다. 당시 상황은 북베트남에 재앙적이기는 했지만 결과적으로 그로 인해 인도차이나에서 서구 세력이 붕괴했죠. 그래서 저는 그 말이 매우 날카로운 논평이었다고 생각해요.

우리는 지금 한가운데에 있어요. 그리고 이 상황을 목도하는 것은 매우 고통스럽습니다. 1970년대에 남베트남과 북베트남 민간인들의 고통을 지켜보는 게 힘들었던 것처럼요. 그 상황은 미국 정부가 상대측과 대화해야 한다는 필요성을 인식하고 이에 동의했을 때에야 해결될 수 있었죠.

그것이 저희가 이번 프로젝트를 진행하는 큰 이유이기도 해요.

라미 쿠리 현재 상황에서 한 발짝 벗어나서, 전 세계 사람들이 앞으로 '그날 이후the Day After' 어떤 일이 벌어질지, 누가 가자지구를 통치할지, 가자지구와 나머지 팔레스타인 사이는 어떻게 연결될지에 대해 일종의 공백상태에서 논의하고 있어요. 이 모든 것은 현재 모두 추측일 뿐이죠. 그런데 며칠 전 하마스의 지도자 중 한 명인 칼릴 알하야가 성명을 발표했는데 하마스는 두 국가 상태에서 이스라엘을 옆에 두고 살 준비가 돼있다는 내용이었어요. 이스라엘을 인정하겠다고 한 것은 아니지만 이스라엘과 평화롭게 공존하겠다는 것을 언급했고, 그럴 경우 하마스의 군사 부문은 더 이상 필요 없다고도 했어요.

박사님은 이런 종류의 성명에 대해 어떻게 해석하시나요? 새로운 건 아니고 하마스는 과거에도 이런 말을 여러 번 했었죠.

칼레드 흐룹 박사　예, 거기에 두 가지 수정 의견을 더할게요. 칼릴 알하야와 다른 하마스 지도자들이 언급한 것은 1967년 경계선 안에서의 팔레스타인 국가를 인정하겠다는 것이라고 생각해요. 그리고 그들은 이 안이 소위 '두 국가안'과는 다르다고 말하죠.

그들은 이렇게 말합니다. "우리는 팔레스타인 국가를 수용합니다. 왜냐하면 이것은 팔레스타인 민중들의 총의이기 때문입니다." 이것이야말로 모든 팔레스타인 세력을 하나의 정치 플랫폼으로 모을 수 있는 방법입니다. 하마스가 주장했던 '지중해에서 요르단강까지의 전 지역을 포함한 팔레스타인'이라는 원래의 구상이 이견에 부딪히고, 팔레스타인해방기구나 파타흐도 여기저기서 타협을 하고 있는 상황에서, 그들은 이렇게 말합니다. "좋다, 우리는 이 경계 안에서 팔레스타인 국가를 세운다는 원칙에는 동의한다. 하지만 이스라엘을 인정하지는 않는다."

그리고 그들은 계속해서 강조합니다. "이것은 '두 국가안two-state solution'에 동의한다는 말과는 전혀 다르다. 우리는 한 국가[팔레스타인 국가]에 대해 말하는 것이지, 다른 하나[이스라엘]는 논의 대상이 아니다"라고요.

이런 부분이 하나 있고요. 다른 하나는 하마스가 기존 헌장을 대체하기 위해 발표한 2017년 문서에서 이미 언급된 것입니다.

저는 이걸 하마스의 2017년 새 헌장이라고 부르는데요. 앞에서 민족주의적 하마스에 대해 얘기했지만 저는 이 헌장이 하마스의 민족주의 담론을 그대로 구현한 것이라고 말하고 싶어요. 이 문서에서 하마스의 팔레스타인주의Palestinianism가 완성된 형태로 드러납니다. 팔레스타인해방기구의 문헌에서 거의 그대로 가져온 팔레스타인인의 정의를 통해 민족국가 원칙에 기반한 팔레스타인의 영토적 정체성과 팔레스타인인의 개념을 명확히 규정하고 있다는 걸 확인할 수 있고요. 또한 이 문서에서 하마스는 1967년 경계선에 기초한 팔레스타인 국가의 원칙이 대다수의 팔레스타인인이 동의하는 바이므로 거기에 하마스도 동의한다는 것을 분명히 말하죠.

그러니 누구도 하마스에게 목표가 없다거나 전체 팔레스타인인과 의견 일치가 되지 않는다고 비난하지 못한다는 것입니다. 그래서 한때 하마스의 지도자였던 칼리드 마슈알은 군사 행동과 무장 투쟁은 그 자체로 목표가 아니라고 말했죠. 하마스는 영원히 싸우기 위해 태어난 것이 아니라는 거예요. 하마스에는 해방과 민족자결이라는 방향과 목표가 있다고요. 그러니 이런 것들이 달성되면 당연히 무장 투쟁을 할 필요가 없다는 것입니다.

라미 쿠리　　게다가 하마스 측은 이런 말을 할 때, 난민들이 자신들의 고향으로 돌아가 아랍 동예루살렘을 수도로 삼는 국가를 함께 요구하곤 합니다. 이스라엘은 그걸 거부하죠. 그러나 이건 국제 사회도 기본적으로 해결되어야 한다고, 아마 향후에 어느 시점에는 협상해야 한다고 생각하는 문제이기도 합니다.

팔레스타인 투쟁은 1920년대부터 계속되어왔어요. 1948년 이후에는 강력하게 진행되어왔고, 1980년대부터는 하마스가 포함된 투쟁이었죠. 두 세대 혹은 세 세대의 젊은이들이 하마스와 함께

커왔어요. 이들 중 몇몇은 하마스의 일부고, 몇몇은 단순히 하마스가 하는 일을 지켜보는 시민입니다. 박사님, 가자지구와 가자지구 바깥에 사는 35세 미만의 젊은 팔레스타인인들을 관찰하면서 특별히 주목하신 점이 있으신가요? 이 젊은 세대가 성장해감에 따라, 하마스의 미래 행보를 예측할 수 있는 어떤 징후가 보이시나요? 하마스는 어떤 방식으로든 진화할까요? 아니면 일부는 그냥 포기하고 떠날까요? 어떻게 보시나요?

칼레드 흐룹 박사   음, 이 질문에 어떻게 답해야 할지 확실하지 않지만 제가 관찰한 것을 두어 가지 말씀드릴게요. 하나는 전쟁이 계속되고 이스라엘이 하마스를 대상으로 수년간 암살을 자행해오면서 팔레스타인에 항상 젊은 지도자들이 생긴다는 거예요.

이런 이유로 하마스와 이슬람지하드는 다른 정파들과 비교해 가장 젊은 팔레스타인 정파라고 할 수 있어요. 이스라엘이 언제나 이들을 목표로 하니 이들은 주요 인사들이 암살당할 때마다 나설 수 있는 예비 명단을 항상 준비할 필요가 있기 때문이죠. 그래서 하마스를 부차적인 존재로 축소시키겠다는 생각은 저에게는 아주 우스꽝스럽고 어리석은 걸로 들려요. 왜냐하면 하마스는 다른 행성에서 팔레스타인으로 오는 외계인 집단 같은 게 아니거든요. 실제 사람들 중에서 나오는 거예요. 그래서 한 가족에서 형제나 사촌 등 누군가가 살해당한다면 그 당사자가 다음 차례가 돼서 무장을 하고 저항을 이어갈 거예요. 이건 세대 간의 조화라는 거죠.

이런 현상은 예를 들면 파타흐나 다른 어떤 조직보다 하마스에서 가장 일관된다고 말할 수 있어요. 파타흐에서는 대학에 있는 젊은 세대, 그리고 마흐무드 압바스와 그의 조직의 세대 간에 정말 거대한 격차가 있거든요. 파타흐는 단절되고 마비됐기 때문에 그 안에서는 이런 회복 과정이 없어요. 이런 구조나 정기적 선거 같은 것들이 없죠. 이게 하나고요.

다른 하나는 아마 더 인상적인 부분일 텐데 하마스가 37년 이상 통합을 유지했다는 거예요. 이에 대해서는 제가 전에 조사를 해봐서 자신 있게 말씀드릴 수 있는데, 하마스는 지중해부터 요르단강까지의 역사적 팔레스타인 땅에서 분열되거나 쪼개지지 않고 통합과 온전함을 유지한 유일한 운동이라는 거예요. 팔레스타인 운동 조직이나 이스라엘 정당 또는 조직 중에 그렇게 오랜 기간 동안 분열되거나 분파로 쪼개지지 않은 곳은 단 하나도 없었어요. 유일한 정당은 1930년부터 1965년까지 이어진 마파이당(노동당)*이 있었는데 그것도 35년간 유지됐어요. 이제 하마스가 그보다도 오래된 거죠. 파타흐나 인민전선 등의 조직들은 이래저래 분열을 겪어왔어요.

그러므로 이는 하마스 내의 자생적 문화와 규율에 대한 일단을 보여주죠. 이 운동 안에 일관성과 통합을 유지하게 하는 무언가가 있어요. 그래서 하룻밤 사이에, 이번 전쟁 혹은 어떤 전쟁 후에라도 이 운동은 쉽게 사라지지 않을 거예요. 하마스의 다층적인

---

* (옮긴이주) 마파이당은 노동시온주의와 민주사회주의를 내걸었던 이스라엘 정당이다. 1968년 합당을 통해 이스라엘노동당으로 통합되며 해산했다. 대부분의 기간 동안 이스라엘의 초대 총리이자 이스라엘의 국부로 추앙받는 다비드 벤구리온이 당 대표를 지냈다.

성격이 변할지도 모르죠. 아니면 하마스의 성격 중 하나를 전면에 앞세우거나 다른 요소들을 지연시킬지도 모르지만, 우리가 현재 목격하는 상황의 끝에 이르러서도, 하마스는 어떤 대가를 치르더라도 팔레스타인 정치 지형의 일부로 남아 있을 거예요.

라미 쿠리　　이 지점에 대해서는 헬레나에게 넘겨야겠네요. 고맙습니다, 박사님.

칼레드 흐룹 박사　　저도 고맙습니다.

헬레나 코번　　박사님께 감사의 말씀을 드립니다. 하마스 내부 조직과 지도 체제의 속성에 관한 말씀과 관련해 약간 추가하자면, 저는 언론인이자 연구자로서 파타흐 내의 문화 규범 차이를 목격했다는 점, 특히 1988년 이스라엘의 〔파타흐의 공동 창립자〕 아부 지하드 암살과 1991년 1월 이라크 혹은 아부 니달에 의한 〔파타흐의 공동 창립자〕 아부 이야드 암살 이후에는 야세르 아라파트가 죽기 전까지 조직이 전적으로 아라파트 중심이었고 나머지는 모두 그에게 신하처럼 행동했다는 점을 말씀드리고 싶어요.

　　그들은 때로 아라파트 뒤에서는 그를 비웃기도 했지만, 그게 협의적 성격의 리더십은 아니었죠. (최근 몇 년간은 하지 못했지만) 제가 하마스 지도자들을 인터뷰할 때마다 항상 여러 명이 있었고 이들은 항상 매우 합의체적collegial이며 서로의 의견을 존중했어요. 그런 점에서는 야세르 아라파트를 인터뷰하거나 그와 함께 시간을 보내는 것과는 전혀 달랐어요. 이런 것은 앞서 말한 점을 분명히 보여줍니다. 이스라엘이 과거에 그래왔던 것처럼 이런저런 인물들과 여러 명의 지도자들을 암살할 수 있겠지만, 이런 내부의 합의체 규범으로 인해 운동이 지속될 수 있는 것이죠. 이 부분을 강조해주셔서, 더 넓게는 이 주제를 제기해주셔서 고맙습니다.

칼레드 흐룹 박사　헬레나, 제가 하마스와 ISIS의 차이점은 무엇인지에 대한 질문에 답을 해도 괜찮을까요? 몇 가지 추가적인 지점들을 언급할 수 있을 것 같아서요. 하마스는 민족 기반의 조직이에요. 팔레스타인이라는 분명한 목표가 있는 해방 운동이죠. 여기에 민족주의적 차원이 있고, 이 민족주의 투쟁의 영토성은 명확히 규정될 수 있어요. 팔레스타인으로요.

ISIS나 알카에다는 민족 기반이 없죠. 그래서 그들은 자기들을 특정 영토에 한정하지 않아요. 이들은 국제적으로 어디에서든 무엇이든 할 수 있는 조직입니다. 이들이 이슬람국가Islamic State를 세웠을 때조차 명칭을 시리아나 이라크 등으로 하지 않고 '이슬람' 국가라고 불렀어요. 매우 모호하게 규정된 거죠. 또한 이들은 이슬람국가가 점점 팽창하길 희망했습니다. 그래서 제가 보기엔 하마스가 팔레스타인이라는 영토 공간에 깊이 연결되어 있다는 민족주의적 요소는 이들과의 주요 차이점인 것 같아요. ISIS는 아무 데나 갈 수 있고, 민족적 개념으로 정의되는 영토 공간을 갖고자하는 의도 없이 가능한 곳이면 어디든 가서 지하드든 뭐든 자신들이 원하는 것을 할 수 있어요.

헬레나 코번　중요한 내용이네요. 정말 고맙습니다. 박사님과 라미에게 시작부터 하마스와 ISIS의 차이에 대한 입장을 여쭤봤어야 했는데 이제야 나왔네요. 이 주제는 최근 제가 많이 고민하는 내용입니다. 이런 방식으로 고민해보는 것이 도움이 될 것 같아요. 그리고 하마스와 ISIS의 차이점이라는 주제를 얘기하고 있으니 여성에 대한 입장 차이도 지적해야겠네요.

다행히 앞으로 세 번의 세션이 더 있으니 그때 논의할 수 있을 겁니다. 오늘은 이 자리에 참석해주시고 하마스라는 운동 조직을 연구해온 수십 년간의 전문 지식을 나눠주신 칼레드 흐룹 박사님께 감사의 말씀을 드립니다. 박사님은 이 운동의 구성원은 아니지만 하마스를 무척 객관적인 방식으로 연구해오셨죠.

라미에게도 저와 함께 이 전체 프로젝트의 공동 기획자가 되어주셔서 고맙다는 말씀을 드립니다. 다음 차례에는 전문가 게스트로 예룬 구닝 박사님을 모실 예정인데, 논의를 더욱 풍부하게 해주실 거라 믿습니다.

3장

예룬 구닝
박사와의
대담

헬레나 코번　'하마스에 대한 이해와 그것이 중요한 이유'라는 시리즈의 세 번째 시간에 함께해주신 모든 분들을 환영합니다.

　오늘의 전문가 게스트는 킹스칼리지런던에 재직 중인 뛰어난 교수자이자 연구자이며 사상가인 예룬 구닝입니다. 예룬은 2007년 하마스에 대한 역작을 출간했고, 비판적 테러리즘 연구critical terrorism studies라는 학술 분야의 창시자 중 한 사람입니다. 함께하게 되어 반가워요.

예룬 구닝 박사　저도 함께하게 되어 정말 반갑습니다. 고마워요.

라미 쿠리　우리가 이 시리즈를 시작한 목적은 하마스를 옹호하거나 공격하기 위한 것이 아니라 단순히 하마스가 표상하는 것을 더 잘 이해하고 그게 왜 중요한지를 이해하는 것이었어요. 아시다시피 가자지구와 이스라엘의 상황은 현재 전 세계에 큰 반향을 일으키고 있습니다. 이는 중대한 사안으로 어쩌면 이번 〔2024년〕 미국 대선에도 영향을 줄 수 있어요. 현재 이는 꽤 큰 도드라진 문제죠. 그리고 우리는 여러 지역에 분포한 행위자들을 이해할 필요가 있습니다.

미국의 지도자들처럼 이스라엘 정부도 마찬가지로 복잡해요. 그래서 제가 예룬에게 드릴 첫 질문은, 우리가 하마스를 이해하는 게 왜 중요한지이고요. 그리고 오늘 전달하고자 하는 주요 논점은 무엇일지입니다. 저희가 논의할 지점은 많지만 연구에 기초해서, 박사님의 관점에서 보자면 하마스를 이해하기 위한 핵심은 정확히 무엇인가요? 그러고 나서 박사님이 개척에 일조한 분야인 비판적 테러리즘 연구라는 주제도 다루고, 그게 어떻게 하마스와 연결되는지도 얘기하려 합니다.

예룬 구닝 박사　고마워요, 라미. 하마스를 이해하기 위한 대화에 저를 초대해주셔서 고맙습니다. 우리가 하마스를 이해하는 게 왜 중요한가라는 질문에서 시작해보죠. 저는 이스라엘의 가자지구에 대한 집단학살 전쟁을 정당화하고 어떤 대가를 치르고라도 하마스를 박멸하겠다는 이스라엘의 공인된 목표에 의도적인 허위정보misinformation와 조작정보disinformation가 이용돼왔기 때문에 하마스를 제대로 이해하는 게 중요하다고 말씀드리고 싶어요. 이런 이스라엘의 관점을 무비판적으로 수용한다면 가자지구와 그곳의 생명들에 대한 극단적인 폭력행위를 두둔하는 전체 서사에 동조하게 되는 것입니다.

또한 이런 조작정보가 왜 그렇게 쉽게 뿌리내리는지를 아는 것도 중요하다고 생각해요. 글로벌 북반구 혹은 서구 사람들은 보통 하마스에 대해, 혹은 57년간 점령 아래 살아가는 것이 어떤 것인지에 대해, 17년간 국제적인 봉쇄 속에서 삶을 사는 것이 어떤 것인지에 대해 세부적인 내용을 거의 알지 못하죠. 57년은 제 나이보다 불과 6개월 적은 기간이에요. 예를 들어 하마스의 군사 부문인 알카삼 여단의 전투원들이 40명의 유아를 참수했다는 유의 주장은 이스라엘이 하마스(그리고 더 나아가 하마스에 투표한 가자지구 사람들)를 인간 이하의 존재들로, 결과적으로 인권을 누릴 가치가 없는 존재들로 묘사하는 전략의 핵심이었어요.

이런 주장들이 서방 언론에 무척 손쉽고 무비판적으로 수용된다는 사실은 반反아랍 인종차별주의뿐만 아니라 오리엔탈리즘적, 이슬람혐오적 편견이 여전히 상존한다는 것을 보여줬다고 생각해요. 그러니 이것이 하마스를 이해하는 게 중요한 이유 중 하나라고 할 수 있겠죠. 예를 들면 알카삼 여단의 전투원들이 아동을 포함한 민간인을 살상할 의도가 있었는지, 하마스가 타협할 의지가 있고 전투가 멈췄을 때 이를 준수할 의지가 있는지는 중요해요.

하마스가 풀뿌리 차원의 지지를 받는지, 선거에 참여할 것인지도 중요하죠. 이런 것들은 과거에 무슨 일이 있었는지를 평가하고 미래를 살피는 데에 모두 중요해요. 팔레스타인 사회 및 정파들과 하마스의 관계를 이해하고, 종족 청소와 불법 점유, 점령과 봉쇄, 전쟁의 역사적 맥락을 파악한다면 다음과 같은 중요한 점을 알 수 있습니다. 이스라엘이 집단학살로 대응한다 해도 대다수 팔레스타인인들은 하마스를 지지할 것이며, 따라서 하마스를 완전히 제거하려면 전면적인 집단학살이 필요할 것입니다. 이것이 하마스를 이해하는 게 중요한 이유입니다.

현 시점에 이스라엘 정부는 이에 대해서는 신경 쓰지 않는 것 같아요. 최소한 그래 보입니다. 사실 이스라엘의 일부 정파들은 팔레스타인 인구를 말살하고 그 영토를 이스라엘의 것이라고 주장하려는 의도가 있는 것으로 보이기 때문에, 현재의 집단학살을 환영하는 듯합니다. 그러나 국제사법재판소가 이스라엘의 행위는 집단학살에 해당할 수 있다는 수준을 넘어 실제로 집단학살에 해당한다고 판결한다면, 하마스를 이해하는 것은 국제 사회에 더욱 중요한 과제가 될 것입니다.

요컨대 이런 것들이 하마스를 이해하는 게 중요한 다양한 이유입니다. 그리고 두 가지를 더 말씀드릴게요.

이스라엘 쪽에는 어떤 일이 일어났는지 이해하는 것도 중요하다고 생각해요. 예를 들어 다수의 보고서와 목격자 증언이 주장하는 것처럼* 이스라엘군이 10월 7일 자국 시민들의 상당수를 죽였는지의 여부가 중요해요. 10월 7일에 무슨 일이 벌어진 것인지에 대한 서사를 바꾸니까요. 이스라엘이 가자지구에서 민간인 사망을 최소화하기 위한 모든 예방책을 강구했는지도 중요하죠. 현재 보고된 민간인 사망자 숫자와 인구 밀집도가 높은 지역에 사용된 탄약의 종류를 감안하면 이스라엘은 그러지 않았다고 말씀드릴 수 있습니다.

---

* 자세한 내용은 다음을 참고할 것. Yaniv Kubovich, "IDF Ordered Hannibal Directive on October 7 to Prevent Hamas Taking Soldiers Captive", *Haaretz*, July 7, 2024; Max Blumenthal, "New Israeli Report Alleging 'Systematic and Intentional Rape' by Hamas Relies on Debunked Western Media Reports", *The Grayzone*, February 22, 2024.

그리고 마지막으로 팔레스타인 사람들의 견해가 중요하다고 생각해요. 제가 보기에 국제적 논의의 상당수는 이스라엘이나 미국, 유럽이 팔레스타인인들을 위해 무엇을 허용할 수 있는지, 무엇을 의도하는지에 관한 것인 듯해요. 이를 통해 글로벌 북반구 정치 엘리트들 사이에서 식민지 시기의 태도가 여전히 얼마나 공명하는지를 잘 알 수 있다고 생각해요. 이 서사에서 팔레스타인인들은 이스라엘과 미국의 명령에 따라 일을 얌전히 수행하는 기술관료들로 이루어진 정부가 구성될 때에만 스스로의 국가를 갖는 게 허용되니까요. 하마스의 폭력을 반드시 반식민주의 폭력으로 이해해야 한다고 하는 것처럼, 이건 무척 고압적이고 식민주의적 논리죠. 우리는 아마 이 식민주의의 메아리라는 주제로 되돌아오게 될 겁니다.

라미 쿠리 박사님은 동료들과 함께 비판적 테러리즘 연구 분야를 개척한 사람 중 한 명입니다. 그리고 하마스에 대한 연구가 이에 영향을 미쳤다고 얘기하신 바 있는데요. 박사님의 하마스 연구와 비판적 테러리즘 연구라는 분야는 어떤 관계가 있나요? 또 그 의미는 무엇인가요?

예룬 구닝 박사 비판적 테러리즘 연구는 2000년대 중반, 특히 9·11 테러에 대한 대응이자 테러리즘 서사에 대한 전환으로 시작됐습니다. 당시 우리는 테러리즘이라는 용어가 분석적으로 유용하지 않다고 느꼈죠. 그 용어는 설명할 수 있는 게 별로 없고, 정치적으로는 재앙적 함의를 지니고 있어요.

몇 개의 예를 들자면, 현재의 맥락 혹은 제가 1990년대 후반에서 2000년대 초반 하마스를 연구하던 당시의 맥락에서 하마스에 테러리즘 개념을 적용할 때를 들 수 있겠죠. 테러리즘 서사는 폭력에 대한 역사적, 정치적 맥락을 소거해버립니다. 마치 그 폭력이 진공에서 나온 것처럼 묘사를 하니까요. 또한 이런 폭력을 맥락화하고자 하는 이들은 잘해야 현실을 오해한 사람으로, 최악의 경우는 테러리스트 옹호자로 낙인찍혀 정당성을 박탈당하고 맙니다. 하마스의 폭력이 난데없이 발생한 것은 아니라는 안토니우 구테흐스 유엔 사무총장의 성명에 대해 이스라엘 대사가 분개한 사례를 떠올려보세요. 저희 연구는 이들의 폭력에 맥락이 있다는 걸 부정하고 이들은 그저 악행을 저지르는 악당일 뿐이라고 하는 이스라엘의 서사를 완전히 허물어버립니다.

하마스가 폭력을 저지르는 이유가 있어요. 저질러진 전쟁범죄를 용인하자는 게 아니라 맥락을 이해할 필요가 있다는 거예요. 이에 대해서는 잠시 후에 다시 말씀드리겠습니다.

둘째, 테러리즘 서사는 정치적 해결은 있을 수 없다는 것을 상징합니다. 오직 군사적이거나 치안감시적인 해결만이 있을 뿐이죠. 예를 들어 이러한 패러다임에선 테러리스트는 변할 수 없다는 전제하에 이스라엘이 하마스의 모든 정치적 제안을 진정성 없는 것으로 일축할 수 있게 됩니다.

그리고 테러리즘 서사는 갈등을 정치적으로 해결할 가능성을 제거해버리죠. 그들을 완전히 제거한다는 군사적 해결책만 남는데, 광범위한 지지를 받는 하마스 같은 풀뿌리 운동 조직을 대상으로 그 목적을 달성하는 것은 집단학살을 자행한다는 의미예요.

평화 협상이 진행중일 때 '테러리즘'이라는 용어가 협상의 가능성을 방해한다는 것은 이미 잘 알려진 사실입니다. 예를 들어 필리핀 정부는 모로이슬람해방전선*을 테러리스트로 분류하라는 미국의 강한 압력에도 불구하고 그러길 거부했는데, 이건 군사적 해결이 불가능하고 협상이 필요하다는 것을 필리핀 정부가 인식했기 때문이에요.

마지막 한 가지는 테러리즘 개념이 하마스와 같이 복잡한 운동을 일차원적으로 축소시킨다는 거예요. 폭력만 남고 정당성을 잃은 야만으로 묘사되죠. 그러나 이전 대담들을 통해 알고 계신 것처럼 하마스는 폭력만을 상징하지 않아요. 오랫동안 저항에 반대하고 복지와 설교에 집중했던 팔레스타인 무슬림형제단에서 나왔고, 선거에도 참여해왔어요.

그리고 여기서 중요한 것은 테러리즘이라는 개념에 집착하게 되면서 저항할 권리를 부인하게 된다는 것입니다. 팔레스타인인들은 유엔 결의안들과 국제법에 따라 점령에 폭력적으로 저항할 완전한 권리가 있어요. 유엔 결의안들은 가능한 모든 수단으로 점령에 저항하고 독립을 위해 싸울 수 있다고 밝히고 있습니다.

---

* (옮긴이주) 필리핀 민다나오섬을 근거지로 활동했던 필리핀의 이슬람주의 무장·정치조직이다. 민다나오섬과 술루 군도에 거주하는 무슬림 민족인 모로족은 역사적으로 중앙정부에 의해 탄압받아오다가 1968년 무슬림에 대한 자비다 학살을 계기로 모로민족해방전선MNLF을 결성했다. 1976년 이들이 마르코스 정부와 평화 협정을 체결하자 이에 반발한 세력들이 모로민족해방전선을 이탈해 1977년 모로이슬람해방전선MILF를 결성하고 이슬람 독립국가 수립을 주장하며 필리핀 정부를 상대로 무장 활동을 계속했다. 이후 2014년 정부와 평화 협정을 맺고 해산했다.

물론 이 권리는 전투원들이 민간인을 해치지 못하도록 제한하고 있고, 의도적으로 민간인을 공격 대상으로 삼는 것은 전쟁범죄에 해당합니다. 하지만 테러리즘이라는 낙인은 **모든** 폭력을, 심지어 이스라엘 군인들에 대항한 폭력까지도 정당성이 없고 야만적인 것으로 축소시켜버립니다. 결국 이는 반대편을 비인간화하는 목적으로 작용할 뿐만 아니라 대항하고 있는 이스라엘군 자체의 야만성도 가려버리는 효과를 낳습니다.

이건 다시 한번 강조하자면 식민주의의 유산이죠. 영국은 이 용어를 예컨대 인도와 이집트 같은 식민지에서 반식민주의 운동 세력과 무장한 비국가 행위자들의 정당성을 박탈하기 위해 사용했습니다. 또한 반식민주의 운동 세력에 맞서는 자기들의, 대개는 마찬가지로 극단적인 국가폭력을 정당화하는 데에도 이를 사용했죠.

그러므로 저는 이것을 말하자면 식민주의적 잔재의 일부로 볼 필요가 있다고 생각해요. 이런 것들이 비판적 테러리즘 연구가 줄 수 있는 통찰력입니다.

헬레나 코번 정말 도움이 되는 얘기네요. 제가 박사님보다 나이가 조금 더 많은 것 같은데, 저는 마우마우와 같은 조직의 자유를 위한 투사들이 일상적으로 비인간화되고 악마화됐던 1950년대와 1960년대에 잉글랜드에서 자랐어요. 저는 당시 사람들이 한 말들 때문에 마우마우를 무척 무서워했던 걸 기억해요. 그러다 영국이 갑자기 더 이상 케냐를 통치할 수 없다고 결정하자, 이전에 마우마우와 깊은 관련이 있던 인사들이 케냐 독립 정부를 운영하고 심지어 여왕과도 악수하는 상황이 벌어졌습니다.

그러니 이들을 비인간화하고 테러리즘이라는 비난을 부과하는 것은 후기식민주의 폭력의 특정한 현상이죠. 그리고 시의성이 있다고 생각하는 저의 다른 경험은, 제가 1982년 미국에 처음 왔을 때 팔레스타인해방기구가 악마화되고 배척당했던 상황입니다. 그들이 1972년 뮌헨 올림픽에서 선수들에게 폭력을 행사했으니,* 악마화에도 이유가 있긴 했죠. 그들이 사용한 폭력에 대해 우려할 만한 충분한 이유가 있었던 것입니다.

그런데 종국에는 팔레스타인해방기구가 협상에 참가해야 한다고 이스라엘과 미국이 결정했고, 이는 오슬로 협정으로 이어졌죠 (그리고 그것은 그 자체로 문제를 만들어냅니다). 하지만 이건 매우 정치적이고, 구체적으로 말하자면 식민주의적 방식으로 특정 집단에 꼬리표를 붙이는 행위입니다. 그 부분에 대해 설명해주셔서 고마워요.

누군가를 테러리스트로 규정하는 행위가 협상을 방해하고 종종 구체적으로 그런 목적으로 사용된다는 점에 대해 얘기해주셨는데요. 우리의 지난 대담에서 논의한 것처럼 하마스는 여러 협상에 관여해왔습니다. 그래서 하마스의 협상 이력, 즉 하마스 운동이 여러 관련자들과 맺어온 역사와 현재에 대해서도 조금 말씀해주시면 어떨까 합니다. 현재 미국 정부는 확실히 휴전과 포로 석방 협상을 달성하려 하고 있는데 동시에 하마스를 괴멸시킬 이스라엘 작전에 대한 전폭적인 지지를 표명하고 있어요. 아마 이

---

* （옮긴이주） 이 책의 부록 〈용어〉의 '검은 9월' 부분을 참조하라.

건 미국의 외교 정책상의 혼란에 가까울지도 모르겠습니다.

어쨌든 하마스의 협상의 역사에 대해서 말씀해주시죠.

예룬 구닝 박사　　정말 좋은 질문을 주신 것 같네요. 하마스는 협상을 통해 타협과 휴전에 이른 오랜 이력이 있거든요.

예를 들어 창립된 지 몇 년 되지 않았던 1995년에도 그랬죠. 하마스는 오슬로 협정에 따라 최초로 실시된 1996년 팔레스타인 총선거를 앞두고 파타흐와 협상을 했어요. 그리고 1995년 하반기에는 일시적으로 폭력적인 작전을 중단하는 데 동의했습니다. 비슷하게 2003년에는 휴전을 협상했습니다. 오래 가진 못했지만요. 그리고 다시 2005년에는 2006년의 두 번째 총선거를 앞두고 파타흐와 협상을 벌였죠. 2006년 이후 여러 번 있었던 가자지구에서의 모든 전쟁은 하마스와 이스라엘 간의 간접적인 휴전 협상을 통해 마무리됐고 이후 평온한 시기가 이어졌습니다.

포로 교환이 이루어진 협상도 있었고요. 하마스는 2006년 이래로 파타흐와 민족 통합 정부national unity government 구성을 위한 협상도 반복해서 시도해오며 점점 더 많은 부분을 양보해왔습니다. 특히 2017년에 가장 많이 양보했죠. 이러한 협상은 하마스 때문만이 아니라 파타흐의 비타협적 태도와 이스라엘이나 이집트의 방해와 같은 갖가지 이유로 대부분 실패로 돌아갔지만요.

여기서 1990년대부터 가자지구의 주요 지도자 세 명 중 한 명이었던 이스마일 아부샤나브와 제가 인터뷰한 일화를 말씀드리고 싶어요. 그는 같은 해에 이스라엘에 의해 암살되기 전까지 2003년 휴전 협상을 이끈 주역이었습니다. 그리고 인터뷰 당시 그는 저에게 교도소에서 이스라엘과 협상하는 법을 배웠다는 걸 알려줬어요.

그러니까 생활환경을 개선하고자 했던 수감자 일동에 대해서 말하는 건데, 그는 협상 대표로 이스라엘 간수들과 협상해야 했죠. 그런데 그가 말하길, 이스라엘 간수들은 압박을 받을 때에만 요구에 응하려 한다는 거예요. 그래서 기본적인 인권에 대한 요구라 하더라도, 예를 들자면 수감자들이 단식 투쟁을 하는 경우에만 하나라도 양보를 한다는 거예요.

그래서 그가 얻은 교훈은 교도소 바깥에서도 이스라엘을 협상 테이블로 불러내기 위해서는 압박을 가할 수 있는 폭력이나 위협이 필요하다는 거였어요. 이것이 옳은 방식인지에 대해 논쟁의 여지는 있겠지만요. 하지만 여기서 얘기해볼 다른 점은 내부적으로, 유화적이기보다는 보통 더 비타협적인 군사 부문에서 종종 협상에 반대하는 목소리가 있음에도 불구하고, 하마스 내에는 풍부한 경험이 존재한다는 사실입니다. 하마스가 협상하거나 타협할 의사가 있는지 여부는 당시의 지배적인 정치적 기회와 위협의 구조에 크게 좌우되죠.

그래서 예를 들어 하마스 지도자들은 2000년대 말에 스위스 교섭단과 대화하는 과정에서 자신들의 강한 어조를 낮추고, 웹사이트에서 반유대주의적 표현을 빼기도 하고, 협상을 하는 동안 협상장에서 히잡 착용을 강제하는 규정을 폐기했습니다. 당시 하마스의 총선 승리가 인정되지 않고 하마스의 실용주의자들의 입지가 약해졌지만, 이들은 여전히 영향력이 있었어요. 여기서 현재로 돌아오면, 최근 5년간 하마스 내부에서 강경론자들이 부상한 원인은 부분적으로 과거 협상이 실패하고, 역대 이스라엘 정부와 서방 정부가 하마스의 정치적 제안에 호응하고 관여하길 거부한 데에 있다고 할 수 있어요.

특히 2017년 개정 헌장 문서에 대한 무반응, 그리고 애초에 하마스 바깥에서 비폭력적으로 시작했지만 하마스도 차용한 귀환 대행진에 대한 무반응도 역할을 했죠. 결국 정치적 제안이 변화로 이어지지 않으면 운동 내의 강경파가 주도권을 잡게 된다는 말입니다.

협상과 관련된 마지막 지점은 흥미롭게도 10월 7일 이후 하마스 내부의 무게중심이 움직이고 있다는 거예요. 2017년 가자지구에서 야흐야 신와르가 리더십을 확보한 이후 리더십의 무게중심이 점진적으로 가자지구로 이동했고 가자지구 전쟁 시작 당시에는 리더십이 확연히 가자지구 중심이었죠. 최근 협상들로 돌아와 보면, 예를 들어 카타르에 근거지를 둔 이스마일 하니예 정치 부문 의장이 카이로로 날아가 카이로에서 진행되던 협상에 승인 도장을 찍어주는 걸 볼 수 있죠. 중요한 점은 해외에 거주 중인 외부 리더십이 대체로 1967년 경계선 기준의 국가안을 받아들이고 타협하려는 경향이 더 크다는 거예요.

또한 중요한 점은 외부 리더십 구성원들이 영구적인 휴전과 봉쇄의 종결, 실질적인 팔레스타인 국가의 수립이 가능하다면 알카삼 여단은 무장해제할 수 있음을 내비쳤다는 거예요. 이 성명을 발표한 사람이 2014년 가자지구 전쟁을 끝낸 협상에 참여했던 칼릴 알하야였다는 점은 특히나 흥미로워요. 그 역시 하마스 정치 부문의 일원이죠. 식민주의라는 주제에서 다시 흥미로운 점은, 알하야 등의 인사들이 다른 식민주의 투쟁 사례, 특히 반식민주의 운동 세력이 독립을 달성한 이후에 무기를 내려놓고 정당으로 전환하는 사례를 소환한다는 거예요. 현재 하마스가 하고 있는 것은 이런 반식민주의 역사와 유사하다는 분명한 감각이 있다는 거죠.

헬레나 코번　흥미롭네요. 귀환대행진을 언급해주셔서 감사하고, 저도 귀환대행진이 하마스 외부에서부터 시작된 프로젝트라는 말씀에 동의해요. 그리고 하마스도 그것을 차용했다co-opt고 하셨습니다. 제 생각에는 하마스가 채택했다adopt고 하는 게 더 맞을 것 같아요. 둘 다 비슷한 의미겠지만요. 하지만 하마스는 처음부터 행진을 지원했죠. 하마스가 시작부터 반대했다면 그렇게 전폭적으로 조직될 수는 없었을 거예요.

예룬 구닝 박사　'채택했다'는 게 더 적합한 단어겠네요. 하마스의 군사 부문 일부가 애초의 취지가 아닌 폭력적 방식을 도입해서 귀환대행진을 이용했기 때문에 저는 약간 더 강한 표현을 쓰려고 했던 거예요. 이 갈등의 희생자들을 상세히 기록하고 있는 이스라엘 인권 단체인 베첼렘의 관련 보고서를 보면 약 18개월 만에 200명 이상이 사망했는데 압도적으로 다수의 사망자들은 비무장 상태였어요.

그래서 대체적으로 행진이 비폭력 대응이었다는 점은 분명하지만 그걸로 아무것도 달성하지 못했잖아요? 하마스는 전쟁도 시도해보고, 정치적 접근을 통한 타협도 시도해보고, 반식민주의 투쟁의 비폭력적 표현인 귀환대행진도 있었는데, 이 모든 것에도 불구하고 아무것도 이뤄지지 않은 거죠. 결국 이런 상황으로 인해 강경파들이 돌아와서 극적이고 격렬한 파열음을 낼 준비를 해야 한다고 말할 수 있는 무대가 만들어진 겁니다.

헬레나 코번　　현재의 협상에 대한 문제를 좀 더 명확히 하자면, 박 사님은 협상을 통한 휴전의 가능성이 있다고 보시나요? 진정한 정치적 이익, 포로들의 석방과 팔레스타인인들의 진정한 정치적 이익으로 이어질 수 있는 휴전의 가능성 말이에요.

예룬 구닝 박사　　잘 모르겠습니다. 사실 그랬으면 좋겠죠. 하마스가 라파흐 침공 직전 일정한 휴전안에 동의했다는 점은 흥미로운 것 같아요. 거기에 이스라엘이 명확히 반대해서 제대로 이루어진 것은 없지만요.*

　　하지만 저희가 이해하는 바로는 그 휴전안에서 하마스는 교전을 중단하고 여러 단계를 통해 포로를 석방하는 것 등에 동의했

---

*　(옮긴이주) 가자지구는 북쪽에서부터 북가자, 가자, 데이르 알발라, 칸 유니스, 라파흐 등 다섯 개의 행정구역으로 구성되어 있고, 라파흐는 가자지구에서 유일하게 이집트와 국경을 접한 최남단 도시다. 2023년 10월 7일 이후 가자지구의 주민들은 남쪽으로 강제이주를 당해 2024년 5월 당시에만 이미 100만 명 이상이 라파흐에 피란 중이었던 것으로 알려졌다. 당시 하마스가 동의한 휴전안은 이스라엘의 계속된 거부로 성사되지 않다가 미국 도널드 트럼프 대통령 취임 전날인 2025년 1월 19일 거의 동일한 내용의 휴전안이 발효됐다(이스라엘은 2단계로의 이행을 거부하다가 3월 1일 휴전안 1단계 종료 후 모든 구호물자의 가자지구 반입을 차단했다. 2025년 3월 18일 이스라엘이 가자지구 공격을 재개해 휴전안이 파기된 이후 2025년 4월 30일 현재까지 학살을 지속해 6주 동안 사망자가 2,000명을 넘어섰다).

124

어요. 그런데 이 모든 것은 영구 휴전과 가자지구의 이스라엘 점령군 철수를 전제로 하고 있죠. 이스라엘이 그에 대한 의지가 없다면 그런 일들이 벌어질지 잘 모르겠네요. 현재 이스라엘에는 네타냐후를 지도자로 하는, 이스라엘 역사상 가장 우익 성향이 짙은 정부가 들어서 있고, 네타냐후는 자기 내각에서 가장 극우적인 목소리에 의지하고 있어요. 이들은 네타냐후에게 더 강경한 노선을 채택할 것을 요구하면서 하마스의 완전한 박멸, 더 나아가 가자지구에서 팔레스타인인들을 완전히 제거하라는 것까지 요구하고 있어요.

이번 이스라엘 정부는 특히 극우 정부이긴 하지만, 시온주의 이데올로기라는 측면에서도 [이스라엘 정부의 이런 경향을] 살펴볼 필요가 있어요. 전체 시온주의의 기획, 최소한 지금 가장 지배적인 버전의 시온주의는 유대인 중심 국가를 위해 해당 영토를 완전히 비우려는 경향이 있습니다. 그래서 이런 관점이 네타냐후나 현 정부에만 국한되어 있다고 말하는 것은 문제를 지나치게 단순화하는 것 같아요. 거기에는 더 복잡한 것들이 얽혀 있죠. 그리고 이것이 이스라엘 내에서 더 분명히 비판의 대상이 되지 않는다면, 말씀하신 상황들이 어떻게 전개될지 의문입니다.

라미 쿠리   이쯤에서 10월 7일 공격에 대해 질문을 드릴게요. 전 세계 수많은 사람들이 하마스가 왜 이 공격을 감행했는지에 대해 다양한 이유를 추측하고 있습니다. 물론 우리 중 누구도 정확히 알 수는 없겠죠. 그러나 10월 7일 공격을 통해 하마스의 작동 방식에 대해 우리가 알 수 있는 것이 무엇인지는 박사님께서 조명해주실 수 있을 것 같습니다.

하마스는 틀림없이 강한 보복을 예측했을 거예요. 이전에도 비슷한 것을 여러 번 겪었고 이스라엘의 공격에 수천 명이 죽고 많은 것들이 파괴되는 경험을 했으니까요. 그럼 이 사실을 통해 그들이 사고하고 행동하는 방식에 대해 무엇을 알 수 있을까요? 그리고 가능하다면, 이걸 가자지구와 팔레스타인 전역에서 팔레스타인인들이 주도하는 정당한legitimate 정부를 재수립하기 위해 기회가 있을 때마다 계속되고 있는 과정과 연결지어 설명해주시겠어요?

박사님이 보기에 하마스는 이 과정의 일부가 되길 기대하나요? 아니면 그들은 스스로 다수의 사람들을 소외시켰다고, 많은 사람들이 고통받아 자기들을 떠났다고 생각할까요? 이 상황이 하마스에 타격이 될까요? 그들은 이런 걸 예상하고 있을까요? 그리고 그들은 이 과정을 통해 어떻게 생각하고 있을까요?

예룬 구닝 박사　　우선 많은 내용이 알려지지 않았거나 불분명하고, 모호하거나 논쟁적이기 때문에 지금 말씀드릴 내용의 상당 부분은 추측에 근거합니다.

제가 생각하기에 현재 가자지구 주민들에게 가해진 엄청난 고통 앞에서 이 질문은 하마스가 답하기 괴로운 질문일 거예요. 여러 시나리오가 있죠. 《아샤르크 알아우사트Asharq al-Awsat》 인터뷰에서 하마스 인사들이 주장한 바와 같이 하마스가 단지 다수의 이스라엘 군인들을 납치하려는 계획만을 가지고 있었다고 하더라도, 이스라엘의 대응이 이전의 어떤 경우보다도 더 잔혹할 수 있다는 걸 예상할 수 있었을 것입니다.

전에는 일부 군인들을 납치하는 경우는 있었지만 이렇게 큰 인원은 아니었거든요. 게다가 이미 시작부터 더 많은 것들이 걸려 있었다고 느껴져요. 이 공격이 모든 정치적 역학관계를 변화시키기 위한 것이라고 밝힌 공식 성명서, 보도된 공격 범위에 대한 분석, 1,000~3,000명의 알카삼 여단 전투원이 동원된 것으로 추정되는 규모, 그리고 가장 위쪽부터 가장 아래쪽까지 가자지구를 둘러싼 담장 전체에 걸쳐 14개 지점을 돌파한 사실까지 고려할 때, 이 모든 요소들은 목표가 분명 더 컸다는 걸, 단순히 납치 작전 이상이었다는 걸 암시하고 있어요. 게다가 이스라엘은 무적이 아니라는 걸, 그들의 땅에서 이스라엘이 절대적인 권력을 지닌 게 아니고 가자는 이스라엘과 싸울 수 있다는 걸 보여주려 했던 것 같아요.

그리고 공포를 퍼트리고 지역공동체 전체를 공격한다는 요소도 있었던 것 같습니다. 포로가 된 하마스 지도자들로부터 '보이는 모든 사람을 죽이라'는 지침을 받았다는 증언이 있어요. 물론 거기서 얼마만큼이 진실일지, 그들이 무엇을 말하려 한 것인지, 고문과 같은 신문 과정에서 나온 것인지 알 수 없죠. 하지만 정확히는 몰라도 단순한 납치 이상이었던 것 같아요.

하마스 지도자들이 정치 공학을 바꾸고 이스라엘이 무적이 아님을 보여주겠다는 발언들, 역내 관계 정상화라는 맥락에서 팔레스타인인들이 잊히지 않도록 하겠다는 주장, 서안지구와 통합을 이루고 국제적 의제에 팔레스타인 국가를 다시 포함시키겠다는 말 등을 들어보면, 좀 더 비타협적 의제가 있었던 것 같아요. 그리고 그렇게 하기 위해서는, 즉 역내 관계 정상화 의제를 바꾸고 팔레스타인 국가 문제를 국제적 의제로 다시 부각시키기 위해서는 충격적인 수준의 폭력을 감행할 필요가 있었을 거예요.* 이스라엘 방어망의 취약점을 파악하고 나서 작전을 확대했을 뿐이라 하더라도, 그 시점에 이스라엘의 대응이 극도로 폭력적일 것이라는 것을 하마스 지도자들은 충분히 알았을 겁니다.

그런데 이것도 맥락 안에서 이해할 필요가 있는 것 같아요. 세 가지를 말씀드릴게요. 첫째로, 하마스와 알카삼 여단 지도자들은 전투가 다수의 전선으로 확대될 거라고 기대했던 것 같아요. 이들이 반복적으로 제3차 인티파다를 촉구했던 것처럼, 서안지구에서 봉기가 일어나고, 전선이 북쪽으로 확대돼 레바논의 헤즈볼라가 지금보다 훨씬 더 전면적으로 개입하는 상황, 이라크의 시아파 민병대, 예멘의 후티 세력, 이란의 더 많은 움직임을 기대했던 것 같아요. 실제로 이들 모두가 행동에 나서서 하마스와 팔레스타인인들을 지원하며 공격을 감행했지만, 이는 하마스의 기대에 한참 미치지 못했어요. 이들의 자국 내 상황으로 인해 행동이 크

---

* (옮긴이주) 이스라엘은 2020년 9월 15일 트럼프 1기 행정부의 중재로 아브라함 협정을 통해 걸프 지역 아랍 국가인 아랍에미리트 및 바레인과 외교 관계를 정상화했고, 이어 같은 해 수단 및 모로코와도 수교를 맺었다. 2023년 당시 바이든 행정부도 트럼프의 중동 정책을 이어받아 이슬람 수니파의 종주국인 사우디아라비아와 이스라엘의 수교를 강력히 추진하고 있었는데 10월 7일 공격 이후로 협상은 잠정 중단됐다. 공격 당일 오사마 함단 하마스 대변인은 이 공격이 "이스라엘과의 관계 정상화를 고려하는 아랍 국가들에 보내는 메시지"라고 밝히기도 했다. 한편 협정의 명칭은 유대교, 이슬람교, 기독교가 공통의 조상으로 여기는 '아브라함'의 이름에서 따온 것이다.

게 제약되기도 했고요.

그래서 하마스는 이스라엘의 대응이 실제로 일어났던 것보다 더 약할 거라고 기대했을 수 있어요. 또한 국제 사회가 이스라엘을 더 압박할 거라고 기대했을 수도 있고요. 국제 사회가 좀 더 강력하게 대응하지 않는 데에는 여러 요인이 작용했다고 생각합니다. 하마스의 일부 행위가 충격적이었다는 점, 이스라엘이 글로벌 북반구 정부들의 인식 속에서 하마스를 비인간화하는 데 성공한 점, 그리고 10월 7일 자국민 살해를 은폐하고 그러한 공격이 발생할 수 있는 조건을 만들어낸 점이 중요한 역할을 했어요. 하지만 국제 사회가 그토록 강조해온 인권 원칙을 지키지 않고 있다는 것은 특히 러시아의 우크라이나 침공에 대응했던 방식과 뚜렷하게 대조되면서 국제 사회의 문제점 역시 잘 보여줍니다. 그래서 여기서 많은 팔레스타인 사람들은 팔레스타인인의 목숨이 우크라이나인의 목숨보다 덜 중요하다는 식의 인종주의적 요소가 작용하고 있다고 느끼죠.

마지막으로는 우리가 하마스의 행동을 반식민주의적 관점에서 이해해야 한다는 것입니다. 하마스는 예컨대 알제리와 베트남의 해방 과정에서 수백만 명이 죽었다는 데 주목하면서 다른 반식민주의 투쟁과 공통점을 찾아요. 그래서 그들에게는 민족 해방과 팔레스타인 국가 수립이라는 최종 목표를 위해서라면 오늘의 희생이 가치가 있다고 느끼는 거죠.

지금은 많은 이들이 이런 관점에 동의하지 않을 거예요. 이미 많은 이들이 사랑하는 사람들을 잃었고요. 그런데 한 여론조사 [2024년 6월 실시]에 따르면 가자지구 주민들의 71퍼센트가 하마스의 공격 결정은 옳았다고 답했어요. 놀라운 일입니다. 몇 달 전 응답인 57퍼센트에서 증가한 거죠.*

제 생각에 이 문제의 근원은 가자지구 주민들의 삶이 파괴되기 시작한 1967년 점령으로 거슬러 올라가야 합니다. 특히 2007년 이후 지난 17년 동안의 국제적 봉쇄로 인해 가자지구 안에서의 삶은 견딜 수 없는 정도가 됐죠. 주민 전체의 80퍼센트가 빈곤선 이하의 삶을 살고, 자립 경제는 부재하며, 실업은 극심합니다. 2008년부터 2023년까지 5,500명의 민간인 사망자가 나오는 상황이고요. 역내의 다른 나라들이 이스라엘과 관계를 정상화하며 이런 참상이 무기한 계속되고 그 결과 팔레스타인이 잊혀 참상 속에 봉인될 것이라는 전망만이 존재한다면, 왜 가자지구 주민들이 이스라엘이 가하는 폭력에도 불구하고 하마스의 공격을 지지하는지 이해할 수 있을 거예요.

그리고 저는 이스라엘 대응이 극단적이기 때문에 많은 가자지구 주민들이 집단학살의 책임을 하마스가 아니라 이스라엘에 지운다고 생각해요.

라미 쿠리　　이 내용은 가자지구가 됐든 팔레스타인 전체가 됐든, 팔레스타인 민중들과 하마스의 관계에 대한 질문을 제기하네요. 이는 서구 담론에서 자주 등장하는 '하마스는 잔혹한 독재자들이며 가자지구 통치 기간 동안 반대 세력을 처형하고 주민들의 표현의 자유를 억압했다'는 식의 주장과 관련된 질문입니다. 하마

---

*　　여론조사 결과 요약은 이 책의 〈부록 6〉에서 확인할 수 있다.

스를 잔혹한 독재 조직으로 묘사하는 것은 분명 일부 현실에 근거하고 있습니다.

이들이 서구의 자유민주 체제를 채택하고 있진 않죠. 이걸 일단 잔혹성 혹은 전제적 통치의 속성이라고 부를게요. 박사님은 이런 것들이 하마스가 앞으로 나아가는 데 문제가 됐다고 보시나요? 이런 것들이 서방에서 '이렇게 폭력적인 사람들과 대화할 수 없다'고 하며 소통을 차단하는 근거가 될까요?

심지어 혹자들은 하마스를 ISIS와 비교하기도 합니다. 물론 하마스는 ISIS와는 아주 다르죠. 박사님은 그들의 권력 행사, 사회적 위치, 외국 세력들과의 상호작용과 같은 특성의 전반적인 관련성을 어떻게 보고 계신가요? 아이러니하게도 예를 들면 팔레스타인 해방기구, 베트콩, 탈레반 등과 같이 특히나 미국이 악마화하고 테러리스트라고 정의한 세력들과 미국은 모두 협상하게 됐죠.

박사님은 이런 영역에서 하마스를 어떻게 보시나요?

예룬 구닝 박사　　이 질문은 하마스가 미래에 정치 영역에서 자기들의 역할을 어떻게 이해하고 있는지에 대한 앞서의 질문과 연결되는 것인데, 생각해보니 제가 답을 드리지 않았네요. 말씀해주신 게 맞는다고 생각해요. 팔레스타인 상황과 국제 상황이라는 두 가지 요소가 있죠.

여론조사를 보면 하마스는 수년간 놀랍도록 꾸준히 대중의 지지를 받아왔어요. 조사 결과의 부침이 있어왔지만 여론조사는 엄밀하고 정확한 것으로 받아들여지죠. 하마스는 보통 20∼35퍼센트의 지지율을 보여왔는데 이건 파타흐와 비교할 만한, 상당한 수준이에요.

하지만 하마스가 민주적인 방식으로 행동하는지, 권위적인 방식으로 행동하는지는 정치적 흐름에 달린 것 같아요. 진행 중인 선거 절차가 있을 때 선출직 하마스 대표자들은 보통 다수의 파타흐 대표자들보다 대중적 요구에 더 민감하게 반응했죠. 가령 2003년과 2005년 휴전을 앞두고 하마스 지도자들이 휴전을 지지할지를 놓고 일반 대중과 협의하는 모습이 포착됐는데, 확실히 그 부분에 관해 신경을 썼어요. 여론조사에서 상당수가 휴전을 지지했다는 사실이 이들의 결정에 영향을 미친 것 같았습니다.

또한 하마스는 총선을 앞두고 자체적인 풀뿌리 세력 및 일반 대중과의 협의를 통해 자신들의 선거 프로그램을 조정했다는 사실도 기억할 필요가 있겠습니다. 그리고 2006년경 사실상의 두 국가안을 받아들이기 시작한 한 가지 이유도 그게 민족적 합의라는 것을 인정했기 때문이죠. 하마스가 대다수의 직업 노동조합 및 학생회 선거에서 승리했음에도 불구하고 총선이 자신들이 반대했던 오슬로 프로세스의 일환이라는 것 때문에, 그리고 야세르 아라파트가 자신들에게 공평한 기회를 주지 않을 것이라고 믿었기 때문에 총선을 보이콧했던 1990년대와 이 상황을 비교하는 것은 흥미롭습니다.

이 시점에는 하마스가 작지만 상당히 정치화되고 노동조합으로 조직된 유권자 풀을 가지고 있었어요. 이들은 당시 일반 대중에 비해 두 국가안을 반대하고 무장 투쟁을 지지하는 경향이 있었거든요. 그래서 방향을 조정할 필요나 인센티브가 없었죠. 2006년에는 대조적으로 두 국가안에 훨씬 더 찬성하고 폭력에 피로를 느낀 일반 대중에 조응했습니다.

그리고 2006년의 여파가 옵니다. 총선 전에 상당한 과정이 있었는데 막상 선거 결과가 인정받지 못했죠. 파타흐도 인정하지 않고 국제 사회도 인정하지 않았으니까요. 여기에 더해 파타흐는 미국과 서구 국가들에 자극을 받아 하마스를 상대로 쿠데타를 일으킬 준비를 했어요.

이 점은 선거 참여가 무의미하다는 걸 분명히 보여줬기 때문에 하마스 입장에서는 이후 선거에 참가할 인센티브가 전혀 없어졌죠. 하지만 한편으로 하마스는 이로 인해 훨씬 더 편집증적이고 권위주의적으로 바뀌었어요. 2007년 예상되는 쿠데타에 대한 선제적 쿠데타라는 내부 투쟁을 통해 하마스가 가자지구에서 파타흐를 폭력적으로 축출한 이래로 하마스는 가자지구에서 반대세력을 허용하지 않고 있어요.

물론 가자지구 주민들에게 이런 상황은 대단히 문제적이죠. 하지만 저는 이 상황이 크게는 선거 과정의 붕괴와 하마스와 파타흐 간 내부 분쟁으로 인해 양쪽 모두에 편집증을 퍼트리며 발생한 결과물이라고 말씀드리고 싶네요. 상황의 영향을 크게 받은 것이죠.

거기에 더해 하마스는 집권하기 전인 1990년대에 정치 차원에서 광범위한 이슬람식 민주주의 체계를 발전시켰다는 말씀도 드릴게요. 이게 제가 하마스를 인터뷰하며 논의한 내용 중 일부이기도 한데, 이 부분이 그들의 내부 의사결정에서 일정 정도 영향을 미치기도 했죠. 상당수의 주요 결정은 조직 내 합의를 통해 이뤄지지 권위주의적인 하향식 결정을 통해 시행되지 않아요.

하마스에는 여전히 이런 정치사상의 보고가 있지만 2007년 이후 지난 17년간의 봉쇄와 전쟁, 그리고 강경파 리더십의 부상으로 빛이 바래게 됐죠. 그래서 하마스가 자신들의 보고를 되살려낼지는 팔레스타인에서 어떤 정치체제가 전개되느냐에 달렸어요.

마지막으로 두 가지만 더 말씀드릴게요. 하나는 파타흐 자체가 무척 권위주의적이지만 국제 사회는 파타흐를 여전히 마음에 들어 한다는 거예요. 하마스에 패배할 것을 우려해 2021년 예정됐던 선거를 취소한 것은 바로 파타흐였죠. 그런데도 국제 사회는 일정 부분 개량된 방식으로라도 파타흐가 통치해야 한다고 주장했어요. 그러므로 국제 사회에서 문제는 권위주의 자체가 아닌 것은 분명해요. 오히려 이스라엘과 미국의 어젠다에 동의하느냐 아니냐가 문제죠. 그리고 이건 제가 마지막으로 말씀드릴 지점과 연결됩니다.

하마스를 독재로 볼 것인지에 대한 담론에는 상당히 신식민주의적인 성격이 있어요. 이라크와 아프가니스탄을 보세요. 외부에서 인위적으로 만들어진 신식민주의적 정권 교체regime change 기획은 풀뿌리의 지지를 받는 민족 정치인이 아니라 순종적인 기술관료를 원하는 외부 강대국들에 의해 강요됐기 때문에 이라크에서도 아프가니스탄에서도 제대로 작동하지 않았어요.

그러므로 저는 팔레스타인 사람들에게 자신들의 지도자를 직접 결정할 권리를 돌려주는 게 무척 중요하다고 생각해요. 하지만 민주적인 전환을 위해서는 독립 국가를 수립하고 점령을 종식하는 것이 필수적이죠.

그리고 추가로 덧붙이자면, 저도 하마스가 파타흐의 가장 영향

력 있는 지도자 중 한 명인 마르완 바르구티의 석방을 요청해왔
다는 점을 강조하고 싶어요. 그는 2000년대 초반부터 알아크사 인
티파다 당시의 지도자적 역할 때문에 이스라엘에 의해 수감돼왔
죠. 바르구티는 꾸준히 대통령 선거 여론조사에서 맨 위에 있었
어요. 그리고 하마스도 그가 석방되면 하마스가 대선에서 질 수
도 있다는 것을 잘 알죠. 하마스는 단독으로 집권하는 것을 원치
않는다고 오랫동안 밝혀왔어요. 민족 통합 정부을 구성하거나 정
부를 전적으로 다른 세력들에게 맡기길 원한다고요.

한편으로 하마스는 분명히 팔레스타인해방기구의 일원이 되길
원하지만 파타흐가 줄곧 요구하는 것처럼 항복하는 조건으로는
아니죠.

헬레나 코번　　제가 최근에 하마스에 대한 대담을 진행했는데 한
분이 왜 2006년 이후로 선거가 성립되지 않았냐고 질문하더라고
요. 그에 대한 답은 2021년 선거 계획을 파타흐가 무산시켰기 때
문이라는 겁니다.

이분은 관련 흐름을 잘 모르고 계셨지만, 선거가 어떤 맥락 속
에서 치러지는지를 상기할 필요가 있다고 생각해요. 서구의 많은
이들은 '선거가 모든 걸 해결해줄 테니 빨리 진행하자'라고 생각
해요. 그게 아니라 선거는 항상 무언가를 **위한** 선거예요. 2006년
총선은 팔레스타인자치의회를 위한 선거였어요. 당시 선거는 다
른 많은 것들을 위한 것이기도 했고, 유권자들은 무엇을 위해 투
표를 하는지 알고 있었죠. 그런 맥락이 중요해요. 점령의 종식이
나 가자지구에서 이스라엘 점령 상태의 유의미한 개선, 혹은 바

라건대 유엔의 보호 아래 이스라엘 점령의 종식이 이루어진다면, 자유롭고 공정한 선거를 할 수 있겠죠. 그리고 누구나 그게 어떤 선거인지 알 거고요.

선거에 대해 생각해볼 또 다른 지점은, 선거에 위험성이 있다는 거예요. 복잡하고 전투적이며 극히 억압적인 상황에 있다가 선거를 치를 경우, 자신들의 지원 세력은 누구인지, 어떤 네트워크를 갖고 있는지를 드러내게 되죠.

그리고 하마스는 2006년 그러한 위험성을 감수했어요. 그리고 결과적으로 난타를 당하고 이전에 그랬던 것보다 더 심하게 고립됐어요. 물론 선거를 하면 좋겠죠. 그런데 저는 자유롭고 공정한 선거가 치러지기 위해 마르완 바르구티나 수천 명의 팔레스타인 수감자들이 석방되는 것과 같이 필요한 다른 일들이 많다고도 생각해요.

이런 것들이 우리가 계속 노력해야 하는 것들이죠.

라미 쿠리　저도 잠시 이 질문에 민족자결권에 대한 질문을 추가할게요. 민족자결권은 위대한 구호죠. 국제연맹League of Nations까지 거슬러 올라가잖아요. 그리고 '자유'나 '점령의 종식' 같은 표현보다 사용하기 쉬운 것 같기도 하고요.

하마스는 민족자결권과 어떻게 연결되나요? 하마스는 이 표현을 자주 사용하나요? 그들에게 민족자결권은 어떤 의미죠?

예룬 구닝 박사　예를 들어 하마스는 저와의 인터뷰에서도 민족자결권이라는 표현을 써왔어요. 그들은 항상 저에게 어디 출신이냐고 묻는데 그럼 저는 네덜란드 출신이라고 답해요. 그럼 그들은 저에게 "그렇다면 독일의 점령을 기억하겠군요. 당신들도 민족자결권을 원했고 저항이 정당화될 수 있었죠"라고 말해요. 그들은 그렇게 개인적 배경 위에서 논의를 전개하죠.

그런 의미에서 여기에 대한 확고한 생각이 있다고 봅니다. 그리고 이건 레바논의 헤즈볼라가 주장하는 것과 연결되어 있다고도 생각해요. 주권에 대한 담론과 상당히 유사하죠. 이들은 자주주권에 대해, 그리고 저항을 통한 민족자결권에 대해 언급해요. 그건 '유엔이나 국제 사회가 우리에게 부여했기 때문에 생기는 주권'이 아니에요. 저항을 통해 **쟁취**하는 주권이죠. 그런 정신이 민족자결권에 잘 새겨져 있어요.

솝덥 센의 책《팔레스타인을 탈식민화하기: 반식민주의와 포스트식민주의 사이에서의 하마스Decolonizing Palestine: Hamas between the Anticolonial and the Postcolonial》를 권하고 싶네요. 이 책은 저항 운동이라는 하마스의 반식민주의적 측면과 대단히 제한된 여건 속에서 이스라엘과의 경계선을 감시하고 안정을 유지해야 하는 포스트식민주의적 정부 사이의 긴장을 다루고 있어요. 이 두 가지는 서로 상당히 상충하는 것들이죠. 그중 반식민주의적 요소가 팔레스타인 민중들의 주권과 민족자결권에 대한 것이고요.

헬레나 코번　　저는 박사님이 앞서 반식민주의 폭력에 대해 언급할 때, 100만 명의 순교자가 희생한 것이 가치가 있었다고 말하는 알제리의 사례로 잠시 다시 돌아가고 싶어요.

몇 년 전 알제리의 수도 알제의 밀크바Milk Bar라는 카페에 폭탄을 설치한 알제리 여성의 회고록 《알제리 전투 안에서Inside the Battle of Algiers》라는 책이 출간됐어요. 그가 폭탄을 설치한 건 당시 130년 간 알제리인들에게 가해진 고통을 똑같이 알제 시내의 프랑스 정착민들에게 가하기 위해서였죠.

그러니까 이런 선택을 하는 건 팔레스타인 사람들만이 아니라는 거예요. 책의 저자인 조라 드리프도 그전에 카스바*에서 이미 여러 가지를 시도했던 민족해방전선Front de Libération Nationale, FLN 지휘관의 명령에 따랐던 것이었고요. 전체적인 작전의 일부였던 거죠. 동시에 조라 드리프가 당시 참여한 다른 활동은 비폭력 시민 저항 네트워크에서 알제리 여성들을 조직했던 거였어요. 그러니까 폭력을 사용하거나 그렇지 않으면 풀뿌리 조직을 조직화하거나를 양자택일하는 상황은 아니라는 거죠. 때로 민족 해방 운동은 선별적으로 폭력을 사용하니까요.

이 부분은 여성에 대한 문제로 이어집니다. 박사님은 1990년대 하마스의 풀뿌리 여성 네트워크와 겪은 대단히 인상적인 경험을 언급하신 적이 있으시죠.

예룬 구닝 박사　저는 하마스와 연계된 자선 단체들과 무슬림형제단의 여성 부문이라고 할 수 있는 무슬림자매회와 관련된 다수의 여성들을 인터뷰하고, 가자 이슬람 대학교의 하마스 학생 부문인 이슬람여성연합의 학생 지도자들도 인터뷰했죠. 당시 제가 관심

---

*　(옮긴이주) '성채', '요새'라는 뜻으로, 알제리 수도인 알제의 성벽으로 둘러싸인 구 시가지를 가리킨다.

을 가진 것은 하마스가 여성을 어떻게 대하는지에 대한 것이었거든요. 사실 이건 일정 부분 서구적 강박이었죠. 이슬람주의자들은 항상 여성에 대한 태도를 심문받으니까요. 하지만 이건 하마스가 여성에게 히잡 착용을 강요한다는 이야기와 함께 1990년대 팔레스타인 사회 내에서 상당히 실제적인 논쟁이기도 했어요. 그리고 점점 과거보다 사회·역사적 이유가 아니라 종교적 이유 때문에 히잡을 착용하기 시작하는 여성이 늘어나는 등 전체적으로 사회의 보수적 전환이 있었죠. 하마스도 매우 보수적으로 가부장제를 강요한다는 비난을 받고 있었고요.

그런데 저를 놀라게 한 것은 제가 얘기를 나눴던 이슬람주의 여성들이 하마스 때문에 대학에 갈 수 있었고 직업을 가질 수 있었다고 말하는 거였어요. 예컨대 이슬람지하드나 다른 이슬람주의 독립 조직의 구성원들처럼 하마스가 아닌 이슬람주의자들도요. 이들은 내부분 가자지구의 난민촌 출신으로 대부분 사회적으로 보수적인 가정 출신이죠. 가자지구 인구의 70퍼센트 이상이 현재는 이스라엘인 역사적 팔레스타인 땅에서 온 난민 출신이니까요. 그리고 이들 가정은 대학에 엄격한 성별 분리나 이슬람주의 분위기가 없으면 딸들이 대학에 가게 허락하지 않죠. 또한 이들 여성 중 상당수는 전문직이 될 수 있는 하마스의 지원금과 후원을 받았어요. 그래서 이들은 하마스가 이슬람이라는 틀에서나마 해방적 성격이 있고 가자지구의 사회적으로 보수적인 문화에 반대한다고 생각하죠.

또한 이슬람주의 여성과 좌파 여성 모두 하마스가 조혼과 명예살인에 반대한다고 단언하는 것도 흥미롭습니다. 하마스는 두 가지 모두 이슬람적이지 않은 관습이라고, 과거에 생긴 이슬람이 아닌 아랍적인 문화 관습이므로 유지되면 안 된다고 말하죠. 그런 맥락에서 흥미로운 것이 있어요. 출구조사에 따르면 2006년 총선에서 하마스에 투표한 사람들 중 두 번째로 높은 비율을 차지한 인구 집단은 바로 주부들이었습니다.

저는 이 문제를 이항대립적 방식으로 이해하는 것이 효과적이지 않다는 점을 다시 한번 강조하고 싶어요. 한편으로 하마스는 몹시 가부장적이거든요. 지도자들도 여성의 주요한 역할은 다음 세대를 기르는 일이라고 저에게 누차 강조해왔어요. 그 책임을 다한 다음에야 여성들은 노동하거나 공직을 맡을 수 있다는 것이죠. 그리고 제가 얘기해봤던 여러 지도자들은 여성은 나중에라도 이슬람 국가의 수장이 될 수 없다고도 했죠. 생물학적 이유를 드는데, 제가 거기에 의문을 제기하려 해도 꿈쩍도 하지 않았어요.

또한 저는 이게 어디서 온 생각인지는 잘 모르겠지만 이들은 신이 남성에게 지도자가 될 것을 명하였고 어쨌든 남성이 더 이성적이라고 믿고 있어요. 하지만 동시에 여성이 국회의원으로 선출되거나 장관을 맡는 것에 문제가 없다고도 생각해요. 그래서 정말로 국회의원으로 선출되고 후에 장관까지 하게 된 하마스 인사들 중 상당수가 여성이었죠.

이게 정말 재밌는 부분인데, 하마스 내에서 이러한 서사에 반대하고 여성이 이슬람 국가의 수장이 될 수 있다고 주장한 목소리도 꽤 있었어요. 하마스의 정치 분파 중 하나인 히즈브 알칼라스의 최고위급 여성인 유스라 함단 같은 이가 대표적이죠. 그는 예언자의 말씀인 하디스Hadith*에서 여성이 지도자가 되면 안 된다는 믿음을 강조하기 위해 보통 인용하는 문구가 "여성을 통치자로 만드는 민족은 번성하지 못하리라"라는 부분인데, 이는 특정한 페르시아 통치자를 지칭하는 말이지 국가 지도자로서 여성에 대한 일반적인 비난이 아니라고 저에게 설명해주기도 했어요.

제가 이러한 해석을 하마스의 하위 구성원 그룹에게 얘기했을 때 그룹의 지도자가 그걸 믿지 않는다며 저에게 처음 한 말이 "그건 사실이 아니다. 그 사람이 뭘 아느냐?"는 것이었는데, 그러자 다른 이들이 그에게 몰려가서 '당신도 유스라 박사처럼 박사냐, 이슬람 율법을 전공했느냐, 반대의 근거가 없지 않느냐, 유스라 박사가 그렇게 얘기했다면 사실일 거다'라는 식으로 얘기하기도 했어요. 이 경우에만 봐도 누군가의 성별보다 교육이 좀 더 우세한 권위의 근거가 되는 것을 알 수 있죠.

제가 이슬람여성연합의 지도자들을 인터뷰했을 때도 학생들이 저에게 말하길 그들이 보기엔 여성 활동가가 남성 활동가만큼 자율성을 부여받지 못하기 때문에 안타깝다는 거예요. 좌파인 팔레스타인해방인민전선도 포함해서요. 그래서 이들은 각자가 남성 리더십으로부터의 자율성을 부여받고 자신의 의지대로 행동할 수 있어야 한다고 주장하죠. 여성 자선 단체들의 대표들이 저에게 해준 얘기 중에는 자신들이 하마스의 관리·감독 없이 결정할 수 있다는 것도 있고요.

---

* (옮긴이주) 하디스란 무함마드의 언행과 그가 묵인한 내용을 수집·기록한 전승록이다. 이슬람 율법에서 쿠란 다음으로 중요하며 쿠란과 하디스의 내용이 샤리아의 기초를 이룬다.

하마스의 비판자들은 여기에 이의를 제기합니다. 그들의 말을 빌리면 이슬람여성연합을 이끄는 건 사내자식들이라고 하죠. 그런데 또한 이슬람주의 여학생 지도자들 스스로가 예를 들어 여성이 국가의 수장이 될 수 없다는 관점에 찬성하거나, 그런 개념 자체에는 거부감을 느끼더라도 남성이 네 명의 여성과 결혼할 권리가 있다는 개념을 용인한다는 건 재미있는 일이에요. 저는 그들과 이 문제에 대해 길게 토론했어요. 어쨌든 여러분들이 이제 이 문제가 그렇게 이분법적이지 않다는 건 이해하실 수 있겠죠? 단순한 이분법으로 말할 수 없어요. 그리고 이런 것들이 이분법적 구역으로 나뉜 서구의 관점에 깔끔하게 맞아 들어가지 않죠.

그리고 또한 좌파 진영과 관련해서도 이분법적이지 않다는 점도 말씀드릴게요. 다양한 출처에서 좌파들도 인티파다의 특정 국면마다 사망자들에 대한 존경의 의미로 히잡 착용을 강제했다고 들었어요. 게다가 좌파들에게 여성의 권리가 민족의 권리라는 대의에 종속된다는 얘기도 자주 들었어요. 하지만 1990년대 가자지구에서 여성 권리 신장을 위한 법률 개혁에 관한 공론화를 주도한 것은 좌파 여성들이기도 하죠. 이들은 제가 앞서 언급한 유스라 함단과 같은, 하마스와 관련된 여성 인사들과 토론회를 열기도 했고, 히잡을 일반 원칙으로 받아들이기보다는 역사적 맥락 속 산물로 봐야 한다고 주장한 파티마 메르니시와 같은 아랍권 페미니스트들의 작업들을 검토하기도 해요. 그들은 이런 논의도 해왔습니다.

일부 하마스 지도자들은 이에 대해 동의하고 실제 그들과 소통하기도 했습니다. 반대로 좌파 활동가들을 이슬람교를 흔드는 서구의 꼭두각시라고 매도하며 여성혐오적 관점을 가진 지도자도 있었죠. 그러므로 그 안에 복잡하게 얽힌 실들이 많이 있기 때문에 쉽게 말씀드릴 이야기는 아닙니다. 하지만 이것 혹은 저것으로 쉽게 나뉘는 건 절대 아니죠.

헬레나 코번　정말 흥미롭습니다! 말씀해주신 여성 문제에 대해 덧붙이자면 제 경험상 팔레스타인 민족 운동에서는 운동 과정에서 잃은 모든 이들을 대체해야 하기 때문에 대가족을 꾸리는 것을 지지하는 게 확실히 보편적인 일이죠. 그리고 그건 여성들에게 많은 짐을 지웁니다. 이건 민족 운동에서 종교계나 세속 진영에 있는 이들 모두에게 해당돼요.

　저는 박사님만큼 경험이 있는 것은 전혀 아니지만 가자지구에서 2006년 선거 직후에 하마스 소속 여성들과 며칠 시간을 보낸 적이 있는데요. 당시 새로 선출된 하마스 여성 의원 둘을 인터뷰할 기회가 있었는데, 그중 한 명이 자밀라 샨티예요. 사망한 〔하마스의 공동 창립자〕 압델아지즈 란티시의 아내였던 인물로 저에게 깊은 인상을 남겼죠. 가방에서 쏟아지는 서류를 들고 사무실로 바삐 뛰어 들어오는데 사랑할 수밖에 없는 인물이었어요. 당시 자밀라는 많은 역할을 맡고 있었는데 전형적인 여성 노동자로 주변에서 돌아가는 상황을 꽉 잡고 있었죠(제가 알기로 자밀라 샨티는 2023년 10월 말경에 이스라엘의 표적 공격으로 살해당했습니다).

　제가 당시 경험한 다른 일은 하마스 여성들과 유치원 한 곳에 방문한 건데요. 저는 무슬림의 유아교육학에는 단순 암기밖에 없다는 생각이 있었기 때문에 수준급의 교육 방법에 깜짝 놀랐어요. 쌍방향 소통의 게임과 춤, 컴퓨터 게임, 체육 수업 같은 걸 하더라고요. 네다섯 살 즈음의 아이들에게 무척 유익한 교육 방식으로 보인 게 인상 깊었죠.

주제를 바꿔서 몇 가지 중요한 질문을 더 드릴게요. 첫 번째로 가자지구와 서안지구 모두에서 팔레스타인인들을 대상으로 한 각종 여론조사들은 얼마나 신뢰할 만한가요? 그리고 이런 여론조사는 어떤 식으로 진행되나요? 현재 가자지구의 상황에서 어떻게 여론조사가 진행될 수 있을지 상상이 안 되네요. 좀 더 말씀해주시죠.

예룬 구닝 박사　전체 사회구조가 붕괴했기 때문에 어떻게 진행되는지 저도 현재로서는 정확히 알지 못합니다. 하지만 제가 분명히 알고 있는 것은 칼릴 시카키가 서안지구에서 이끌고 있는 팔레스타인정책조사연구소가 국제적으로도 엄밀하고 신뢰할 만한 곳으로 여겨진다는 거예요. 그래서 최근 몇 년간 이 연구소는 어떤 정도인지 알 수 있을 정도로는 여론을 꽤 잘 반영하는 것으로 보여요. 흥미로운 것은 다른 여론조사 기관들이 미국의 트럼프 대선 승리나 영국의 브렉시트 결정을 예측하지 못했던 것처럼 이 연구소도 2006년 하마스의 승리를 예측하지는 못했다는 거예요. 그런 측면에서 상대적으로 불신할 만한 곳은 아니죠.

하지만 사실 하마스의 승리는 이들이 예측한 것에서 그렇게 멀리 벗어난 것도 아니었어요. 너무 자세히 말씀드리진 않겠지만 흥미로운 것은, 하마스가 당시 선거구별로 후보를 배치하는 데에 더없이 전략적이었다는 거예요. 예를 들어 하마스는 얼마나 득표할 수 있을지 계산해서 가령 다섯 석을 얻을 수 있는 경우에도 파타흐를 누를 수 있을 정도로 득표수를 집중할 수 있게 세 후보만 내는 식이었던 거예요. 하지만 파타흐는 많은 후보를 냈죠.

헬레나 코번　네, 일고여덟 명 정도로요. 2006년 파타흐의 선거 대응은 무질서했죠.

예룬 구닝 박사　하마스와 파타흐의 전국 득표수를 보면 차이가 그다지 크지 않아요. 그래서 당시 여론조사가 왜 결과를 잘 맞힐 수 없었는지를 이해할 수 있죠. 격차가 매우 적었기 때문이니까요. 하지만 하마스는 일부 후보들에게 자신들의 표를 몰아주면서 그 게임을 무척 잘 운영한 것이고 선거에서 압승할 수 있었죠.

　결국 여론조사의 신뢰도가 높았던 역사가 있다는 점을 말씀 드리는 겁니다. 제가 알 수 없는 것은, 말씀드린 상황이 현재 가자지구에서 어떻게 전개되고 있는지에 대한 부분입니다.

　10월 7일 이후 초기 여론조사는 당시 가자지구 남부가 여전히 기능하고 있었기 때문에 여전히 어렵지 않았을 거라 예상합니다. 그러나 현재는 가자지구가 너무나 많이 파괴됐고 너무나 많은 난민이 발생해서, 아마도 같은 방식으로 조사를 하되 여러 지역에 무작위 표본을 추출하지 않을까 싶어요. 그런데 표본 추출 방식을 재고해야 할 거예요. 주민들이 어디 있는지 알기 쉽지 않은 상황이라 아마 유엔 등을 통해 특정 난민촌에 주민이 어느 정도 되는지 확인한 다음 그에 기초해 작업을 하지 않을까 싶습니다.

헬레나 코번　네, 어려운 문제네요. 연관된 질문으로 이 웨비나 참가자 중 한 분이 서안지구에서 하마스는 얼마나 널리 퍼져 있는지, 그리고 서안지구에 이스라엘의 탄압이 있는 상황에서 하마스가 얼마나 비밀리에 활동하는지에 대해 질문을 주셨습니다.

예룬 구닝 박사　　　서안지구에서 하마스는 2007년부터 이스라엘과 파타흐 모두의 탄압을 받아왔죠. 그런 측면에서 서안지구에서는 훨씬 허약한 조직이에요. 그렇지만 인상적인 부분은 서안지구에서 10월 7일 이후 하마스에 대한 지지가 대단히 증가했다는 거예요.

2023년 12월 조사에서 하마스에 대한 지지가 두세 달 사이에 세 배 증가했던 것으로 기억합니다. 라말라의 팔레스타인자치정부가 실질적으로 팔레스타인을 통치하고 있지 않았다는 것과 팔레스타인인들의 관점에서는 이들이 이스라엘의 경비부대가 돼서 안정을 유지하는 역할을 했다는 것도 하마스가 공격을 감행한 이유입니다. 그리고 특히 팔레스타인자치정부가 서안지구에서의 가자지구 지지 집회를 탄압하기 시작하면서 이들의 정당성은 더 허물어졌죠.

그래서 서안지구에서 파타흐에 대한 지지가 크게 감소하고 하마스에 대한 지지도가 크게 높아진 것입니다. 그러나 하마스 자체가 재건이 필요한 상황이라 이 인기에 대응해 효과적으로 토대를 쌓아갈 기반이 없죠. 그리고 최소한 현재 상황에서는 파타흐가 그렇게 놔두지도 않을 거고요.

헬레나 코번　　　다른 참가자의 질문 중에 하마스는 무슬림 종교 지도자들과 어떤 관계를 맺고 있는지, 그런 무슬림 지도자들이 하마스에 어떤 영향을 미치는지 묻는 내용이 있네요.

예룬 구닝 박사   하마스는 그들을 존중하죠. 하마스는 관련 국제 회의에도 참석하지만 실질적으로 독립적인 정당이라고 생각합니다.

1990년대 제가 앞서 언급한 이스마일 아부샤나브와 대화했던 사례가 생각나네요. 가장 접촉이 용이하고 자신의 논리와 생각을 가장 솔직하게 표현하는 하마스 지도자 중 한 명이었거든요. 그가 말하길 자기가 하나의 정책을 제시하면 그건 아부샤나브 개인의 말이고 그것 자체로 받아들여야 하죠. 그런데 예를 들어 무슬림형제단 사상가인 카타르의 유수프 알카르다위처럼 자기들의 말에 힘을 실어줄 수 있는 종교 지도자를 발견한다면, 이미 실행하기로 결정한 내용에 힘을 실어줄 수 있는 그 지도자의 언어를 차용할 수 있는 거죠.

그래서 하마스가 예를 들어 자살 작전, 혹은 그들이 지칭하는 것처럼 순교 작전을 처음 시작했을 때, 그걸 정당화할 수 있는 파트와*나 종교적 칙령이 없었어요. 하지만 그들은 자기들이 이스라엘에 의해 레바논으로 몇 달간 추방당했을 때 헤즈볼라에게 배운 것처럼 군사적 관점에서 그 방향으로 가야 할 걸 알고 있었죠.

---

*   (옮긴이주) 이슬람 율법학자들이 샤리아에 기초해 특정 사안에 대해 내리는 판례법이다. 법적 판결은 아니지만 이슬람 세계에서는 법 이상의 권위를 갖기도 하는 칙령에 해당한다.

그러고 나서 후에 알카르다위 같이 이를 정당화하는 파트와를 제공해준 인물을 찾은 겁니다. 그래서 저는 그런 측면에서 하마스는 독립적인 정당이고 후에 함께 갈 수 있는 적당한 종교 강령을 찾는다고 생각해요.

헬레나 코번　　그럼 하마스는 자기들이 원하는 적당한 종교 지도자인 샤이크Sheikh를, 말하자면 쇼핑하는 건가요?

예룬 구닝 박사　　맞습니다.

헬레나 코번　　그럼 리더십 차원에서 종교 지도자들이 모든 면에서 엄격히 통제되는 이란 같은 상황과는 매우 다른 것 같은데, 맞나요?

예룬 구닝 박사　　맞아요. 그리고 제가 하마스 지도자들과 이란에 대해 얘기했을 때 그들은 자기들의 이슬람 국가 안에서는 모든 것을 명령하는 종교 지도자들의 회의* 같은 것은 없을 거라며 이란에 대해 아주 신랄하게 비판했어요. 하마스는 의회에 종교 지

---

*　(옮긴이주) 이슬람 법학자 통치체제를 갖춘 이란에서 이슬람 율법을 심의하고 종신직 최고지도자인 라흐바르를 뽑는 88명의 이슬람 율법 전문가 회의다. 임기 8년의 전문가 회의 의원은 직선으로 뽑지만, 그 후보는 최고지도자가 직간접적으로 임명한 헌법수호위원회의 심사를 거쳐야 하기 때문에 종교 지도자의 힘이 막강하다. 또한 이란에서는 행정부 수반인 대통령도 직선으로 뽑지만 국가원수는 대통령이 아닌 최고지도자가 맡는다.

도자가 있는 것을 원하지만 이들도 선출돼야 한다는 거죠.

하마스가 종교적 권위와 선출된 권위를 구분한다는 것은 상당히 흥미로워요. 또한 그들은 《쿠란》 등에서 계시된 법의 원천인 이슬람법은 선출된 의회에 의해 법률로 제정되기 전까지는 합법적이지 않다고 말하죠. 그전에는 종교법이 있었지만 정치적으로 합법적인 법이라고 할 수 없어요. 그래서 그런 측면에서는 하마스는 대단히 정치적인 조직이에요. 종교가 1990년대부터 큰 역할을 해오긴 했어요. 그래서 〔하마스의 창립자〕 아흐메드 야신이 굉장히 의식적으로 하마스 조직원들을 사우디아라비아로 보내 이맘*과 종교 지도자가 되기 위한 적절한 자격을 갖추도록 했다는 것은 대단히 흥미롭죠.

그리고 이들은 돌아와서 와크프 부처나 종교 기금 등을 운영했어요. 그래서 하마스가 처음 시작됐을 때나 혹은 그 이전 1970년대 무슬림형제단이 재기했을 때의 구성원들은 대부분 평신도 설교자였던 반면, 야신은 정식 훈련을 받은 종교 지도자 집단을 육성한 거죠. 이전의 평신도 설교자들은 엔지니어, 교사, 의사였고 모스크에서 설교를 했지만 종교 지도자는 아니었거든요. 하마스 내의 정치와 종교 관계는 매우 흥미롭습니다.

헬레나 코번　야신은 이들을 카타르로 보낸 게 아니라 사우디아라

---

*　(옮긴이주) 수니파인 팔레스타인에서는 예배를 지도하는 종교적 지도자를 가리킨다. 반면 시아파에서는 유일하게 쿠란을 해석할 자격이 있는 무함마드와 알리(무함마드의 사촌이자 사위)의 후손이며 무슬림 공동체의 최고지도자를 의미한다.

비아로 보낸 건가요?

예룬 구닝 박사　　네, 대다수는 사우디아라비아로 갔습니다.

헬레나 코번　　무슬림형제단의 영향력은 카타르에서 큰 것 같던데요.

예룬 구닝 박사　　네, 말씀드린 건 초기에 있었던 일이죠. 사우디아라비아가 무슬림형제단에 등을 돌렸을 때, 이들은 다른 곳들로 갔을 수 있어요. 하지만 하마스의 새로운 리더십의 기초는 1980년대 후반, 1990년대 초반에 놓였죠. 야신이 암살됐을 때 그는 리더십 역할을 맡고 있었어요.

헬레나 코번　　야신이 암살된 게 2001년인가요, 아니면 2004년인가요?

예룬 구닝 박사　　2004년입니다. 〔가자지구의 주요 지도자였던〕 이스마일 아부샤나브가 암살된 다음 해이자 〔하마스의 공동창립자인〕 압델아지즈 란티시가 암살되기 몇 주 전이죠. 야신도 종교 훈련을 받은 지도자는 아니었지만 종교적 권위라는 거대한 카리스마가 있었죠. 부르디외적인 개념에서 예언자적 권위 유형이라고 할 수 있어요.
　흥미로운 점은 이게 제도화되지 않은, 예외적인 유형의 권위라는 거예요. 지극히 개인적인 것이므로 그걸 누군가에게 물려줄 수 없죠. 그래서 야신은 그가 살해당하거나 사망할 때를 대비해 그의 자리를 이어받을 수 있는 제도화된 계급을 위한 토대를 준비하고 있었어요.

그러나 후계자들은 운동의 창립자가 아니므로 내부에서 야신과 같은 종류의 지배력을 결코 확립할 수 없었죠. 그런 카리스마가 있지도 않았고요. 하지만 그들 성직자 중 일부는 하마스 정치 부문의 구성원이 되어 전보다 더 많은 자리를 차지했어요.

그래도 관련 연구에 따르면 2010년대에 접어들어도 종교적 권위는 여전히 정치적 권위보다 아래에 놓여 있어요. 그래서 항상 전체적으로는 종교보다는 정치적 논리가 우위를 점하죠. 극단적인 경우에 예외가 있을 수 있지만 대체로는 이게 현실입니다.

헬레나 코번　이 내용에 답을 해주셔서 정말 고맙습니다. 아쉽지만 이제 끝날 시간이 된 것 같습니다.

그래도 이 기회에 박사님께 깊이 있는 경험과 분석을 들려주셔서 정말 고맙다는 말씀을 다시 드립니다. 이 내용에 대한 비판적 테러리즘 연구 접근법도 좋네요. JWE의 반식민주의적 노력과도 무척 잘 맞는 것 같아요. 오늘 대담을 풍부하게 해주셔서 다시 한번 고맙다는 말씀을 드립니다.

4장

무인
랍바니와의
대담

헬레나 코번　　안녕하세요, 여러분. 오늘의 전문가 게스트는 네덜란드계 팔레스타인인으로 팔레스타인 문제와 아랍-이스라엘 분쟁, 현대 서아시아(이전에는 유럽중심적 별칭인 '중동'으로 불린 지역이죠) 연구자이자 전문가인 무인 랍바니 선생님입니다.

　무인 랍바니 선생님은 유엔 시리아 특사 사무소의 정무수석, 국제위기그룹의 중동 선임분석관 및 이스라엘-팔레스타인 특별보좌관, 그리고 국제법학자회의 제휴 조직인 서안지구의 알하크 연구원 등으로 근무해왔습니다. 현재는《자달리야》의 공동 편집자이고, 또 여러 주요 기관에서 활동하고 있습니다.

　또한 트위터에서 이름을 바꾼 플랫폼 엑스에 짧고 기발한 글을 설득력 있게 올리는 데도 달인이십니다. 계정을 팔로우하셔도 좋을 거예요. 무인 선생님, 함께할 수 있어 반갑습니다.

무인 랍바니　　헬레나, 라미와 함께할 수 있어 영광입니다.

라미 쿠리　　광의의 팔레스타인 저항 전선 및 집단에 대한 얘기로 먼저 시작해보죠. 하마스가 팔레스타인 민족 운동 내의 주도적인 무장 운동이라고 알려져 있지만, 사실 팔레스타인 이슬람지하드, 인민전선이나 다른 소규모 조직들도 있어요. 이 집단의 특징에 대해 이야기해주세요. 이들을 묶어 집단이라고 할 수 있나요? 이들은 서로 조정하고 협력하나요? 아니면 이들이 그저 특정 성향을 공유하기 때문에 이들을 집단으로 묶는 건가요?

무인 랍바니   최근 몇 년간 특히나 가자지구에서 이들 조직 사이의 긴밀한 조정과 협력이 늘어났다고 생각합니다. 아시다시피 하마스가 가장 큰 팔레스타인 저항 정파죠. 그런데 가자지구 내에서 파타흐가 수적으로는 우세하더라도, 제가 생각하기에 이슬람지하드의 군사 부문인 알쿠드스 여단이 훨씬 크고 활발할 뿐 아니라 더 많은 자원을 가진 것 같아요.

최근 몇 년간은 이 조직들이 합동 상황실이라고 부르는 곳을 만들고 서로 적극적으로 협력하고 있어요. 예를 들어 이번 전쟁 중에도 하마스와 이슬람지하드, 혹은 하마스와 인민전선 산하의 아부 알리 무스타파 여단이나 여러 조직 간의 합동 작전에 대한 보도가 계속 나오고 있죠. 그래서 제가 생각하기에 하마스가 다른 조직들을 대리인proxy으로 이용하는 그런 상황은 아닌 듯해요.

물론 하마스가 가자지구에서 헤게모니를 쥐고 있지만, 동시에 그들은 여러 정치적 신념을 가진 조직들이 같은 목표를 위해 하마스와 연합하는 광범위한 전선을 유지하는 것이 유리하다고 보는 것 같아요. 저는 상황을 이렇게 이해하고 있습니다. 하지만 그렇긴 해도 논쟁의 여지 없이 하마스가 가장 크고 잘 무장한 조직이죠. 그리고 주요 결정은 궁극적으로 하마스가 내린다고 생각해요.

하지만 예외도 있었죠. 예를 들어 10월 7일 이전 가장 최근 두 차례 충돌의 경우 이스라엘은 구체적으로 가자지구의 이슬람지하드를 표적으로 삼았고 그 시점에 하마스는 이슬람지하드와 협력하고 있다고 밝혔지만 거기에 전혀 개입하지 않았어요.

헬레나 코번　　그게 2021년이었나요?

무인 랍바니　　아니요, 더 최근입니다. 이슬람지하드 소속의 팔레스타인 수감자가 이스라엘 교도소에서 장기 단식 투쟁 끝에 사망한 사건이 두 번 있었거든요.

헬레나 코번　　맞네요. 이슬람지하드가 이스라엘에 로켓 공격으로 대응하고 하마스가 개입하지 않았던 때군요.

무인 랍바니　　네, 그리고 좀 더 최근의 충돌도 2023년 초에 있었는데 이스라엘이 가자지구에 공격을 가해 1주일이라는 기간 동안 이슬람지하드 군사 사령관 여섯 명을 제거했죠. 거기에도 하마스는 관여하지 않았는데, 돌이켜보면 이유를 알 수 있어요. 하마스는 자기들의 능력치나 병력을 노출하는 위험을 감수하고 싶지 않았던 거죠. 어쨌든 요점은 다른 조직들이 독자적으로 행동한 경우가 있었다는 겁니다.

일반론적으로 하마스가 전체 기조를 잡는다고는 말할 수 있을 것 같아요. 하마스가 궁극적인 결정을 하지만 동시에 가자지구나 서안지구 북부 모두에서 이들의 표면적인 라이벌인 파타흐에 연계된 알아크사 순교자 여단과 같은, 다른 세력들과 긴밀하게 협력할 수도 있어요. 그러나 이건 파타흐 운동 내부의 분열을 보여주기도 하죠.

라미 쿠리   선생님, 많은 사람이 하마스의 회복력, 내구력에 놀라곤 합니다. 이스라엘과 치고받기를 반복하고 이스라엘의 막강한 공격과 함께 민간 시설과 (발사 시설이 됐든, 생산 시설이 됐든) 군사 시설의 파괴를 겪는 조직이 여전히 존속하고 활발히 활동하고 있어요. 선생님은 이걸 어떻게 설명하시나요?

무인 랍바니   현 시점에 그 질문에 확정적인 답을 드리긴 어려울 것 같아요. 하지만 이미 몇 가지 분명한 요인들은 있다고 생각해요. 한편으로는 이스라엘군을 살펴봐야 합니다. 이들은 가자지구를 산산조각 내고 수만 명을 살해할 수 있는 측면에서는 효율적인 살인 기계들이죠. 하지만 그렇다고 특출하게 효율적인 전투 부대는 아닙니다. 특히 지상 작전이나 영토를 점령하는 데는요. 그래서 이스라엘 지도자들은 반복적으로 승리를 선언했지만 이번 주만 해도 가자 시티에서뿐만 아니라 10월 7일 이후 이스라엘이 가장 먼저 침공한 마을인 베이트 라히야나 베이트 하눈에서도 여전히 하마스와 팔레스타인 세력의 공격이 진행되고 있어요[이 대담은 2024년 5월 23일에 진행됐다].

이게 의미하는 건 둘 중 하나죠. 하나는 처음부터 이 지역의 무장한 팔레스타인 부대가 제거되지 않고 지난 10~12월 동안 이스라엘의 맹공을 견뎌왔거나, 다른 하나는 이스라엘이 이 지역에서 물러난 이후 스스로 조직을 재편할 수 있어왔다는 것입니다. 그래서 이 설명에서 중요한 부분은 민간인들에 비해 적군을 상대하는 데 이스라엘군이 무능력하다는 겁니다.

다른 한편으로는 하마스가 이스라엘의 장기화되는 맹공을 상당히 잘 준비했던 게 분명해 보여요. 하마스는 병력과 군수물자의 부족을 심각하게 겪지는 않는 것 같아요. 제 생각에 이건 이들의 핵심 무기들이 현지에서 생산된다는 점과 일정 부분 관련된 것 같아요. 이들은 외국 지원 세력으로부터 오는 무기와 물자에 전적으로 의존하지 않죠. 그리고 여전히 하마스가 가자지구 내에서 자기들의 무기 상당수를 제작할 능력이 있는 것 같고요. 그런데 명확히 말씀드리자면 이건 대륙간 탄도미사일이나 탱크 같은 걸 얘기하는 게 아닙니다. 꽤 초보적인 무기류라는 거죠. 하마스는 예를 들어 유의미한 대공anti-aircraft 능력이나 기갑 부대 같은 것들이 없습니다.

다른 부분은 물론 이들이 홈 경기장에서 싸우고 있다는 점도 중요한 것 같아요. 외부 침공 세력에 맞서 자기들의 영토를 방어하고 있으니까요.

또한 이스라엘은 하마스와 다른 팔레스타인 무장 전투원들을 얼마나 사살하고 생포했는지 상이하고 때로는 상충되는 통계를 발표하고 있는데, 이 조직들의 사상자 비율은 이스라엘이 주장하는 것보다 훨씬 적은 게 확실해요. 그리고 거기에 더해 이 공격이 원래는 민간인들이 무장 집단에 등을 돌리게 하려는 의도였음에도 불구하고, 미국 쪽의 평가에 따르면 이스라엘의 공격이 너무 야만적이기 때문에 현재로서는 오히려 이들 무장 집단이 전시에 도 계속 세력을 더 모을 수 있게 된 것 같아요.

그리고 우리가 이해할 필요가 있는 다른 쟁점은 하마스가(얼마 나 광범위한지는 아직 정확히 모르지만) 상당히 광범위한 지하 네트워크 를 구축했다는 것입니다. 즉 위장 엄폐를 하고 10월 7일부터 매일 매일 가자지구에 가해져온 이스라엘의 대량 공습을 견딜 수 있는 터널 시스템을 구축했다는 거예요. 이들은 과거의 실수로부터 배 우고 시간이 갈수록 진화해온 것 같아요.

그리고 정말 마지막으로 한 가지 더 말씀드리자면, 정보 부서 요원들과 선임 장교들을 포함한 이스라엘의 군인 일부가 10월 7일 포로로 잡혔다는 걸 잊지 말아야 합니다. 그래서 하마스가 상 당수의 문건과 저장 장치 등도 함께 포획했다고 추정하는 게 합 리적인 것 같아요. 그래서 포로들에 대한 신문과 이들이 얻은 정 보를 통해 하마스가 이스라엘의 군사적 움직임을 예측하는 데에 어느 정도 도움을 받았는지, 그리고 이스라엘의 약점을 드러내고 자신들의 강점을 강화하는 방식으로 대응하는 데 도움을 받았는 지 나중에 확인해보는 것도 흥미로울 것 같습니다.

라미 쿠리　　하마스도 헤즈볼라처럼 지난 몇 년간 무기를 스스로 제조하는 것에 더해 유도 무기나 전자 무기 체계와 같이 훨씬 정 교한 무기 체계를 발전시켰다고 볼 수 있을까요? 지난 몇 년간 하 마스의 궤적에서 그런 단서를 확인할 수 있나요? 그리고 표적 공 격과 군사 시설 엄폐 능력이 개선되고 있나요?

무인 랍바니   그건 분명하다고 생각합니다. 예를 들자면 현재 하마스는 드론을 운용할 능력뿐만 아니라 정확하게 다수의 이스라엘 드론을 격추할 능력이 있는 다양한 전자전 체계를 갖추고 있죠. 하마스가 미사일과 로켓 역량을 처음 개발하기 시작했던 때였던 제2차 인티파다* 당시를 보면, 가자지구와 이스라엘 사이의 경계에 겨우 도달하는 정도였어요. 지금은 이스라엘 남부의 베르셰바나 텔아비브, 텔아비브 북쪽, 예루살렘, 텔아비브 공항 등까지 도달합니다. 그렇다고 해서 하마스의 군사력을 과장하고 싶지는 않습니다. 무기들은 기본적으로 현지에서 생산되고, 예컨대 헤즈볼라의 군사력과 비교하기 무색한, 꽤 기초적인 무기거든요.

   그런데 예를 들면 2011년과 2012년 리비아 정부 붕괴의 여파로 하마스가 리비아에서 꽤 많은 첨단무기를 들여올 수 있었고 당시 수단을 통해 헤즈볼라와 이란에서도 군수품을 들여왔다는 여러 보노가 있었는데 그건 사실이라고 생각합니다. 그리고 확실히 훈련과 지도도 이루어져왔습니다. 그래도 하마스의 군사력이 예를 들어 헤즈볼라와 같은 세력에 근접한다고 생각하는 사람은 보지 못했어요.

헬레나 코번   위장과 엄폐만이 아니라 이동을 위한 터널의 중요성을 짚어주신 것에 동의해요. 제가 이해하기로 이들은 가자지구 전체 혹은 그 대부분을 지하를 통해 왔다갔다 할 수 있거든요. 땅을 깊이 파라는 고전적인 마오주의 교리가 생각나요. 그게 마오

---

*   (옮긴이주) 이 책의 부록 〈용어〉의 '알아크사 인티파다' 부분을 참조하라.

주의 게릴라 방어전 교리의 핵심이니 말이에요.

무인 랍바니　네, 여기서 제가 잠시 끼어들자면, 하마스가 이스라엘의 전술을 미리 예측하고 이스라엘의 폭격이 도달할 수 있는 것보다 깊이 터널을 판 것은 명확해요. 터널이 수송에 사용되겠지만 이스라엘이 쫓는 세력들이 가자 시티에 있다가 한꺼번에 칸 유니스로 도주하고 지금은 모두 라파흐나 시나이*에 있다는 이스라엘의 주장은 믿기지 않아요. 제가 이해하기로 하마스의 강점 중 하나는 여러 부대가 현지에 근거를 두고 있고 이들 대부분은 가자지구 전역으로 흩어지기보다 본인들의 거점에 그대로 남아 있다는 거예요.

헬레나 코번　과거 터널을 많이 사용했던 베트콩과 비슷한 것 같습니다. 하지만 가자지구가 좁은 땅덩어리라는 맥락에서는 전략적 깊이strategic depth라는 개념에 새로운 의미를 불어넣고 있는 것 같아요. 후방으로 깊이 들어가는 게 아니라 아래로 깊이 들어간다는 거죠.

　저는 엑스에서 존 엘머를 팔로우하면서 많이 배웠습니다. 지속적으로 배포되고 있는 알카삼 여단의 영상에 대해 몹시 훌륭한 분석을 올리는데 꽤 흥미롭거든요.

　선생님은 워싱턴 정계의 인사들로부터 '그날 이후'의 계획들을

---

*　(옮긴이주) 이집트가 위치한 시나이 반도를 의미한다. 시나이 반도는 라파흐와 국경을 접하고 있다.

많이 들을 텐데, 이런 계획들은 가자지구에서, 가능하면 전 세계에서 하마스가 전멸하는 것, 그리고 팔레스타인자치정부와 여러 아랍 국가의 행위자들을 가자지구로 불러들이는 것을 반드시 전제하고 있죠. 물론 워싱턴발 계획들이 항상 변하긴 하지만 선생님은 이런 계획들을 어떻게 평가하시나요? 그리고 이런 계획들과 관련해 어떤 일들이 벌어지리라고 보시나요?

무인 랍바니   미국 쪽 구상에는 두 가지 문제가 있어요. 첫째는 이런 구상을 받아들이도록 이스라엘을 설득할 수 있다고 생각한다는 점이에요. 이들이 이해하지 못하고 있는 것은 이스라엘은 이미 계획이 다 있다는 것이고, 그 계획이란 우리가 가자지구에서 목격하고 있는 것이죠. '그날 이후'를 위한 이스라엘의 계획은, 수단과 방법을 가리지 않고 가자지구 내에서 주민들이 모두 떠나도록 만들 혼란과 무정부 상태를 초래해서 가자지구에 인간이 거주할 수 없도록 하는 것입니다.

그러므로 내심 이스라엘의 이해관계를 최대한 염두에 두고 수립되는 미국의 계획은 이스라엘의 입장에서는 전혀 일말의 관심도 없는 내용이에요. 네타냐후가 집권을 연장하려고 하는 것과도 관련이 없죠. 물론 그러려고 시도하고 있지만 문제는 그게 아니에요. 문제는 바로 우리가 목격하고 있는 상황이 정확히 이스라엘이 계획해온 것이라는 점입니다.

두 번째 문제는, 지적해주신 것처럼 하마스를 먼저 괴멸시키지 않으면 가자지구 내에서 이런 계획을 강제할 수 없다는 것이죠.

이번 위기 초반에 사람들은 이스라엘이 가자지구에서 하마스를 제압할 수도 있을 거라고 예상했지만, 하마스는 팔레스타인 인구가 집중된 모든 곳에 뿌리를 두고 있는 운동이에요. 레바논에도 있고, 이스라엘이 현재까지도 제압하지 못하고 있는 서안지구에도 있죠. 그런데 지난 8개월간 우리가 알게 된 사실은, 이스라엘이 지도에서 보면 우표 크기만한, 365제곱킬로미터밖에 안 되는 가자지구에서 심지어 이 이등second-order 무장 단체조차도 제압할 능력이 없다는 거예요.

그래서 다시 말하자면, 계획은 누구나 세울 수 있겠지만 하마스를 제거하지 않으면 그 모든 계획은 실현되지 못할 거예요.

세 번째로는 아마《포린 어페어스Foreign Affairs》에서 본 걸로 기억하는데, [미국의 외교관이자 작가인] 데니스 로스가 최근 기고한 논문에서 '그날 이후' 구상을 제시하면서 기본적으로 청구서를 여기저기에 내미는 것을 얘기하더라고요.* 사우디아라비아가 이 비용을 내고, 카타르가 저 비용을, 유럽이 다른 비용을 내는 식이죠. 하지만 이 국가들이 불과 5년 후에 같은 일이 다시 벌어지지 않을 것이라는 확신도 없이 이스라엘의 가자지구 파괴에 대한 비용을

---

* (옮긴이주) Dennis Ross, "Israel Needs a New Strategy: Total Victory Is Not Possible—but Demilitarizing Hamas and Stabilizing Gaza Still Are", *Foreign Affairs*, March 13, 2024, www.foreignaffairs.com/israel/israel-needs-new-strategy. 가자지구에서 하마스의 완전한 제거는 불가능하므로 이스라엘과 미국의 전략적 목적이 하마스 제거에서 가자지구의 비무장화로 바뀌어야 한다고 주장하는 글이다. 이 글에서 로스는 가자지구의 재건을 위해서 하마스의 군사 부문만을 괴멸시켜 가자지구에서 팔레스타인인들을 완전히 비무장화 혹은 무장해제시킨 후 사우디아라비아 등 걸프 연안국들과 이집트, 유럽연합 등과 함께 가자지구를 재건하고 팔레스타인자치정부를 개혁해 하마스 대신 일반 행정과 재건 등의 사무를 담당하게 한다는 구상을 제안한다.

집단적으로 부담할 것이라는 생각은 순전히 망상에 가깝죠.

　제가 얘기하고 싶은 점은, 여기서 로스가 이스라엘을 빼고 모든 관련국에 청구서를 내민다는 거예요. 그러니까 이스라엘이 아이티 재건을 위한 주요 책임을 져야 한다고 주장하는 것만큼이나 말이 안 된다는 거죠.

　문제를 만든 데 주요 책임이 있는 당사자는 오히려 이 상황으로 재정적 이득을 보는데, 아무리 이들이 워싱턴의 최측근 동맹이거나 미국의 의존국들이더라도 무슨 근거로 자기들이 만들어내지도 않은 문제를 해결하는 데 수십억 달러를 약속할까요? 즉, 이건 요즘 워싱턴을 좌지우지하는 그림의 떡, 이상한 나라의 앨리스 같은 환상입니다.

헬레나 코번　청구서에 대한 지점이 흥미롭네요. 물론 과거 이스라엘이 가자지구에서 '잔디 깎기'라고 부르던 공격에서도 이것과 똑같았죠. 공격 후에 유럽과 일본이 재건을 위한 재정financing을 담당한다며 등장하고 이스라엘 기업가들은 이런 재건 사업에서 막대한 이익을 취할 겁니다. 그러니 워싱턴에서는 10월 7일 이전 다섯 번의 사례와 똑같이 할 거라고 생각하고 있는지도 몰라요. 그리고 말씀하시는 것처럼 제대로 될 가망은 보이지 않아요.

　'그날 이후'의 대책이라는 측면에서 혹시 해주실 말씀이 있으시다면 미국의 부두 건설*에 대해서도 한말씀 해주시죠.

---

*　(옮긴이주) 미국은 가자지구에 대한 인도적 지원을 막는 이스라엘에 대한 별도 조치 없이 가자지구에 구호물자를 전달하겠다며 2024년 4월 3억 2,000만 달러

무인 랍바니   할 말이 전혀 없습니다. 연기와 거울을 쓰는 마술쇼일 뿐이에요. 주의를 돌리기 위한 위장술일 뿐입니다.

헬레나 코번   저와 같은 시민들의 세금이 3억 2,000만 달러나 들어갔어요.

무인 랍바니   네, 거룩하고 신성한 이스라엘의 집단학살이라는 대의를 위한 거죠. 어찌 불평하겠습니까?

헬레나 코번   네, 잠시 부두 얘길 해봤고요. 이제 외교의 장으로 옮겨가서 팔레스타인해방기구와 팔레스타인해방기구가 관여하고 있는 두 국가안에 대한 하마스의 최근 태도에 대해 살펴봤으면 합니다.

무인 랍바니   그건 두 가지 별도의 문제로 구분해보죠. 먼저 팔레스타인해방기구에 대한 문제가 있습니다. 하마스는 물론 팔레스타인해방기구의 틀과는 독립적으로 설립되었죠. 그런 측면에서는 하마스뿐만 아니라 이슬람지하드까지도 팔레스타인해방기구 안으로 통합하기 위한 과거의 시도들은 실패했습니다. 그 이유가 하마스가 비합리적인 요구를 했다고 보기 때문이든 아니면 팔레

를 들어 가자지구 해안가 앞바다에 부양식 부두를 건설했다. 실제로는 20여 일 정도만 운영되고 날씨로 인한 손상과 수리를 반복하다가 같은 해 7월 철거됐다.

스타인해방기구의 지도부가 이 두 운동 조직을 통합하기 위한 합리적 제의를 진지하게 고려할 의지가 없었기 때문이든 그 시도들은 실패했죠.

이 모든 문제가 그 자체로 중요하고 핵심적이라는 것과는 별개로 현재 상황은 마흐무드 압바스가 공식적인 팔레스타인해방기구의 정치체제를 계속 손에 쥐고 있는 한 전혀 가망이 없다고 생각합니다. 그는 어떤 형태가 됐든 하마스와 권력을 공유하는 것에 동의하지 않을 게 꽤 명확하거든요. 그는 팔레스타인 민족 화해라고 부르는 과거의 모든 시도들을 훼방해왔죠.

하지만 그가 죽거나 무대에서 사라진 이후의 문제는 여전히 하마스가 집단 지도 체제나 의사결정이라는 형태에 기초하여 팔레스타인 국가기구 안으로 스스로 통합되기를 시도할지 여부입니다. 그 국가기구들이 모든 주요 팔레스타인 정치 운동들의 상위 체계로 다시 작동할 수 있게 하기 위해서요. 아니면 하마스가 상승 중인 인기를 정치권력으로 치환해 대안 헤게모니를 형성하려고 시도할까요? 현재로서는 대답하기 어려운 질문인 것 같습니다. 어쨌든 하마스와 파타흐, 그리고 다른 운동 조직에서도 좀 더 영리한 이들이 주도권을 잡아서 정파적 이해보다 민족적 이해를 상위에 두고 어떤 공동의 행동양식modus vivendi에 합의하길 바랍니다. 왜냐하면 저는 팔레스타인의 현실에서 팔레스타인해방기구든, 하마스든, 아니면 누구든 독자적 헤게모니를 세울 수 있다고 생각하지 않거든요.

두 번째 문제인 두 국가 중재안과 관련해서 하마스 지도자들은 사실상 1980년대부터 여러 안에 열려 있었어요. 아흐메드 야신이건 누가 됐건 이들이 이스라엘 교도소에 있을 때에도 하마스 고위 지도부와 진행된 회담에 대한 이스라엘 언론 등의 보도로 알 수 있는 것처럼 두 국가안에 대한 회담이 있었죠. 그리고 하마스는 결국 서안지구와 가자지구에서 이스라엘의 점령 종식과 동예루살렘을 수도로 하는 팔레스타인 국가의 수립이 이루어진다면 무기한 적대행위를 중단하는 안을 수용하겠다는 점을 꽤 명확히 하는 여러 방식을 제안해왔어요.

2017년에는 처음으로 두 국가 중재안이 하마스 운동의 공식적 입장이 됐고, 하마스는 이제 공식적으로 두 국가안을 약속하고 있죠. 그런데 가자지구에 대한 이스라엘의 집단학살 공격 때문에 하마스가 스스로의 약속에 의문을 제기하게 된다고 생각해요. 그럴 수밖에 없겠죠. 그리고 하마스가 현재 전개되는 일들을 두 국가 중재안을 가속화하는 움직임으로 보는지, 이후 자기들의 두 국가안에 대한 공식적인 약속을 강화할지, 아니면 이스라엘 국가와의 평화란 있을 수 없다는 결론을 내릴지, 아니면 이스라엘과 그 주요 국가기구들을 해체해서 전혀 다른 형태의 공존으로 대체해야 한다고 생각할지 확인해보는 건 흥미로울 거라고 생각해요.

라미 쿠리　　예, 저도 같은 주제에 대해 첨언하자면 하마스의 대단히 흥미로운 차원은, 하마스는 이스라엘과 미국이 자신들을 외교 협상 과정에 참여시키는 대가로 요구하는 것을 들어주지 않을 것이라는 점이에요. 팔레스타인해방기구와 아라파트, 그리고 파타흐가 요구에 응했지만 별로 얻은 게 없거든요.

하마스 인사들을 만나거나 그들의 문서를 읽어보면, 상대방이

유엔 결의안의 요구사항을 충족하면 자기들도 똑같이 하겠다고 거듭 답하는 게 흥미롭습니다. 자기들은 일방적인 제스처를 취하지 않겠다는 분명하고 단호한 노선을 채택한 거예요. 저는 이들의 행동이 꽤 놀랍다고 생각해요. 이스라엘 국가와 평화롭게 공존하겠다고까지 말해왔지만, 그들이 제시하는 조건은 몹시 어렵죠. 그런데 그 내용은 팔레스타인 난민들에게 귀향의 권리가 있고 동예루살렘이 팔레스타인의 수도가 된다는 것으로, 사실 국제법이나 유엔 결의안과 같은 방침이에요. 선생님은 하마스가 얘기하는 이런 조건들을 어떻게 이해하시나요? 타협의 여지가 있을까요, 아니면 계속 같은 조건을 고수할 거라고 보시나요?

무인 랍바니　　몇 가지 지점을 말씀드릴게요. 먼저, 말씀하신 것처럼 하마스도 역사를 보는 거죠. 아라파트는 기본적으로 이스라엘과 미국이 원하는 걸 들어줬어요. 그리고 결국 그는 독살됐죠.*

　하마스가 주장하는 두 번째 지점은, 이스라엘에 대한 승인은 국가를 통해 이루어진다는 무척 단순한 이유로 인해 운동 조직으로서의 하마스는 이스라엘을 승인하지 않을 거라는 점입니다. 심지어 오슬로 협정의 맥락에서도 파타흐는 결코 이스라엘을 승인하지 않았죠. 이스라엘을 승인한 것은 팔레스타인해방기구였고, 이스라엘의 정당은 리쿠드당Likud이든 노동당이든 팔레스타인 국

---

*　(옮긴이주) 야세르 아라파트는 2002년부터 2004년까지 2년 이상 라말라의 팔레스타인자치정부 청사에 감금된 채 보냈다. 이후 2004년 10월 말 급격히 건강이 악화돼 프랑스로 이송됐다가 11월 11일 사망했다. 이로 인해 폴로늄 중독 등에 의한 독살 의혹이 이어졌으나 명확히 결론이 나지 않았다.

가는 차치하고라도 팔레스타인해방기구를 승인하라는 요청도 받지 않았어요. 그건 이스라엘 정부의 역할이라고 인식됐으니까요.

하마스가 옹호하는 입장은 최소 2000년부터 20년간은 유지했던 입장인데, 팔레스타인 전체가 해방돼야 한다는 것이죠. 하마스는 아마 '합법적인 팔레스타인 기관을 통해서나 팔레스타인 인민의 국민투표referendum에 근거해서 추인되는 어떤 협정이더라도 받아들이겠다'라고 할 거예요. 그런데 '합법적 팔레스타인 기관'이란 하마스를 포함하는 팔레스타인해방기구를 뜻하는 것이고, 국민투표란 여러 팔레스타인 공동체에서 이루어져야 하는 것이죠. 그래서 이건 말씀하신 것처럼 하마스가 엄격하게 국제법을 준수하는 두 국가안뿐만 아니라 팔레스타인 리더십에 의한 협상을 통해 일부 사소한 타협을 포함하는 안을 받아들일 의지가 있다고 명확한 신호를 보내는 하나의 방식이에요.

하지만 저는 이것도 자기들은 순수성을 지키겠다는 하마스의 소통 방식이라고 생각해요. 그리고 만약 국민투표에서 팔레스타인 인민들이 이에 대해 투표하거나, 팔레스타인민족평의회 등에서 다수결을 통해 팔레스타인의 제도적 기구들이 그 결정을 지지한다면, 그건 하마스가 아니라 거기에 달린 거라는 거죠.

헬레나 코번 예, 저도 여기서 관련된 추가 말씀을 드릴게요. 이 문제의 다른 측면은 협상에 대한 보증sponsorship 문제인 것 같아요. 현 시기, 아니면 지난 50년간을 보더라도 아랍-이스라엘 협상의 주요 보증인으로 누가 미국을 신뢰하겠어요? 이집트는 평화 조약을 통해 자신들의 땅을 돌려받았어요.*

무인 랍바니　　하지만 그러기 위해 1973년 제4차 중동전쟁을 치러야 했죠.

헬레나 코번　　맞아요. 하지만 선생님이 아라파트와 팔레스타인해방기구에 벌어진 일을 언급해주신 부분은 꽤 정확하다고 생각해요. 아라파트가 결국 독살당했을 가능성뿐 아니라, 그가 라말라에 위치한 무카타에 감금되어 생을 마감했다는 점도 분명합니다. 그의 팔레스타인 지지자들은 1994년 아라파트의 서안지구 귀환을 찬양했지만 자기들의 땅을 빼앗기고 일상은 심각하게 악화됐기 때문에, 아라파트가 얻은 게 없다고 하는 거죠.

　　그래서 저는 현명한 사람이라면 미국을 신뢰하지 않을 거라고 생각해요. 반면 유엔이 기존 유엔법과 유엔 헌장을 기초로 중재자로서 주도를 한다면 그건 다른 문제겠지만요.

무인 랍바니　　사실 2006년 하마스가 팔레스타인자치정부 입법기

---

*　(옮긴이주) 이집트는 지미 카터 미국 대통령의 중재로 1978년 이스라엘과 캠프데이비드 협정을 맺어 관계를 정상화하고 제3차 중동전쟁에서 이스라엘에 빼앗긴 시나이 반도를 반환받았다. 그에 앞서 이집트는 시리아와 함께 제3차 중동전쟁에서 빼앗긴 영토를 되찾기 위해 1973년 제4차 중동전쟁을 일으켰으나 성공하지 못했다. 이 협정은 이스라엘과 아랍 국가 간 최초의 평화 협상이라는 의의를 인정받아 안와르 사다트 이집트 대통령과 메나헴 베긴 이스라엘 총리는 1978년 노벨평화상을 공동으로 수상했다. 그러나 동시에 이집트는 아랍의 대의를 배신했다는 비판을 받았다. 가자지구와 서안지구에서 점진적으로 팔레스타인인들의 '자치권'을 인정하기로 한 것은 팔레스타인 당사자를 배제하고 이들의 주권과 자결권을 부정한 결정이었으며 실제로 실현되지도 않았기 때문이다.

구 선거에서 승리했을 때 그런 제안이 있었죠. 당시 예루살렘의 유엔 임무단인 유엔 특별조정관의 수장이었던 알바로 데 소토는 유엔에 그런 역할을 제안한 바 있어요. 미국이 그걸 수용할 리가 없기 때문에 당시 사무총장 코피 아난은 그 제안을 단박에 거부하죠. 데 소토는 사임하면서 이에 대한 상당히 자세한 기록을 남겼는데 이는 상기해볼 가치가 있습니다.*

앞서 보증에 대해 말씀해주신 내용에 전부 동의하지만 하마스가 팔레스타인해방기구에 참여하기 위한 조건으로서 팔레스타인해방기구의 기존 정치 프로그램을 수용하지 않을 다른 이유도 있어요. 먼저 그들에게는 이건 이데올로기적 리트머스 시험지이고 자기들이 무엇인가를 수용하면 결국 더 많은 요구로 이어질 거라는 생각이 있어요. 하지만 더 중요한 점은 하마스의 입장에서는 그게 주요한 전략적 양보라는 거예요. 그리고 하마스는 마흐무드 압바스와 커피 한잔을 하기 위한 대가로 그런 양보를 하지 않을 거예요. 하마스는 그 대가로 역내와 국제 주요 행위자들이 자기들의 역할을 제대로 승인하고 인정해주길 바라죠. 그래서 하마스는 예를 들면 사우디아라비아나 유럽연합으로부터 정당한 행위자로 인정받기를 원합니다.

그게 없으면 저는 하마스가 전략적 중요성을 지닌 추가 입장문을 들고 나올 거라고 생각하지 않아요.

---

* (옮긴이주) 그는 사임하면서 52쪽짜리 '임무 종료' 보고서를 남겼다. 여기에는 팔레스타인에 대한 미국, 유럽, 이스라엘의 제재와 유엔의 중립성을 해치는 미국의 압력을 비판하는 내용 등이 담겨 있다. 다음 기사에서 원문을 확인할 수 있다. www.theguardian.com/world/2007/jun/13/usa.israel.

라미 쿠리　다른 국가들을 언급하시니 제가 질문을 드리고 싶었던 몇 가지 지점으로 자연스럽게 이어지네요. 저항의 축과 하마스의 관계 말입니다. 몇 년 전에는 아랍과 서구에서 시아파 초승달 지대*에 대한 얘기가 많았어요. 수니파인 하마스가 시아파 초승달 지대의 일원이 된 것인가요? 그리고 이들 사이의 관계는 어떤 성격을 가지고 있다고 보시나요? 그리고 이 관계가 하마스의 회복력에 얼마나 중요한가요?

무인 랍바니　저는 무척 중요한 관계라고 생각해요. 그리고 그 관계는 예를 들어 하마스가 이란의 대리인이라는 식으로 규정되면서 잘못 그려지기도 한다고 생각해요. 또한 저항의 축은 역내 국가와 운동 조직의 연합인데, 미국-이스라엘 헤게모니를 반대하고 그 헤게모니를 약화시키기 위한 노력의 일환으로 묶인 공동의 세력이라고 이해해야 한다고 봐요. 하지만 하마스를 보면 이 연합에 거의 마지못해 참여해왔어요. 예를 들어 2001년부터 2011년 정도까지 하마스의 본부는 다마스쿠스에 있었어요. 그런데 하마스는 시리아에서 시리아 무슬림형제단이 금지된 조직이었던 상황에서, 자신들이 광범위한 지역 무슬림형제단 운동의 일부였음에도 불구하고 다마스쿠스에서 시리아 정부와 상당히 잘 공존했습니다.

　그러다가 시리아 분쟁이 폭발하고 하마스는 시리아 정부와 단

---

*　(옮긴이주) 중동 지역에서 시아파 이슬람 신자가 다수를 차지하거나, 인구에서 상당한 비중을 차지하며 정치적 영향력을 행사하는 국가들을 지칭하는 용어.

절했어요. 본부를 다마스쿠스에서 카타르의 도하로 이전했는데, 이를 통해 부분적으로는 사우디아라비아 같은 보수 아랍 군주제 국가들로부터 일종의 보상을 기대했고, 자신들의 결정에 대해 유럽뿐만 아니라 심지어 당시 오바마 행정부로부터도 인정받기를 기대했다고 생각해요.

누구나 예측하실 수 있는 것처럼 이에 대한 대가로 하마스가 얻은 것은 아무것도 없었죠. 반면 이를 통해 하마스와 이란 사이에 파열이 발생했어요. 그리고 거기에 더해 2013년 〔이집트 군부 수장 출신의〕 압델파타흐 시시의 쿠데타 이후에 하마스와 이집트의 관계는 완전히 붕괴했어요.

그리고 이건 주로 가자지구의 하마스 지도자인 야흐야 신와르의 공이라고 말할 수 있을 것 같은데, 2010년대 중반 하마스는 카타르와 튀르키예가 가자지구의 민간 부문과 개발 사업에 대한 자금 조달뿐만 아니라 가자지구에서 망명 지도자들의 입지 강화를 위해서도 상당히 유용할 수 있다는 입장을 취하기 시작했어요. 하지만 이들이 무기를 인도해주지는 않았죠. 군사 훈련이나 군수 지원도 없었어요. 이집트의 경우는, 그 정부에 대해 각자 어떤 생각을 갖고 있건 가자지구와 국경을 맞댄 유일한 아랍 국가입니다. 그러므로 하마스의 태도는 이런 여러 역내 패권국들과의 관계가 자기들의 이념적 선호보다는 필요와 이해관계를 기반으로 해야 한다는 태도로 전환했죠.

그래서 이란과의 경우에는 관계가 분열되지 않았던 헤즈볼라의 도움으로 관계를 개선했고, 별도로 이집트와의 관계도 개선했어요. 이후 심지어 시리아와의 관계도 개선했고요.

그러므로 하마스가 가자지구에서 일정 부분 이란이 시키는 대로 행동하고 있다는 주장은 틀렸다고 생각해요. 과거 팔레스타인 해방기구가 기본적으로 소련의 의제를 진척시키기 위해 행동하는 소련의 대리인으로 격하됐던 것과 비슷하죠.

무인 랍바니　　네, 그렇게 말하는 건 정말, 팔레스타인인들은 스스로를 하나의 민족이라고 부르지만 실상은 그렇지 않다고 말하는 것과 같아요. 더 중요하게는 이들이 부정의에 대해 정당하게 분노하고 있는 게 아니라는 거죠. 이들이 존재하고 이스라엘과 싸우는 유일한 이유는 이 지역에 마음대로 끼어들고 있는 극악한 외부 세력을 대리하기 때문이라는 거예요. 그래서 양도할 수 없는 권리를 가지고 그 권리를 성취하기 위해 외부의 점령에 맞서 스스로의 권리를 행사하는 팔레스타인 민족이 실재한다는 생각은 전부 헛소리라는 거죠. 우리가 상대하고 있는 진실은 소련의 의제고 이란의 의제라는 거예요. 분명 머지않아 중국의 의제라는 얘기도 들릴 거예요.

결론적으로 간략히 말씀드리자면, 하마스가 저항의 축의 일원인 것은 맞습니다. 그런데 이슬람지하드가 훨씬 더 이념적으로 긴밀하게 이란과 제휴하고 있죠. 그건 이슬람지하드가 1980년대에 생겨날 때, 한쪽은 활동이 뜸했던 무슬림형제단 출신으로 이란의 이슬람 혁명에 영향을 받은 반대 세력을, 다른 한쪽은 이집트 지하드 조직을 기반으로 했기 때문입니다. 그래서 어떤 의미에서 하마스는 저항의 축 연합에 한쪽 발은 담그고 다른 쪽 발은 빼고 있습니다.

라미 쿠리　　이란에 대해 얘기하자면, 최근 에브라힘 라이시 대통령의 사망은 향후 전망과 관련해서 의미가 있나요?

무인 랍바니　　우리가 다루고 있는 하마스라는 주제와 관련해서 그럴 것 같진 않아요. 이란의 지난 다섯 명의 대통령을 보세요. 이들은 몹시 다양한 배경과 의제를 통해 등장했지만, 우리가 앞서 얘기한 균열을 제외하고 팔레스타인과 하마스에 대한 이란의 지원은 거의 영향을 받지 않았습니다. 그래서 좀 더 실용파가 됐든 강경파가 됐든, 팔레스타인에 대한 지지와 하마스 같은 팔레스타인 무장 조직에 대한 지원은 다양한 이유에서 변함없는 이란의 지역 정책입니다.

라미 쿠리　　그건 아마도 동맹이 행정부 차원보다 최고지도자와 혁명수비대와 더 밀접하다는 걸 반영하는 건가요?

무인 랍바니　　제가 목소리를 낼 자격이 있다고 생각하지 않는 질문에 제대로 답변을 드리긴 어려울 것 같아요. 하지만 제 인상을 말씀드리자면, 최고지도자나 혁명수비대도 물론 한배를 타고 있지만 이건 그들의 계획이라기보다는 역내 정책에서의 국가 차원 원칙인 것 같아요. 그래서 아야톨라 루홀라 호메이니가 사망하고 알리 하메네이가 뒤를 이었을 때 특별한 변화가 없었고, 최소한 현재도 하메네이가 무대에서 사라지거나 다음 이란 대통령이 혁명수비대와 훨씬 덜 관련되어 있더라도 이 정책이 변화할 거라고 생각할 근거가 없어요.

라미 쿠리 각각의 아랍 정부들과 하마스의 관계도 놀랍죠. 이집 트와 카타르가 협상을 위해 중요하다는 건 명백합니다. 이들이 하마스가 세계와 연결되는 창구가 돼주니까요. 이 지역이나 베이 루트 또는 다른 곳들에 있는 하마스 대표단이 누구와 어떤 접촉 을 하고 있는지는 아무도 알 수 없습니다.

하마스는 비정부 무장 단체로서 아랍 정부들이 가장 두려워하 는 두 가지, 즉 독립적인 운동 세력에 의한 무장 활동과 이슬람주 의를 동시에 상징하고 있는데, 이런 하마스와 정부들 간의 관계 를 어떻게 이해하고 계신가요?

무인 랍바니 거기에 더해 그런 세력이 대중 선거에서 승리했다는 것도 있죠.

라미 쿠리 네, 대중 선거에서 승리했고, 그건 여론조사 등을 통 해 알 수 있는 바와 같이 거리의 아랍 민중 사이에 큰 공감을 불러 일으켰어요. 그래서 들쑥날쑥하달까요, 아니면 그렇다기보다는 조용하지만 조용하지 않은 실제 정부들과 하마스의 외교 관계에 대해 어떻게 생각하시나요?

무인 랍바니 흥미로운 질문이네요. 2013년 이후 이집트의 예를 들어볼까요.

라미 쿠리   또 다른 중요한 주제인 터널이 있기도 한 곳이죠.*

무인 랍바니   네, 그래서 압델파타흐 시시가 이집트에서 무슬림 형제단의 정부**를 축출하는 쿠데타를 통해 권좌에 올랐죠. 물론 하마스도 무슬림형제단의 팔레스타인 지부로 시작했어요. 그러자 이집트 언론은 하마스를 악마화하고 기본적으로 이집트의 모든 병폐를 하마스에 투사하는 광기에 불타올랐어요. 그래서 정말 2013년과 2014년 사이에는 팔레스타인인 전반을, 특히 하마스를 죄악시하는 일정한 캠페인이 있었죠. 그래서 한때는 이집트 군대가 하마스를 축출하기 위해 가자지구로 진격할 것이라는 말이 돌 정도로 관계가 틀어졌어요.

---

*   (옮긴이주) 가자지구 최남단인 라파흐와 이집트 사이의 국경을 따라 있는 길이 14킬로미터, 폭 100미터의 필라델피 회랑(혹은 필라델피 통로)은 가자지구의 경계에서 유일하게 이스라엘과 맞닿아 있지 않은 지역으로 이스라엘은 이집트와 1978년 체결한 캠프 데이비드 협정을 위반하며 회랑을 재점령했다. 이 회랑을 따라 이집트와 연결된 다수의 터널이 있는 것으로 추정되는데, 2024년 휴전안 협상 과정에서 이스라엘은 이 지역의 터널을 통해 하마스가 무기를 공급받고 있다며 필라델피 회랑에서 철수하지 않을 것임을 못박아 휴전안이 좌초됐다. 그러나 이 터널들은 완전 봉쇄된 가자지구로 생필품 등이 전달되던 숨구멍이기도 했다. 이스라엘은 2025년 초 이뤄진 휴전안에서도 휴전의 2단계에서 필라델피 회랑을 포함한 가자지구에서 완전히 철수하기로 했으나 휴전은 2단계로 이어지지 않았다.

**   (옮긴이주) 당시 대통령이었던 무함마드 무르시가 무슬림형제단과 밀접하게 연계된 자유정의당의 대표였다. 자유정의당은 명목상으로는 독립된 정당이나, 이집트에서 무슬림형제단의 활동이 금지돼 있어 2011년 이집트 혁명 이후 무슬림형제단이 창당한 정당이다. 이들은 같은 해 총선에서도 최대 의석을 차지하였으나, 쿠데타를 거치며 2014년 정당이 강제로 해산됐고 현재는 지하에서 활동 중인 것으로 알려져 있다.

반면에 그러고 나서 하마스는 이전까지 끊임없이 정당성이 없다고 비난하던 이집트 정부와의 적대 관계를 개선하고, 시나이반도의 반군 세력과 관련해서 이집트 방위군과 긴밀히 협력하기 시작했어요. 반군 일부가 가자지구로 도피를 시도한다는 보도가 있기도 했지만, 동시에 카이로의 이집트 지도부도 가자지구에서 하마스 통치의 대안은 마흐무드 압바스나 팔레스타인자치정부가 아닐 거라는 점을 깨닫기 시작했어요. 총체적 혼돈이 될 공백 상태가 펼쳐지거나 특정한 형태의, 말하자면 가자지구에서 ISIS와 같은 형태의 통치가 이루어지거나 둘 중 하나일 거라는 점을 깨달은 거죠. 그래서 실용적인 생각의 수렴이랄까요, 이집트 정부와 하마스 모두 자기들의 이웃을 교체할 수 없다는 것, 자기들이 선호하는 대안이 실현될 기미가 없다는 것, 그리고 서로를 상대할 방법을 마련해야 한다는 것을 깨닫게 된 거예요. 이집트가 또다시 가자지구에서 이스라엘과 하마스 사이의 중재자가 된다는 전제하에서요.

한편 터널과 관련해서 말해보죠. 점점 더 살인적인 방향으로 가고 있는 이스라엘의 봉쇄라는 맥락에서 보자면, 이 터널은 단순한 터널이라기보다 외부 세계와 연결되는 가자지구의 생명줄이 됐습니다. 제가 여기서 봉쇄에 대한 세부 내용을 말씀드리진 않겠습니다만, 그건 이미 잘 알려져 있죠.

그리고 이 터널들은 특히 이집트에서 호스니 무바라크 정부가 전복된 이후부터 시시가 권력을 잡기 전까지는 주로 상업적 성격을 띠었어요. 모든 종류의 상품, 심지어 가축과 자동차, 그리고 사람까지 가자지구에 드나드는 데에 이 터널을 이용했다는 측면에서요. 그러므로 이 터널이 외부 세계와 연결되는 가자지구의 생명줄이었던 거죠. 그리고 2014~2015년에 이집트는 이스라엘 및 미국과 긴밀히 협력해서 상업 터널을 거의 궤멸시킨 온갖 종류의 장벽을 세우는데, 그게 하마스의 군사 터널에도 영향을 준 것으로 보여요.

하지만 제가 생각하기에 하마스는 좀 더 복잡하고 훨씬 더 탐지하기 어려운 여러 개의 터널을 자체 인력과 무기의 이동을 위해 유지하고 있는 것 같아요. 그리고 저는 이스라엘이 현재 라파흐에서 하고 있는 것처럼 이스라엘-가자지구 경계 지역을 탈환함으로써 이를 제거할 수 있다고 생각하지 않고, 이스라엘이 노력하더라도 그 터널들은 여전할 거라고 생각합니다.

헬레나 코번　　다음 두 질문은 하나로 합쳐서 드릴게요. 첫 번째 차원은 세계적으로 하마스를 지원해주는 다른 국가들과 하마스의 관계입니다. 저는 10월 7일 이후에도 하마스와의 관계를 오히려 강화하고 있는 것으로 보이는 튀르키예, 말레이시아, 남아공, 러시아, 중국을 비롯해 전 세계의 여러 나라를 생각해봤어요.

무인 랍바니　　지금 언급하신 모든 국가는 팔레스타인해방기구를 팔레스타인 민중의 유일하게 합법적인 대표기구로 공인하고 있죠. 또한 각자 일정 정도 하마스와 관계가 있기도 해요. 하지만 저는 이들의 주요 외교관계가 여전히 공식적인 팔레스타인 리더십과 이루어진다고 주장해요. 예를 들어 러시아의 경우 하마스와 외교 관계가 있죠. 하마스 지도부가 여러 차례 모스크바를 방문해왔고요. 하지만 러시아는 자기들의 팔레스타인 정책이라는 더 포괄적인 틀 안에서 하마스와의 관계를 유지해요.

제가 아는 바로는 팔레스타인해방기구와의 관계를 희생해가며 하마스와의 관계를 수립하려는 국가는 없어요. 그래서 남아공이 현재 국제사법재판소에 이스라엘을 상대로 제소한 집단학살 사건을 예로 들면, 하마스와 아무런 관련이 없는 건이에요.

남아공이 제출한 서류를 직접 읽어보면, 10월 7일 민간인에 대한 공격을 감행한 하마스를 공개적으로 규탄하고 있죠. 그래서 다시 한번 말하자면 이건 각 국가가 팔레스타인이나 중동, 이스라엘에 대한 포괄적 정책의 맥락에서 행동하고 있는 거예요. 제가 이 질문에서 빠뜨린 부분이 있을까요?

헬레나 코번　　제가 질문을 드리려고 했던 부분은 이런 외부 국가들이 하마스와 파타흐를 규합시킬 가능성이 있는지의 문제였어요. 러시아와 중국이 노력하는 것을 봤지만, 누구도 성공하진 못했어요.

무인 랍바니　　네, 러시아와 중국이 회의를 소집해왔죠. 그리고 결과는 밋밋한 공동선언 정도였어요. 여기에는 두 가지 이유가 있다고 생각해요. 첫 번째는 앞서 논의한 것처럼 마흐무드 압바스가 있는 한 어떤 합의도 타결되고 실행되지 않을 것이기 때문이에요. 압바스, 아니면 최소한 파타흐 지도부가 공식적으로 동의해서 과거 하마스와 타결된 합의가 있어왔지만 압바스는 이후 다시 미국의 이해관계나 자신의 본능에 따라 이것을 방해했죠.

그리고 두 번째 이유는 앞서 논의한 내용과 이어지는데요. 이집트가 스스로를 이 협상과 합의의 관리자로 보고 있다는 거예요. 그리고 하마스는 가자지구-이집트 국경에 특히나 압도적인 중요성이 있는 상황에서 이집트의 화를 돋우고 싶어 하지 않기 때문에 이집트 체제 밖에서 합의를 이루는 데에 몹시 소극적이라고 생각해요.

헬레나 코번　　무척 흥미로운 지점을 지적해주셔서 감사합니다. 가자지구에서의 저항의 동력으로 인해 서구에서 초래된 분열에 대해서도 조금 얘기해주시면 좋을 것 같아요. 서구에서의 분열의 측면에서는 이번 주에도 팔레스타인 독립 국가를 인정한 서구 국가들이 있었고, 국제형사재판소International Criminal Court, ICC* 검사의 조치도 있었죠. 제가 국제형사재판소를 보는 관점은 서구 유럽의……

무인 랍바니　　국제백인재판소International Caucasian Court죠.

헬레나 코번　　네, 그렇습니다.

---

* 　(옮긴이주) 국제형사재판소는 2002년 7월 발효된 '국제형사재판소에 관한 로마규정'에 따라 국제 사회 공동체의 가치에 반하는 4대 중대범죄(집단학살죄, 인도에 반한 죄, 전쟁범죄, 침략범죄)를 저지른 개인을 소추하고 처벌하는 것을 목적으로 네덜란드 헤이그에 독립적으로 설립된 상설 국제 재판소다. 로마규정을 비준한 125개 회원국에 관할권을 행사할 수 있다. 반면 국제사법재판소는 국제법에 따라 유엔 회원국 간의 법적 분쟁을 해결하는 유엔의 사법기관으로 사건 당사자는 '개인'이 아니라 '국가'라는 차이가 있다.

무인 랍바니   아니면 '아프리카용 국제형사재판소'나 다름없어요.*

헬레나 코번   예, 그런데 이 문제가 여러 주요 서유럽 국가들과 미국 사이의 진짜 분열을 유발해왔어요. 서구도 지금 분열을 겪고 있다는 거죠.

무인 랍바니   글쎄요, 과장하지 말죠. 이제 겨우 유럽의 노르웨이, 아일랜드, 스페인, 스웨덴이 팔레스타인을 인정한 거잖아요. 서구 전체로 보면 약 35~40개 국가들에서 4개국인 거죠. 반면 서구 밖의 국제 사회를 보면, 팔레스타인의 국가 지위를 인정하지 **않는** 나라가 많아봐야 비슷한 숫자일 거예요. 그래서 이 네 나라들에 박수를 보내지만, 저는 현 단계에서 이런 상황을 서구 내부의 중대 분열이라고 부르진 않을 것 같아요.

---

*   (옮긴이주) 국제형사재판소와 국제사법재판소로 대표되는 국제 사법 제도를 통해 미국과 유럽 등 강대국들과 관련된 국제 범죄가 제대로 다뤄지지 않으면서 이 체제가 결과적으로 글로벌 남반구, 특히 아프리카와 관련된 국제 범죄에만 집중하게 됐다는 이중 기준과 '아프리카에 대한 편견Africa bias' 비판이 있다. 특히 국제형사재판소의 경우는 2002년 개소한 이래 기소한 54명의 개인 중 47명이 아프리카인이었다. 한편 국제형사재판소는 "실행 가능성과 예산 제약"이라는 이유로 2020년 영국군이 이라크에서 저지른 전쟁범죄와 2021년 아프가니스탄에서 미군이 저지른 전쟁 범죄에 대한 조사를 "우선순위에서 제외"하기로 결정하기도 했다. 자세한 내용은 다음 기사를 참조하라. Melissa Hendrickse, "A Chance for Africa to Counter the Pitfalls of International Criminal Justice?", *Amnesty International*, April 22, 2024, www.amnesty.org/en/latest/news/2024/04/a-chance-for-africa-to-counter-the-pitfalls-of-international-criminal-justice/.

훨씬 더 중요한 서구 내부의 중대 분열이 있지만, 저는 그건 여론과 정치 계급 사이에서 커지는 간극인 것 같아요. 많은 유럽 국가들에서 이 현상을 몹시 강하게 느낄 수 있고, 미국에서도 점점 증가하는 것을 볼 수 있죠.

제가 생각할 때 진정한 간극은, 이스라엘에 대한 불처벌 원칙에 철저히 매여 이스라엘의 행동에 책임을 지우는 것이 국제법하 최악의 범죄라고 생각하는 정치 계급, 그리고 점점 더 주입되는 내용에 기초해서가 아니라 이스라엘의 있는 그대로의 모습을 보고 그들의 실제 행동에 기초해서 이스라엘을 판단할 준비가 되어 있는 대중 여론 사이의 간극 같아요.

헬레나 코번　　답변 감사합니다. 이제는 참여자들과의 질의응답으로 바로 가볼까요. "모두에게 평등한 권리를 보장하는 단일 민주 국가*에 대한 하마스의 입장은 무엇인가요?"

무인 랍바니　　하마스가 최초로 창설됐을 때의 입장, 그러니까 말하자면 초기에 하마스가 둔 수는 팔레스타인 전체가 이슬람 영

---

*　(옮긴이주) 역사적 팔레스타인에서 이스라엘과 팔레스타인이 두 국가로 공존하는 것(두 국가안)이 아니라 하나의 국가가 만들어진다는 의미다. 두 국가안이 완전히 실현되더라도 귀환권 등 팔레스타인인들의 권리를 제대로 보장하지 못한다는 한계 때문에. 역사적 팔레스타인에서 민족정체성과 종교 등을 떠나 모두의 권리를 보장하는 하나의 민주국가가 수립되는 단일 국가안이 바람직한 해결책이라는 의견이 있어왔다. 한편 정반대의 의미에서 이스라엘 시온주의자들의 궁극적인 지향도 역사적 팔레스타인 땅에서 팔레스타인이 완전히 사라지는 일종의 단일 국가안이다.

토, 즉 와크프라는 것이었어요. 또한 팔레스타인 전체는 온전히 아랍 국가만이 아니라 무슬림 국가가 돼야 하고 거기서는 비무슬림들도 평화롭게 공존할 수 있다는 것이었죠. 그런데 오늘 얘기한 대로 현재 하마스는 두 국가 중재안을 지지하고 있어요. 전통적인 단일 민주 국가안에 대한 하마스의 정확한 관점에 대해서 저도 무지하다고 말씀드려야 할 것 같아요. 1980년대 채택했던 입장과는 다른 단일 국가 중재안을 언급하는 입장을 발표한 적이 있는지 모르겠네요. 저는 말 그대로 잘 모르겠습니다.

헬레나 코번　오슬로 협정 이전에 세속적 민주 국가를 지향하는 팔레스타인해방기구의 계속된 요구에 대한 잠재적 의견 대립이 있었다고 생각해요. 그리고 하마스는 거기에 항상 반대해왔죠.

무인 랍바니　네, 다시 말씀드리자면 제가 아는 한 하마스가 수용한 단일 국가 해법은 팔레스타인인이건 이스라엘인이건 평화롭게 살 수 있는 이슬람 국가 해법이에요. 그러고 나서 이스라엘 인구에서 누가 합법적 거주자로 정의되는지에 관한 여러 측면이 있죠. 하지만 이건 모두 1980년대 후반과 1990년대로 거슬러 올라가는 얘기고 이후 새로운 입장으로 대체됐어요.

헬레나 코번　어제 가자지구의 한 언론인이 "신의 뜻대로Inshallah 우리가 이기고 있어요"라는 얘기를 자기에게 했다며 질문하셨네요. 이 참가자분은 이스라엘이 지고 있다고 일부 군사 전문 분석가들이 주장한다는 것도 얘기하셨는데요. 선생님은 어떤 의미에서건 이스라엘이 전쟁에서 지고 있다고 생각하시나요?

무인 랍바니   저는 그 대신 이스라엘이 실패하고 있다고 얘기할게요. 그리고 아마도 넓은 차원에서, 우편엽서 크기의 영토에서 주로 현지에서 생산한 무기를 갖춘 이등 무장조직을 상대로 한 이스라엘의 실패는 패배로도 볼 수 있고 그렇게 보이겠죠. 하지만 저는 넓은 차원에서 가자지구 전체를 돌무더기 잔해로 만들어버리고 있다는 간단한 이유 때문에, 이스라엘이 군사적으로 패하고 있다는 관점보다는 이스라엘이 군사 목표를 전혀 달성하지 못한 채 실패하고 있다는 관점에 더 초점을 맞추고 싶어요. 이미 수만 명의 사람들을 죽였어요. 그리고 현재로서는 가자지구의 팔레스타인 군사력이 이스라엘을 국경 밖으로 몰아내고 텔아비브까지 진격하는 것은 불가능하죠.

하지만 여전히 이스라엘이 실패하고 있을 뿐만 아니라 계속 실패할 것이라고 결론지을 온갖 강력한 이유가 있죠. 제 생각으로 이스라엘에 더 중요한 점이 있어요. 하마스가 헤즈볼라, 후티 등과 함께 2023년 10월 이후 해낸 것은 이스라엘의 취약성을 증명해 보인 것뿐만 아니라 이스라엘을 상대로 한 다중 전선의 소모전multi-front war of attrition이라는 확실한 군사적 선택지가 있을 수 있다는 걸 다시 한번 보여준 거예요. 이것이야말로 이스라엘에 무척 중요한 주제죠.

라미 쿠리   지금 말씀하신 내용과 제가 앞서 지적한 부분을 연결하기 위해 제가 잠시 말씀드릴게요. 특히 미국에서 시작된 전 세계의 대학가 시위로 인해 서구에서 현재 일어나는 일 중 하나는 이스라엘을 군사적으로 돕는 투자를 철회하는 운동*이 무척 빠르게 커지고 있다는 거예요. 일련의 항의 운동 중에서 가장 빠르게 커지는 부분인 것 같아요. 저는 캠프 시위대 학생들을 만나서 이들과 함께 점심을 먹은 적이 있었는데 좀 놀랐고, 상당히 인상 깊다고 느꼈어요. 이 내용이 중심 의제라는 게 놀라웠는데, 꽤 성공적으로 진행돼온 것 같아요. 이게 이스라엘에 겁을 줄까요?

무인 랍바니　　이스라엘에 겁을 주겠죠. 저도 똑같이 놀랐어요. 요즘 집회 참여자들은 이스라엘을 가자지구 집단학살 공격의 측면에서 바라볼 뿐 아니라 아파르트헤이트 국가로 봅니다. 이런 점에서 이들은 부분적으로 남아공의 아파르트헤이트에 맞섰던 미국과 서구 대학에서 벌였던 과거 대규모 캠페인의 선례를 따르는 것 같아요. 과거 대학생들의 캠페인 역시 남아공의 현실 그 자체에 대해 시위를 한다기보다는, 대학 행정 당국이 대학의 투자와 남아공의 현실이 직접적으로 연관되어 있다는 점을 인정하도록 압박하는 것이었죠.

*　(옮긴이주) 불법 점령, 아파르트헤이트, 집단학살 등 이스라엘의 국제법 위반 행위를 중지시키기 위해 거기에 공모한 기업을 보이콧, 투자 철회하고 국가 차원에서 이스라엘을 제재할 것Boycott, Divestment and Sanctions을 촉구하는 국제적 비폭력 저항 운동인 BDS 운동BDS Movement이 2005년부터 진행되어왔다. 인텔, HP, 디즈니, 셰브론 등 공식 보이콧 대상 기업들뿐만 아니라 맥도날드, 코카콜라, HD현대건설기계 등에 대한 비공식 보이콧을 실시하며 그 외에도 문화 및 학술 교류 중단 등 다양한 방법을 실천하고 있다. 또한 이스라엘에 포괄적 무기 금수 조치를 부과하는 등 이스라엘과의 모든 군사, 외교, 경제 관계를 단절해 국제법을 준수할 것을 각국 정부에 요구하고 있다. 공식적으로 팔레스타인 BDS 전국위원회가 주도하고 있고, 한국에서도 팔레스타인평화연대가 함께하고 있다.

결국 그것은 투자 철회 캠페인이라는 형식으로 이어졌고, 분명 지금의 상황과 연결된다고 생각합니다. 그리고, 그래요, 완전한 불처벌을 누려온 이스라엘에는 먼 시골에 있는 작은 대학에서 책임을 묻겠다는 기미만 보여도 마치 지진이 난 것처럼 크게 느껴지겠죠.

헬레나 코번   한 참가자께서 이스라엘이 국제형사재판소의 판결로 확립될 수도 있는 도덕적 등가성equivalency 주장에 대해 꽤 격분했다면서, 그럼 하마스는 국제형사재판소의 결정을 어떻게 보는지 질문하셨습니다.*

무인 랍바니   하마스도 정확히 그 부분을 지적했는데, 그들의 입장은 국제형사재판소의 검사가 (그들의 표현을 빌리자면) 억압자와 희생자를 함께 기소하는 터무니없는 오류를 범했고, 외세의 점령에 대한 정당한 저항과 그 집단학살 및 점령 사이에는 어떠한 등가성도 없다는 거예요. 물론 국제형사재판소의 검사나 여러 법률 전문가들은 도덕적 동등성을 부여하려는 시도는 전혀 없었다고 하겠죠. 단순히 이 무력 충돌의 모든 당사자들에게 동일한 국제법 기준, 즉 로마규정**을 적용했을 뿐이라는 거죠.

그 점에 어느 정도 일리가 있지만, 동시에 저는 카림 칸이 국제

---

*   2024년 5월 20일 국제형사재판소의 검사장은 이스라엘 총리 베냐민 네타냐후와 국방장관 요아브 갈란트와 함께 하마스 지도자 세 명에게 체포 영장을 청구했다.

**   (옮긴이주) 182쪽의 국제형사재판소에 대한 옮긴이주를 참고하라.

형사재판소에 검사로 취임한 이래로 계속 그래왔듯이 정치적으로 행동하고 있는 것도 분명하다고 생각합니다. 팔레스타인인 세 명과 이스라엘인 두 명을 함께 구속하려 한다는 걸 어떻게 설명할 수 있나요? 그의 의도적인 결정이었다고 생각해요. 확인 가능한 보도에 따르면 10월 7일 공격의 계획과 실행 어디에도 관여하지 않은 하마스의 명목상 지도자인 이스마일 하니예에게는 체포 영장을 청구하고, 가자지구에는 기본적으로 결백한 팔레스타인인이 없다는 소름끼치는 성명을 발표한 이츠하크 헤르초그 이스라엘 대통령에 대해서는 일언반구도 안 한다는 것을 어떻게 설명할 수 있나요?

네타냐후와 갈란트에 대한 기소장을 보면, 예를 들어 이스라엘 참모총장이나 미국이 사랑해마지않는 전시 내각의 베니 간츠 같은 사람들이 이들 둘만큼 연루되지 않았다고 생각하는 것은 불가능하거든요.

그래서 법이 정치보다 위에 있다는 생각은 환상이라고 생각해요. 하지만 이 경우 카림 칸은 몹시 유의미한 정도로 법에 정치를 주입하는 데에 성공했어요. 그가 2014년부터 '팔레스타인에서의 상황'으로 불린 사건*과 관련해서 모든 종류의 로마규정 위반에

---

*　(옮긴이주) 2021년 3월 국제형사재판소는 '팔레스타인에서의 상황situation in Palestine'이라는 이름의 건으로 팔레스타인에서 2014년 6월부터 자행된 전쟁범죄에 대한 수사를 개시한다고 발표했다. 2014년 6월 하마스와 파타흐는 협상 끝에 민족 통합 정부를 구성하고, 같은 달 서안지구에서 이스라엘 소년 세 명이 실종 및 살해당하자, 이스라엘은 이것이 하마스의 소행이라고 주장하며 7월부터 50일간 대규모 폭격 등 전면전을 감행했는데(제3차 가자전쟁), 위 사건은 그때부터의 사태에 대한 조사이다. 이스라엘 지도자들에 대한 체포 영장이 발부된 것

대해 수년간 수사해왔다면 특히 그렇다고 할 수 있어요. 하지만 그에게도 역사는 10월 7일에 시작하는 거죠.

헬레나 코번　　정말 고맙습니다. 아쉽게도 이제 시간이 남지 않은 것 같네요. 두 분께 다시 한번 깊이 감사드립니다. 참석해주신 모든 분들이 많은 것을 배울 수 있는 귀한 시간이었습니다.

무인 랍바니　　정말 고맙습니다.

라미 쿠리　　서구 언론과 정치권, 중동 일부 지역에서도 너무 많이 들리는 억측과 무모한 공격에 대한 해독제가 될 놀라운 양의 지식과 통찰, 사실관계를 알려주셨네요. 선생님, 고견을 나눠주셔서 정말 고맙습니다.

헬레나 코번　　다음 대담에는 런던에 본사를 둔 알히와르Al-Hiwar(아랍어로 '대화'라는 뜻) TV 채널의 편집장인 아잠 타미미 박사님이 전문가 게스트로 참석하십니다.

도 이 사건에 대한 수사의 일부로 이루어진 것이다.

5장

아잠 타미미
박사와의
대담

헬레나 코번　오늘〔2024년 5월 30일〕은 현재 진행 중인 이스라엘의 가자지구 집단학살이 시작된 지 230일째 되는 날입니다. '하마스에 대한 이해와 그것이 중요한 이유'라는 대담 시리즈의 다섯 번째 시간에 오신 모든 분들을 진심으로 환영합니다.

　오늘 대담의 형식은 조금 다를 거예요. 전문가 게스트가 단순히 하마스 운동에 대한 학세 선문가가 아니라 여러 시점에 하마스 지도부에 상당히 가까이 계셨던 분이거든요. 아잠 타미미 박사는 런던에 본사를 둔 알히와르 TV 채널의 편집장입니다. 그리고 아잠 박사님은 이슬람 정치사상, 이슬람 운동, 서아시아 정치와 관련된 문제의 전문가이자 이 주제들에 대한 호평을 받은 저서를 여러 권 쓴 저명한 작가입니다. 아잠 박사님이 2007년 쓴 하마스 관련 저서는 영국에서는 《하마스: 쓰지 못한 이야기》라는 제목으로, 미국에서는 《하마스: 내부로부터의 역사》라는 흥미로운 제목으로 출간됐습니다.

　아잠 타미미 박사님, 런던에서 오늘의 대담에 함께해주셔서 영광입니다. 하마스 운동에 관해 하마스와 가까운 관계를 유지해온 이력을 가진 분의 진지하고 솔직한 답변을 들을 수 있는 기회를 간절히 원하는 사람이 많습니다.

아잠 타미미 박사　　정말 고맙습니다. 저도 함께할 수 있어 기쁘고, 이번 대담에 초대해주셔서 고맙다는 말씀을 드립니다.

헬레나 코번　　저희도 고맙습니다. 웨비나의 청중들에게 아잠 박사님에게 드릴 질문을 미리 받았는데요, 이번에는 JWE 이사회 회원들에게서도 질문을 받았습니다. 먼저 수합해둔 질문들을 먼저 드린 후에, 저와 라미 쿠리, JWE 이사회 회원이 함께 대담에 참여하려고 합니다.

대담에 참여하는 이사회 회원들을 소개해드립니다. 먼저 미국과 전 세계에서 활동하는 베테랑 시민권·정치권 운동가이자 현재 거주 중인 플로리다 대학교의 아프리카계 미국인 종교 및 이슬람학과 명예교수인 궨덜린 조하라 시먼스입니다.

조하라는 미국노년협회의 창립 회원이자, 학생 비폭력 조정위원회의 레거시 프로젝트와 시민언론센터의 이사회 회원입니다. 조하라, 함께할 수 있어서 정말 영광이에요.

조하라 시먼스　　저야말로 영광이에요.

헬레나 코번　　조하라는 본인과 본인 전남편의 인생을 담은 책《자유에 머무네: 한 가족의 여정을 통해 보는 흑인민권 운동의 오랜 역사Stayed on Freedom: The Long History of Black Power through One Family's Journey》의 저

194

자이기도 합니다.

오늘 함께해준 JWE 이사회 회원 릭 스털링은 수년간 반식민주
의 투쟁과 국제 관계의 여러 측면에 대해 많은 신중한 연구와 집
필을 해왔습니다. 그리고 캘리포니아의 마운트디아블로 평화정
의센터의 이사장이자 센터의 미주 지역 대책위원회를 이끌고 있
습니다. 또한 로스무어 지역 팔레스타인의 정의를 위한 목소리의
회원이자 시리아연대운동 운영위원회의 위원이기도 합니다.

릭, 오늘 함께할 수 있어 기쁘네요.

릭 스털링　　저도 기쁩니다.

헬레나 코번　　그리고 세 번째 JWE 이사회 회원이자 팔레스타인
인권 운동의 오랜 지도자 역할을 해온 노라 배로우즈 프리드먼을
소개합니다.

노라는 수년간 캘리포니아 버클리 지역 라디오 방송국인 KPFA
라디오의 탐사 뉴스 프로그램인 〈폭발점Flashpoints〉의 선임 프로듀
서이자 공동 진행자였어요. 하지만 이제는 〔팔레스타인계 미국인 언론
인〕 알리 아부니마와 〔팔레스타인-이스라엘 문제를 집중적으로 다루는 온
라인 뉴스 사이트〕《일렉트로닉 인티파다》의 팀과 함께하는 작업으
로 더 잘 알려져 있죠. 특히 가지지구에서 벌어지고 있는 집단학
살에 관한 중요한 생방송을 진행하고 있습니다.《우리 힘으로: 팔
레스타인의 정의를 위해 조직된 미국 학생들In Our Power: U.S. Students Or-
ganized for Justice in Palestine》이라는 선견지명이 돋보이는 책의 저자이기
도 합니다.

라미 쿠리　　그럼 아잠 박사님, 시작해볼까요. 먼저, 박사님이 아는 선에서 10월 7일 이스라엘 남부에서 이스라엘의 경계를 뚫고 실제 군사 작전을 이끈 알카삼 여단 전투원들의 의도는 무엇이라고 보시는지, 또 그에 대해 어떻게 생각하시는지 여쭤볼 수 있을까요?

아마도 그 사건보다 전 세계에서 더 많은 추측을 불러일으킨 사건은 없는 것 같아요. 그리고 목적이 정확히 무엇이었고 어떻게 해석돼야 하는지 이해하는 것이 중요하죠.

아잠 타미미 박사　　하마스 지도자들과 제가 대화했던 내용들을 통해 제가 이해하고 있는 바에 의하면 그들은 이번 공격이 이렇게 큰 작전이 될 거라고 예상하지는 못했던 것 같아요. 정착촌을 보호하고 안전을 확보하려는 목적으로, 주로 가자지구 주변에 배치된 이스라엘 부대의 군인 일부를 포로로 잡아 팔레스타인 수감자들과 교환하려는 의도였던 거죠.

팔레스타인 수감자, 말하자면 팔레스타인 포로, 아랍어로는 알우스라 문제는 매우 중요한 문제입니다. 가자지구나 서안지구에서 이스라엘에 의해 수감된 가족이 한 명도 없는 팔레스타인 가정은 거의 찾을 수 없기 때문에, 이건 사실 대부분의 팔레스타인인들에게 더없이 중대한 문제예요. 또한 포로 교환 없이 이스라엘이 수감자들을 석방하도록 할 수 없다는 것도 경험을 통해 알고 있죠. 그래서 이번 공격의 의도와 주된 이유는 거기 있습니다.

물론 여기에 기여한 다른 요인들도 있죠. 가장 분명한 요인은 가자지구가 2007년부터 17년 동안 포위 상태였고 주민들이 심히 고통을 받고 있었다는 점이에요. 이스라엘은 가자지구 주민들이 마땅히 누릴 수 있어야 하는 삶을 불가능하게 만든 상태로 이들에게 겨우 생명을 부지할 수 있을 정도의 식량만을 제공했죠.

라미 쿠리　　박사님은 '하마스 전투원들이 유대인과 이스라엘을 증오하고 그들을 파괴하길 원하기 때문에, 보이는 모든 사람에게 잔혹행위를 저지르기 위해 의도적으로 거기에 간 것'이라는 이스라엘의 비난을 어떻게 해석하시나요? 이런 관점은 얼마나 맞는다고 할 수 있나요?

아잠 타미미 박사　　10월 7일에 발생한 일에 대한 이스라엘의 주장이 틀렸다는 것은 계속 입증돼왔죠. 이는 가자지구에 대한 보복 조치를 정당화하기 위한 의도적인 왜곡이었다는 사실도 점차 명백해지고 있습니다. 그리고 우린 지난 8개월에 가까운 기간 동안 이러한 상황이 벌어지고 있는 걸 목격하고 있죠. 알자지라는 이에 대해 훌륭한 다큐멘터리를 제작했는데, 여기서 이스라엘 사람들과 전 세계의 여러 전문가들, 하마스 활동가들과 지도자들, 여러 목격자들이 모두 영아에 대한 참수나 강간 같은 것들이 전혀 없었다는 걸 증언했고 심지어 당일의 참상 중 일부는 사실 다음 두 가지의 결과라는 것도 증언했어요.[*]
　첫째, 인질 구출 작전 중이던 이스라엘군은 민간인 군중에게

---

[*]　(옮긴이주) Al Jazeera, "October 7: Al Jazeera Investigations", March 20, 2024, www.youtube.com/watch?v=_0atzea−mPY.

발포하기 시작했는데, 특히 하마스의 공격이 일어난 바로 그날 진행되고 있던 댄스 페스티벌 참가자들이 많은 피해를 입었습니다. 당일 총상을 입은 대다수의 사람들은 무장 헬기의 공격을 받은 거거든요. 인질들이 있던 키부츠* 내 일부 가옥들은 사실 이스라엘 자국의 탱크에 의해 포격을 받았죠.

그리고 당일 가자지구로 끌려간 대다수의 인질은 알카삼 전투원들에 의해 끌려간 게 아니에요. 담장이 무너지자 경계를 넘고 조상들의 고향 땅에 발을 밟을 수 있게 되어서 다소 의기양양해진 평범한 시민들에 의해 끌려갔습니다. 오늘날 가자지구 거주민의 대다수는 실상 1948년 점령으로 인해 이스라엘 국가의 땅이 된 곳에 원래 살던 이들의 후손이라는 점을 기억할 필요가 있으니까요. 그래서 이들은 고향으로 돌아가는 것이었고, 그 와중에 상당히 무질서한 방식으로 행동한 거였죠.

알 카삼 연대에 대해 제가 알고 이해하는 바에 따르면 이들은 굉장히 기강이 잘 잡혀있어요. 그들 책임이라고 일컬어지는 일부 행위는, 만일 정말로 발생한 것이라면, 사실은 그들이 아니라 아마도 다른 이들에 의한 것일 거예요.

라미 쿠리　　그럼 민간인의 경우는 어떤가요? 살해당하거나 가자

---

*　(옮긴이주) 사회주의와 시온주의를 결합한 노동시온주의를 철학적 배경으로 하여 자발적 공동 소유제를 채택한 이스라엘의 집단 농업 공동체다. 사유재산을 인정하지 않고 공동 소유·공동 육아·공동 식사·직접민주주의를 원칙으로 운영된다. 가자지구와 서안지구 주변에도 많으며 역사적으로 이스라엘 건국 전부터 유대인들의 토지 소유 확대는 키부츠를 통해 이뤄진 경우가 많았다.

지구에 포로로 끌려간 이스라엘 민간인들이요. 이들이 의도적으로 표적이 되었는지, 아니면 당시 혼란스러운 상황 속에서 가자 지구에서 넘어온 무장 세력이 이스라엘 교도소에 수감된 8,000명의 팔레스타인인들과 교환할 목적으로 인질들을 납치한 것인지에 대한 확인된 정보나 입증된 사실이 있는지 궁금합니다.

아잠 타미미 박사　　제가 이해한 바에 의하면 당시 표적은 군대나 군대에 복무 중인 사람들이었어요. 물론 당시는 아주 이른 아침이었고 이들 간부들과 사병들 다수는 민간인 복장을 하고 있었죠. 다수는 자고 있었고요.

　그렇지만 제가 이해하기로는, 가자지구로 끌려간 민간인 중 일부, 특히 여성, 아동, 노인은 이 지역으로 넘어간 평범한 이들에 의해 끌려간 거예요. 하마스에 최대한 공정하게 말하자면, 이스라엘이 온갖 종류의 주장을 하고 하마스는 방어적 위치로 몰렸기 때문에 하마스는 첫째 날부터 국제 위원회의 진상조사를 요구했어요.

　하마스는 국제 위원회를 보내서 진상을 조사하게 하라고, 우리가 잘못한 게 있다면 책임을 지겠다고 했어요. 하지만 실제로 그걸 거부한 건 이스라엘이었고, 이스라엘은 가자지구를 무너뜨리기 위해 계속 그날 사건을 이용하고 있죠.

라미 쿠리　　좋습니다. 세부 쟁점을 마지막으로 하나 여쭤보면, 만약 [민간인이 아니라] 이스라엘 군대만을 표적으로 하는 이런 공격이 있다면, 그건 국제법상 합법적인 것으로 인정되나요, 아니면 여전히 용납되지 않는 건가요?

아잠 타미미 박사　　안타깝게도 국제법 자체가 너무 모호해요. 정부 대표 등과 같이 공식적인 자격으로 국제법에 대해 말하는 대부분의 이들은 다른 이들에게 국제법을 준수하라고 하면서 정작 자기들은 그 내용을 지키지 않죠. 하지만 어쨌든 문제는 이야기가 어디서 시작하는지에 달린 것 같아요.

이 땅이 팔레스타인 땅이라면, 그리고 가자지구의 사람들이 그 땅의 원주민들이라면, 국제법에 따라 이들은 싸워서 자기들의 땅을 해방시킬 모든 권리가 있죠. 팔레스타인과는 아무런 상관도 없고 유럽 자체의 이유 때문에 유럽에서부터 이 지역을 침략한 사람들이 팔레스타인 사람들에게서 뺏은 땅을 해방시킬 권리요.

최근까지도 세계는 팔레스타인의 입장을 자세히 들어보지 않으려 했죠. 팔레스타인의 입장에서 이스라엘은 서구의 군사적 전초기지입니다.

그리고 거의 모든 이스라엘인들은 성인이 되면 이스라엘군에서 복무하고 계속해서 여러 해 동안 예비군으로 복무하죠. 저는 법률가가 아니고 국제법 전문가도 아닙니다만, 팔레스타인인으로서 제 어머니가 1948년 쫓겨난 베르셰바의 집은 제 집이라고 말씀드릴 수 있어요. 그리고 제가 죽을 때까지 그렇게 주장할 것이고, 제 자녀들과 그 애들의 자녀들 역시 계속 그렇게 요구할 겁니다.

그럼 여기서 국제법은 어떤 입장일까요? 전문가들에게 들어볼 필요가 있겠죠.

라미 쿠리   네, 릭 스털링에게 질문 기회를 넘기도록 하겠습니다.

릭 스털링   타미미 박사님, 국제형사재판소 검사장은 이스라엘 지도자 두 명과 하마스 지도자 세 명에 대한 체포 영장을 청구했는데요. 이에 대해 어떻게 생각하시나요? 이 결정을 공정하다고 할 수 있을까요?

아잠 타미미 박사   하마스는 침략자와 피해자를 동일시하는 것과 같다며 불공정한 결정이라고 대응했죠. 하지만 저 개인적으로는 왜 검사가 하마스 인사들의 이름을 요청서에 추가했는지 이해할 수 있어요. 소위 국제 사회, 특히 미국의 입맛에 맞게 하고 싶었겠죠. 여전히 미국에도, 이스라엘에도 받아들여지지 않았지만요.

하마스는 이미 세계적으로, 많은 아랍 국가들에서도 활동이 금지되어 있기 때문에 그건 실질적이라기보다는 아마 좀 더 상징적인 조치겠죠. 하마스 지도자들은 이미 해외에 가지 않아요. 이집트로 초청받는다면 아마 이스마일 하니에 정도가 유일하게 여행을 고려하는 인물일 거예요. 저는 하마스와 관련해서는 이집트도 신뢰할 수 있다고 생각하지 않아요. 그 외에는 모하마드 데이프나 야흐야 신와르는 가자지구에 있죠. 그러니 검사는 팔레스타인과 관련해서 대단히 비판적인 서구에 영장이 좀 더 용납할 만하게 보이길 원했다고 생각해요.

릭 스털링   박사님은 10월 7일 작전의 영향을 인도적 차원과 정치적 차원에서 어떻게 평가하시나요?

아잠 타미미 박사 공격이 발생한 당일 몇몇 분들이 베트남의 구정 대공세와 비교한 글이 10월 7일 공격을 가장 잘 묘사했다고 생각해요. 솔직히 말씀드리면 저는 당시 구정 대공세에 대해서 잘 몰라서 자료를 찾아보고 공부하게 됐죠. 1968년 구정 대공세가 있었을 때 저는 고작 열다섯 살이었으니까요. 구정 대공세는 어떤 면에서 게임 체인저였더군요.

이게 하마스가 우리에게 전달하고 싶었던 핵심이에요. 베트남의 구정 대공세가 미국의 개입에 대한 세상의 인식을 바꾸고 종국에는 베트남에서 미국의 철수로 이어졌던 것처럼, 10월 7일 공격도 전 세계가 이 갈등을 인식하는 데 심대한 영향을 주고 있기 때문입니다. 이 갈등은 그간 종교 갈등, 세력 간 갈등, 영토에 대한 갈등, 아랍이나 이슬람의 반유대주의가 야기한 갈등이라고 그려지던 갈등 말입니다. 이제 젊은이들, 특히 미국과 전 세계의 대학생들은 도서관으로, 온라인으로 가서 정보를 찾아보고, 이들 중 상당수는 인생에서 처음으로 이 갈등이 사실상 이전까지 내내 묘사되던 것과 완전히 다르다는 것을 발견하고 있죠. 그리고 이 역시 서양의 제국주의가 추구하던 바를 달성하기 위한 서구의 또 다른 식민주의 프로젝트라는 것과 여기에서 팔레스타인인들은 시작부터 내내 희생자였다는 것도요.

저는 이게 대단히 중요하다고 생각합니다. 그것뿐만 아니라 저는 가자지구 인민들에게 가해지는 집단학살 때문에 시작된 이들과의 연대는 현재의 세계 질서에 대한 혁명으로 서서히 전환하고 있다고 생각합니다. 워싱턴, 런던, 파리, 베를린, 그 외 서구의 지도자들이 젊은이들에게 똑똑히 보여준 세계 질서, 그러니까 위선과 이중 잣대에 기초한 세계 질서, 민주주의와 인권 담론이 몹시 배타적이고 선택적이라는 점을 증명해 보인 그 세계 질서 말예요. 이런 상황은 단순히 가자지구에서 벌어지는 일에 대한 의견을 표명하려 했다는 이유만으로 학생들과 맞서고 있는 바로 그 세계 질서의 정당성을 질문하게 만듭니다.

릭 스털링　　　고맙습니다. 박사님은 가자지구의 팔레스타인 사람들이 하마스에 투표했거나 하마스를 지지해서 지금의 고통을 스스로 초래했다고 말하는 사람들에게 어떻게 대응하시나요?

아잠 타미미 박사　　　그건 식민주의에 맞선 어떤 투쟁에도 할 수 있는 말이죠. 아마 베트남의 경우에 대해서도 그렇게 말했을 거예요. 해방될 때까지 프랑스에 맞서 132년간 싸웠던 알제리의 경우에 대해서도 그렇게 말했습니다. 아파르트헤이트에 맞서 투쟁한 남아공의 다수 흑인들에게도 그렇게 얘기했고요. 1980년대로 돌아가서 로널드 레이건과 마거릿 대처가 넬슨 만델라를 테러리스트라고 불렀던 걸 기억해보세요. 대처는 심지어 만델라가 영국 땅을 절대 밟지 못하게 할 것이라고까지 맹세했죠! 그러고 나서 남아공의 민중들이 승리를 거뒀을 때의 결과는 여러분들이 보셔서 알잖아요.

인민이 자유를 위해 투쟁하고 있는 모든 갈등 상황에는 동일한 원칙이 적용됩니다. 저는 그렇게 말하는 분들에게 돌아가서 이 갈등의 역사에 대해 읽어보고 팔레스타인인들에게 어떤 일이 있었는지 스스로 찾아보라고 말하고 싶어요. 팔레스타인 민중들은 점령에 저항하고 외세의 침략에 저항할 모든 권리가 있어요.

릭 스털링   정말 고맙습니다. 다음으로 조하라가 질문을 해주세요.

조하라 시먼스   고맙습니다. 박사님은 현재 항구적인 휴전의 가능성을 어떻게 보시나요?

아잠 타미미 박사   팔레스타인인들은 가능하면 영구 휴전을 원하죠. 그걸 허용하지 않는 것이 이스라엘이고, 이들은 미국과 유럽의 지원을 확신하고 있는 것 같아요. 물론 요즘에는 휴전을 요구하는 새로운 목소리가 더 많이 들리지만, 이들도 이번 전쟁의 초기 몇 개월간은 그러지 않았죠. 저는 네타냐후가 이스라엘의 의사결정을 관장하고 있는 한 우리가 휴전을 볼 가능성은 매우 낮다고 생각합니다. 이 자는 이스라엘의 패배나 실패로 인식되는 상황이 자기 정치 경력의 종말로 이어진다는 걸 잘 알고 있어요. 그는 사실 스스로의 정치 경력을 위해 자기 나라의 인민들, 그리고 가자지구의 인민들과 싸우고 있죠. 현재까지는 휴전의 가망이 보이지 않네요.

조하라 시먼스   다음 질문은 미국에 있는 우리에 대한 것인데요. 대통령 선거가 있는 올해〔2024년〕미국에서 바이든 대통령이 영구 휴전에 대한 전 지구적 요구에 응할 가능성에 관해 어떻게 보시나요. 박사님은 희망이 보이시나요?

아잠 타미미 박사　　바이든이 국내적 압력에 무릎을 꿇을 경우에만 가능하겠죠. 저는 미국 내부의 압력이 매일 커지고 있다고 이해하고 있어요. 하지만 물론 여태까지 바이든은 변화의 조짐조차 전혀 보이지 않고 있고요. 트럼프가 가자지구와 미국 내 팔레스타인 지지자들에 대해, 그리고 이 문제와 관련해서 자신이 대통령이 되면 어떻게 할지에 대해 목소리를 높이는 상황에서 오히려 바이든이 더 친이스라엘 입장을 취하도록 밀어붙일 수도 있어요. 그러므로 지난 8개월간 우리가 목격해온 것을 근거로 말씀드리면 저는 그리 낙관적이지 않아요.

헬레나 코번　　그런데 휴전이 결정되더라도 이를 실제로 하마스가 존중할 것이라고 어떻게 신뢰할 수 있을까요?

아잠 타미미 박사　　하마스는 이슬람 운동입니다. 이슬람교의 영향을 받죠. 이슬람에서는 누군가가 계약을 맺으면, 그 사람은 종교적 의무로서 계약 사항을 이행해야 해요. 먼저 계약을 위반하거나 훼손하는 사람이 되어서는 안 됩니다. 이건 제가 제 책에서 과거 정전truce 사례들, 비공식적 정전 사례들을 인용하며 설명했는데요. 2007년, 2008년 초까지 합의사항을 파기한 것은 항상 이스라엘이었고, 하마스는 그런 경우가 단 한 차례도 없었습니다.

헬레나 코번　　2023년 11월에 일어난 일도 같은 사례인가요? 사실 정확히 기억이 나지 않는데, 무척 성공적인 7일간의 휴전이 있었다가 깨졌죠.

아잠 타미미 박사   네, 이스라엘이 먼저 깼어요. 같은 상황입니다.

헬레나 코번   그럼 하마스는 유엔 안전보장이사회가 전체적으로 가자지구에서 이스라엘의 전쟁을 끝내기 위해 휴전을 감독하길 선호한다고 생각하시나요? 안보리에서 미국의 거부권 행사를 어떻게 극복할 수 있을까요?

아잠 타미미 박사   극복할 수 없습니다. 안보리는 세계에서 가장 비민주적인 기구입니다. 안보리에서는 소위 국제 사회의 일부 회원국이 통제되지 않는 권력을 갖고 있습니다. 오늘날의 국제 사회가 미국과 그 동맹국만 있고, 나머지는 아무도 없는 것처럼요.

안보리 상임 이사국들이 결의안에 대한 거부권을 갖는 한 아무것도 이룰 수 없고 유엔을 통한 정의란 불가능하죠. 유엔 총회가 뭘 정하건 그게 아무런 의미가 없기 때문에, 유엔 총회 전체가 무의미해요.

헬레나 코번   짧은 추가 질문을 드릴게요. 아시다시피 저는 잉글랜드에서 자라서 제가 어렸을 때 1956년 수에즈 위기*가 있었는데, 이

*   (옮긴이주) 수에즈 위기 혹은 제2차 중동전쟁은 이집트에서 범아랍주의, 아랍사회주의, 비동맹 노선을 주창하던 나세르 대통령이 1956년 수에즈 운하를 국유화하고 이스라엘 선박의 통항을 통제하자 같은 해 10월 이스라엘이 수에즈 운하의 운영을 주도하던 영국, 프랑스와 연합하여 이집트를 침공했던 사건이다. 영국은 당시 수에즈 운하 운영권을 갖고 있었으며 이집트가 중동에서 자신의 입지를 약화시킬 것을 우려했고, 프랑스의 경우 나세르가 당시 프랑스 식민지였던 알제리의 민족해방전선을 지원하자 이를 우려했다. 연합군은 1주일 만에 시

건 영국, 프랑스와 이스라엘이 가말 압델 나세르 이집트 대통령을 전복시키기 위한 시도였죠. 그리고 당시 미국은 거기에 반대했고요.

그래서 영국과 프랑스는 당시 안보리에서 거부권을 행사했어요. 미국은 그들의 거부권을 경제적 압박을 통해서 무력화할 수 있었죠. 현재 국제 질서에서 가까운 시일 내에 비슷한 일이 일어날 가능성이 있다고 보시나요?

아잠 타미미 박사   곧 그렇진 않겠지만 미래에 분별 있고 공정한 행

나이 반도 전체를 점령했지만, 미국은 이들이 초강대국인 자신들과의 협의 없이 군사행동을 감행한 것에 분개하여 이례적으로 소련과 협력하며 연합국을 압박했다. 두 초강대국이 연합군의 즉각 철수를 요구한 유엔 총회 결의안을 통과시키고 미국은 경제 원조 중단 등의 보복을, 소련은 핵무기 사용 등 직접 군사 공격을 경고하자 연합군은 휴전에 합의하고 철수했다. 수에즈 위기는 양차대전 이후 세계의 패권이 영국, 프랑스에서 미국, 소련으로 완전히 넘어갔음을 보여주는 상징적인 사건으로 기록되며, 나세르는 이후 중동에서 범아랍주의의 영웅으로 부각됐다.

한편 제2차 중동전쟁은 강대국 간의 갈등으로만 논의되는데 팔레스타인의 관점에서 보자면 전쟁에 영향을 미친 누구도 팔레스타인 민족의 자결권을 존중하지 않았고 자신들의 이해관계에 따라 행동했다. 당시 이집트, 요르단 등 팔레스타인 주변 아랍 국가들은 나크바부터 줄곧 팔레스타인 난민들을 억압하며 이중적 태도를 보이고 있었고 이스라엘은 수에즈 위기 전후로 가자지구 등지에서 대규모 민간인 학살과 공격을 자행했다. 이스라엘 건국에 찬성한 미국과 소련이 당시 이스라엘을 압박했던 것도 전후 중동에서 자신들의 영향력을 고려해서 내린 결정이었다. 이 시기 팔레스타인인들의 경험에 대해서는 다음의 책을 참고하라. 라시드 할리디, 앞의 책, 127~144쪽. 다음은 당시 가자지구에서의 민간인 학살을 다룬 그래픽 노블이다. 조 사코, 《팔레스타인 가자 지구 비망록》, 정수란 옮김, 글논그림밭, 2012.

정부가 미국을 이끄는 시점을 꿈꿔볼 순 있겠죠. 아마도 부정의가 아니라 정의의 편에 서는 정부를요. 하지만 현재 상황을 봐서는 그럴 가능성은 없어 보입니다.

노라 배로우즈 프리드먼　　아잠 박사님, 고맙습니다. 미국과 이스라엘 정부 사이에는 휴전이 됐을 때, 그러니까 소위 '그날 이후'가 어떠해야 하는지를 두고 공공연한 의견 차이가 있어왔는데요. 박사님은 이런 갈등을 심각하게 보시나요, 아니면 단순히 쇼일 뿐이라고 생각하시나요? 당연히 이스라엘과 미국은 전쟁에서 이기는 게 먼저겠고요. 그런 일이 곧 있을 것 같진 않지만요.

아잠 타미미 박사　　워싱턴과 텔아비브 사이의 의견 차이는 실재합니다. 저는 심각하다고 하기보다는 실재한다고 말씀드릴게요. 그리고 그건 워싱턴이 사실상 현재 상황과 관련해 팔레스타인인들에게 공감하기 때문이 아니라, 이스라엘의 미래가 두려워 이스라엘 현 정부에 동의하지 않는 이들이 있기 때문이죠.

이들은 네타냐후가 이스라엘과 시온주의 기획과 관련해 어떤 짓을 할지를 걱정하는 겁니다. 개인적으로 최근 팔레스타인을 국가로 인정한 유럽 국가들의 결정도 동일한 우려에서 나온 거라고 생각합니다. 네타냐후에 맞선 결정이지 팔레스타인을 위한 결정이 아니에요. 제가 팔레스타인인으로서 말씀드리자면 그들이 팔레스타인을 국가로 인정하든 안 하든 팔레스타인의 대의명분에는 아무런 문제가 없거든요.

실질적으로는 아무런 의미도 없죠. 우리에게 문제는 국가가 있느냐 없느냐가 아니에요. 문제는 점령으로부터, 그리고 우리가 고통받아온 외세의 침략으로부터 해방되는 것이죠. 저는 제 어머니의 집을 돌려받길 원하고, 점령된 것이 1948년이든 1967년이든 절대로 팔레스타인 땅 어느 곳에서도 점령의 정당성을 인정하지 않을 거예요. 하지만 보세요. 워싱턴과 유럽 국가들에는 소위 종교적 시온주의의 부상을 진심으로 우려하는 이들이 있죠. 이는 광신적인 형태의 시온주의로, 시온주의를 창시한 세속적 무신론자들도 예상하지 못했을 겁니다. 당시 이 창시자들은 유럽과 미국의 종교 공동체로부터 비판을 받았어요. 그러니 이건 이스라엘에 대한 우려죠.

노라 배로우즈 프리드먼　　관련된 내용인데, 미국은 어떤 형태로든 휴전 이후에 파타흐, 즉 팔레스타인자치정부 세력과 함께 미국과 이스라엘이 가자지구를 관리하는 걸 조력해줄 아랍 국가 연합을 모으고 싶어 하는 것 같아요. 정말 믿기 힘든 계획이죠. 다시 말하지만 일단 먼저 전쟁에서 이겨야겠지만요. 박사님은 이런 것이 실현 가능하다고 생각하시나요? 아니라면 왜 그럴까요?

아잠 타미미 박사　　아랍어에는 "이미 시도됐던 걸 다시 시도하는 자는 제정신이 아니다"라는 속담이 있죠. 사고 능력에 문제가 있다는 얘기예요. 오슬로 협정이 체결된 1993년뿐만이 아니라 저는 1948년부터 이런 것에는 이골이 났어요. 문제의 본질이 논의되지 않는다면, 항상 새로운 세대에 저항의 투사들이 있을 거예요.
　한번 들어보세요. 제 할아버지는 영국에 맞서 싸웠고, 제 아버지는 시온주의자들에 맞서 싸웠죠. 저희 세대와 제 자녀 세대들은 이제 현재의 시온주의 체제에 저항하고 있어요. 이건 계속될 거예요. 지금은 그들이 가자지구를 거의 완전히 불태워버리고 전체 기반시설을 파괴해버렸죠. 그리고 팔레스타인 자치기구 세력 일부를 몰래 들여오려 했어요. 하지만 성공하지 못했어요.

가자지구 인민들은 적이 누군지 알고 있기 때문에 그들이 실패한 거예요. 그 적은 하마스가 아니죠. 바로 이스라엘의 점령과 그 점령을 지원하는 세력입니다.

노라 배로우즈 프리드먼   또한 팔레스타인자치정부는 그 점령의 하청기업이죠.

헬레나 코번   제가 팔레스타인정책조사연구소에서 정말 놀라운 걸 확인해서 여기서 잠시 끼어들게요. 실제로 2023년 12월과 2024년 3월 사이 가자지구의 여론조사에서 하마스의 지지율은 상승했습니다.*

아잠 타미미 박사   거기에 한마디 덧붙이고 싶습니다. 서구의 정책 결정자들과 주류 언론이 어떤지 아시죠. 저는 주류 언론이 더 이상 정보의 유일한 출처가 아니라서 정말 다행이라고 생각해요. 이제는 수많은 대안 수단과 도구 덕분에 지식과 교육에 대한 독점이 종말을 고했고 세상은 훨씬 더 계몽됐죠.

*   이 책의 〈부록 6〉을 참조하라.

하지만 일반적으로 정책결정자들과 소위 주류 언론의 기자들은 이 갈등을 마치 하마스라는 비주류 집단과 이스라엘 사이의 갈등인 것처럼 묘사해요. 가자지구가 됐든, 서안지구가 됐든, 디아스포라가 됐든, 전 세계에 있는 팔레스타인 아이들에게 가서 물어보세요. 팔레스타인인들은 무슨 일이 벌어졌는지 알고 있어요. 자기 할머니, 할아버지에게 무슨 일이 있었는지 잘 알고 있죠. 전말을 알고 있다니까요. 이건 하마스만의 문제가 아니에요.

하마스를 궤멸시키더라도, 하마스가 사라지더라도, 아주 가까운 미래에 다른 무언가가 새로 생길 거예요.

라미 쿠리　수년간 주로 이스라엘 교도소에 수감된 여러 팔레스타인 운동의 구성원들이 주도해서 파타흐, 하마스, 인민전선과 많은 소그룹 등 전체 팔레스타인 정계를 통합하고 단결된 단일 민족 리더십을 만들기 위한 많은 논의를 해왔습니다. 약 15년 전에는 팔레스타인에 그런 리더십이 있기도 했고요. 하지만 이스라엘은 그들과의 협상을 거부했어요. 이스라엘은 항상 팔레스타인인들이 분열되어 있어서 협상할 수 없다고 얘기해요.

야세르 아라파트하의 하마스도 팔레스타인인들이 동의하고 협상한 것이라면 따르겠다고, 지지하겠다고 하는 때도 있었죠. 하지만 그렇게 통일된 팔레스타인 민족 운동이 존재했을 때도 이스라엘은 대화를 거부했어요. 앞으로 신뢰할 수 있고 합법적인 단일 팔레스타인 정치 리더십을 재건하려는 노력이 얼마나 실현 가능할지에 대한 박사님의 견해가 궁금합니다.

아잠 타미미 박사　네, 맞아요. 계속 노력이 있었죠. 그리고 팔레스타인인들을 규합하고 통합하려는 움직임은 계속될 거라고 확신해요. 하지만 진짜 문제는 그럼 무엇에 대해 연합하느냐예요. 이거야말로 문제죠. 그리고 이건 각자가 공평하게 나눠 가질 케이크 조각을 자르는 것 같은 문제가 아니에요. 오히려 신념이 문제죠. 어떤 신념에 동의하거나 동의하지 않는 문제예요. 그 신념은 뭘까요? 그 신념이란 팔레스타인이 침략자들에게 점령당했고, 우리 팔레스타인인들에게는 조국을 되찾기 위해 투쟁할 모든 권리가 있다는 것이죠.

"그건 불가능해. 우리는 우리나라를 해방시킬 수 없어. 우리는 조국을 되찾을 수 없으니 그들이 우리에게 주려는 것이나 받아들이고 말아야지"라고 말하는 일군의 팔레스타인인이 있다면, 그게 사실은 오슬로의 실체였던 겁니다.

그건 진정한 분열이었어요. 그런 것에 동의하는 건 불가능해요. 야세르 아라파트가 자신의 오슬로 계획은 잘못됐다는 걸 깨달았을 때, 우리들은 일종의 통합에 다다르고 있었어요. 특히 아라파트가 2000년 캠프 데이비드 회담에서 돌아와서 클린턴과 에후드 바라크가 자신이 도저히 받아들일 수 없는 안을 강요하고 있다는 걸 깨달았을 때 그랬죠. 그리고 팔레스타인 측은 공통된 비전을 갖게 되었습니다. 이게 중요한 거예요. 우리는 비전에 대한 통일이 필요하죠. 의회에서 얼마나 많은 의석을 가지고 있느냐, 팔레스타인자치정부에서 얼마나 많은 의석이 있느냐가 중요한 게 아니에요. 팔레스타인의 비전이 무엇인가가 중요한 것이죠. 주요 의견 차이는 이겁니다.

라미 쿠리　　그래서 만약 하마스와 다른 팔레스타인 운동 조직들이 단일 민족 운동을 재창출하고, 과거에도 그랬던 것처럼 이스라엘과 협상해서 심지어 타협을 통해 이스라엘의 옆에서 팔레스타인 국가로 함께 살아가는 구상을 제출한다면, 그리고 특정 문제들이 해소된다면, 박사님은 하마스가 장기 영구 평화 합의안을 통해 1967년 경계선 안에서 이스라엘 국가와 공존하려 할 거라고 생각하시나요? 이 질문을 드리는 이유는 이에 대해 엄청 많은 논의가 있기 때문이에요.

하마스와 팔레스타인인들은 그저 이스라엘을 말살하려 한다는 것이 서구에서 그들에게 반대하는 주요 근거 중 하나예요. 과거 팔레스타인해방기구와 파타흐, 그리고 심지어는 하마스도 최근에는 여러 차례 자신들은 협상과 공존의 의지가 있다고 밝혀왔음에도 말이에요.

그러니 박사님은 인접 국가로서의 공존 문제에 관한 하마스의 입장을 어떻게 이해하고 계신지 분명히 해주실 수 있을까요?

아잠 타미미 박사　　하마스는 2006년 총선에 참여한 이래로 이전에는 상상할 수도 없었던 새로운 입장을 발전시켰죠. 바로 현 상태에 대한 공식적인de jure 인정이 아니라, 사실상의de facto 인정이라고 사람들이 말하는 거예요. 현 상태는 물론 이스라엘이 우리의 조국에 존재하는 것을 의미하죠. 그걸 받아들이진 않지만 팔레스타인 국가가 그 옆에 존재할 수 있다면 이스라엘과 함께 살 수 있다는 거예요.

그리고 이건 정치 부문 의장으로서 칼리드 마슈알의 마지막 프로젝트였던 2017년 문건을 통해 완결됐죠.

하지만 이게 문제가 아니에요. 사람들은 항상 팔레스타인인들이 이스라엘에 대해 어떻게 생각하는지 밝히길 원하죠. 결코 이스라엘에 팔레스타인인들에 대해, 팔레스타인에 대해 어떻게 생각하는지 묻지 않아요. 라빈과 같은 '평화주의자들peaceniks'의 시기에도 이스라엘이 가장 관심 있었던 것은 팔레스타인해방기구를 이스라엘이 평화롭고 안전하게 살 수 있게 하는 데에 조력하는 협력 기관으로 만드는 것이었어요. 순전히 그게 전부였죠.

반면 팔레스타인인들의 열망과 염원, 꿈 따위는 존재하지 않았어요. 저에게 개인적으로 질문하신다면, 하나는 팔레스타인으로 불리고, 다른 하나는 이스라엘이라고 불리는 두 개의 국가가 존재하게 되는 상황을 달성할 가능성은 몹시 낮다고 생각해요. 그리고 그건 팔레스타인인들 때문이 아니죠. 그건 시온주의자들, 그리고 시온주의 기획이 전개되는 방식 때문이에요.

현재 이스라엘의 책임 있는 자들은 가자지구를 한두 번도 아니고 필요하다면 세네 번도 잿더미로 만들 수 있는 권한을 신에게서 부여받았다고 믿어요. 그리고 자기들이 뭔가 선하고 환상적인 일들을 하고 있다고 믿고 있어요. 일부 팔레스타인인은 이스라엘의 생존권을 인정하는 데 동의하겠지만, 이스라엘은 팔레스타인인의 생존권이 어디서도 없다고 믿습니다. 그러므로 진정한 화답은 없었던 겁니다.

1993년부터 1998년까지 팔레스타인 국가가 만들어질 예정이었죠. 그런데 그 대신에 팔레스타인 전체가 사라졌어요. 이제는 서안지구 거의 전체를 불법정착민들이 빼앗았고, 불법정착민들의 수와 정착촌도 증가하고, 토지 몰수도 증가하고 있죠. 제 고향인 알칼릴(헤브론)과 나머지 서안지구에 우리 동포들이 있는데, 너무나 하찮은 이유로 그들의 집이 허물어지고 있어요. 그러니 이게 문제라는 겁니다. 문제는 팔레스타인인들에게 있는 게 아니라 그 반대편에 있어요. 그리고 저는 이제는 세계가 그 측면에서 노력을 해야 한다고 생각합니다.

릭 스털링　　타미미 박사님께서도 잘 아시다시피 하마스가 유대인을 죽이려 한다는 비난이 항상 있죠. 이에 대해 논평해주실 수 있을까요? 그리고 그것과 대비해 박사님은 하마스의 진정한 적이 누구라고 생각하는지, 그리고 시온주의 이데올로기를 어떻게 이해하고 계신지도요.

아잠 타미미 박사　　1988년 하마스가 그런 인상을 주는 헌장을 들고 나왔던 때가 있었죠. 헌장은 기본적으로 이 싸움은 종교에 대한 것이고, 유대인들이 문제라는 식의 인상을 줬어요. 그리고 사실 그건 큰 실수였습니다. 저는 제 책에서 한 챕터 전체에 걸쳐 그 헌장을 비판하기도 했어요. 전 그게 하마스에 있었던 최악의 일이라고 생각해요. 사실 그렇게 됐던 건 당시 대다수의 하마스 지도자들이 수감 중이었고, 헌장을 책임진 것은 단 한 명의 인사였기 때문이에요. 한 사람이 헌장을 작성하고 배포했죠.
　하지만 하마스의 지도자들과 구성원들에게 묻는다면, 이 문제에 관한 분명한 비전이 있어요. 이것은 무슬림과 유대인 간의 전쟁이 아니라는 거죠. 종교 전쟁이 아니라는 거예요. 유대인들은 여러 세기 동안 중동 전체에 걸쳐 기독교도들과 무슬림들과 함께 살았어요. 사실 가장 오래된 공동체인 유대교 공동체와 기독교 공동체는 평화적 공존의 공식이 있기 때문에 이 지역에서 함께 살아왔죠.

문제는 시온주의와 함께 시작해요. 그리고 하마스 지도자들은 이제 이것을 잘 이해하고 있다고 생각해요. 그걸 잘 표현하지는 않죠. 어쩌면 심지어 그걸 표현할 기회가 없을지도 몰라요. 매일 주류 언론에서 하마스 지도자들을 얼마나 인터뷰하나요? 최근에 스위스의 한 신문사에서 칼리드 마슈알을 인터뷰하려 했는데, 그 신문사 기자들은 인터뷰가 잘 될 거라는 걸 설득하기 위해 경영진과 싸워야 했죠.

하마스 사람들은 자신들의 진정한 믿음이 무엇인지 국제 사회에 말할 기회도 제대로 갖지 못해요. 심지어 저 같은 사람에게도 쉽게 꼬리표가 붙으니까요. 저는 하마스 구성원이 아니고 하마스에서 어떤 자리를 차지한 적도 없지만 제가 하마스에 대한 책을 썼고 하마스를 세상에 알리려고 노력하기 때문에 대다수의 서구 주류 언론은 저를 인터뷰하거나 초대하지 않을 거예요. 생각해보세요. 지난 8개월간 저 같은 사람들이 방송에 나갔어야죠! 하지만 어느 곳에서도 저를 초대하지 않았습니다. 주류 언론은 뭔가 다른 서사를 가진 사람들에게 공간을 내주는 걸 두려워해요.

현재 하마스가 공식적으로 채택한 서사는, 이건 시온주의와의 싸움이지 유대인들과의 싸움이 아니라는 거예요. 하마스 지도자들은 네투레이 카르타 쪽 근본주의 유대교 대표단과도, 그리고 세속 유대인 대표단과도 접견해요. 유대인들과 문제가 없죠. 반대로 저는 현재 무슬림이든, 유대교도든, 기독교도든, 무신론자든, 불교도든, 시크교도든 종교와 무관하게 인본주의에 기초해서 팔레스타인의 정의를 지지하는 이들 사이의 연합을 요청하고 있어요. 우리가 정의를 믿는다면 아파르트헤이트나 베트남에서의 미국 제국주의, 알제리에서의 프랑스 식민주의에 맞선 싸움처럼 팔레스타인은 정당한 대의를 가지고 있습니다.

릭 스털링　　정말 고맙습니다. 남아공은 국제사법재판소에서 이스라엘을 집단학살로 제소하면서 무척 중요한 역할을 해왔죠. 이스라엘과 시온주의를 남아공의 아파르트헤이트와 비교해서 논평해 주실 수 있을까요? 그리고 남아공의 아파르트헤이트가 어떻게 무너졌는지와 박사님은 팔레스타인에 대해 무엇을 희망하고 있는지에 대해서도요.

아잠 타미미 박사　　시온주의 이데올로기를 자세히 살펴보면, 유대인이라는 이유만으로 선주민들을 희생시키면서까지 이 땅에 정착할 권리를 신이 부여했다고 주장하는 것이 인종주의적 이데올로기임을 알 수 있습니다. 이는 남아프리카공화국의 아파르트헤이트 제도와 본질적으로 유사합니다. 아파르트헤이트는 피부색 때문에 사람을 차별했죠. 시온주의는 종교적 지향으로 타자를 차별합니다. 이스라엘에 현존하는 법들이 어떤지 보세요. 유대인을 위한 법과 비유대인을 위한 법이 따로 있죠.*

---

*　(옮긴이주) 현재 이스라엘에서는 유대인과 비유대인을 차별하는 70여 개의 법이 시행되고 있다. 이 법들은 이스라엘이 두 인종 집단에게 다른 법률을 적

이데올로기 측면에서 거의 동일하다고 할 수 있어요. 저는 남아공 인민들에게 그런 경험이 있어서 이들이 누구보다도 팔레스타인인들의 곤경을 더 이해할 수 있다고 생각해요. 그리고 저희는 사실 남아공에서 도출된 것과 비슷한 영구적인 해법에 도달할 수 있죠.

사람들이 로벤섬*에 있는 넬슨 만델라의 독방으로 찾아가서 '이 혼란과 폭력을 종식시켜야 한다'는 얘기를 했을 때, 그는 "아파르트헤이트가 없다면 우리는 평화롭게 살 수 있다"고 했어요.

용하는 아파르트헤이트 국가라는 것을 보여준다. 또한 이스라엘은 전 세계에서 공식적 헌법이 없는 6개국 중 하나로, 헌법의 역할을 하는 14개 법률인 기본법을 가지고 있다. 헌법이 없는 데에는 국내 종교적 이유도 있지만, 국경과 시민권에 대한 쟁점도 중요한 부분이다. 즉, 현대적인 민주 헌법이 있을 경우 이스라엘 시민권이 있는 상당수의 아랍계 시민에 대해 동등한 기본권을 보장해야 한다는 점이 문제가 된다. 또한 이스라엘은 팽창주의적 정착민 식민국가라는 성격상 공식적인 국경이 없는데, 헌법상 국경을 명시할 경우 시온주의자들이 장기적으로 꿈꾸는 것처럼 중동의 주변국으로 점령을 확대하는 대★이스라엘Greater Israel 건설에 법적인 문제가 생기기 때문이다. 이런 측면에서 이스라엘은 2024년 말 이후로 시리아 정부의 붕괴를 틈타 시리아 남서부의 골란고원에서의 점령 지역과 정착촌을 불법적으로 확대하고 있다. 다음의 글을 참조하라. Murat Sofuoglu, "Why Israel Does Not Have a Constitution", *TRT World*, September 11, 2024, www.trtworld.com/magazine/why-israel-does-not-have-a-constitution-18217972; Amnesty International, "Israel's Apartheid Against Palestinians: A Cruel System of Domination and a Crime Against Humanity", February 1, 2022, www.amnesty.org/en/latest/news/2022/02/israels-apartheid-against-palestinians-a-cruel-system-of-domination-and-a-crime-against-humanity/. 이스라엘의 인종차별법 목록은 다음을 참조하라. www.adalah.org/en/law/index.

* (옮긴이주) 수용소, 군부대, 교도소 등으로 사용되었던 남아공 케이프타운 근처의 섬이다.

팔레스타인에 있는 우리도 같은 말을 합니다. 시온주의가 없다면 우리는 평화롭게 살 수 있다고요. 우리는 유대인들을 다른 곳으로 보내버리지 않을 거고, 그대로 남아 있을 수 있어요. 우리는 유대인들과 문제가 없지만, 우리를 차별할 권리를 신이 부여했다고 믿는 이들과 문제가 있는 거죠. 그게 문제인 겁니다.

릭 스털링　　고맙습니다. 다시 여성들이 질문해주시죠.

헬레나 코번　　시온주의의 성격에 관한 마지막 논점에 대한 개인적 일화를 저도 잠시 말씀드릴게요. 말씀드린 것처럼 저는 잉글랜드에서 자랐습니다. 그러고 나서 미국으로 와서 미국인인 빌 퀀트*와 결혼했죠. 그게 1980년대 중반이었어요. 저희는 많은 데에 동의했지만 의견이 달랐던 한 가지 주제는 시온주의가 인종주의라는 유엔 결의안에 대한 것이었어요. 저는 물론 시온수의가 인종주의라고 말했어요. 그는 그렇지 않다고 했고요. 그러고 나서 나중에 미국인들은 영국인들이 공유하지 않는 무척 특수한 인종주의 개념을 가지고 있다는 걸 알게 됐죠.

　미국의 특수한 역사 때문에 미국인들에게 인종주의 개념은 항상 피부색과 연결되어 있어요. 그리고 유엔 총회와 안보리에서 시온주의는 인종주의라는 결의안을 통과시켰을 때, 이스라엘이

---

*　(옮긴이주) 미국의 정치학자로 리처드 닉슨과 지미 카터 행정부 당시 미국 국가안
　　전보장회의에서 일했다. 중동 분야 전문가로 카터 대통령 당시 이집트와 이스
　　라엘이 외교 관계를 정상화한 1978년 캠프 데이비드 협정에 관여했다.

가장 먼저 한 일은 다수의 에티오피아계 유대인들Ethiopian Jews*을 이스라엘로 들여온 거였어요.** 그러고 나서 이스라엘은 "봐라, 우리 중에는 황인종과 흑인에 가까운 이스라엘인도 있는데 어떻게 시온주의가 인종주의냐?"라고 하는 거죠. 많은 미국인에게는 이게 잘 먹힌 거예요. 인종주의 개념의 의미가 무엇인지에 대해 대서양을 가로지르는 이런 오해가 있다는 짤막한 여담이었습니다. 그런데 조하라야말로 여기 있는 누구보다 인종주의에 대해서 잘 알고 있어요.

조하라 시먼스　　저도 짧은 일화를 더할게요. 저는 국제 종교 대표단의 일원으로 1994년 점령지 팔레스타인과 가자지구에 가봤던 제 첫 여행에서 주변을 다니기 시작하자마자 무슨 일이 벌어지는지 바로 알 수 있었죠. 일생 동안 짐 크로 시기 남부에서 성장하고 테네시 멤피스에서 나고 자란 사람으로서 미국의 아파르트헤이트 형태를 경험했기 때문이에요. 그래서 저는 여기서 어떤 일이 벌어지는지 분명히 알겠다고 느꼈죠. 일부 팔레스타인인들이

---

*　(옮긴이주) 에티오피아계 유대인들은 베타 이스라엘Beta Israel이라고도 한다. 이스라엘 정부가 베타 이스라엘을 유대인으로 인정하지 않아 이들 중 일부는 이스라엘에 불법으로 정착했다. 한편 유엔은 1975년 11월 유엔 결의안 제3379호("모든 형태의 인종 차별의 철폐")를 통해 "시온주의는 인종주의와 인종 차별의 한 형태"라는 것을 확인했고, 거의 같은 시점인 1975년 4월 이츠하크 라빈 정부는 베타 이스라엘이 유대인이므로 귀환법의 적용 대상이라고 선언했다. 다음 원주에 언급된 모세 작전 외에도 미국과 이스라엘의 군과 정보기관이 개입한 대표적인 수송 작전으로는 1985년 여호수아 작전, 1991년 솔로몬 작전 등이 있다.

**　이스라엘군과 미국 중앙정보국이 1984년 비행기를 통해 수천 명의 에티오피아계 유대인을 이스라엘로 수송한 모세 작전에 대한 언급이다.

유대인과 굉장히 비슷하게 생겼지만, 그건 전혀 중요하지 않았어요. 여기서 일어나는 것도 아파르트헤이트였죠. 그게 제가 1994년에 알게 된 거예요.

다음 질문으로 가보자면 제 학술적인 전문 분야는 샤리아 율법에 대한 것입니다. 저는 요르단에 2년간 살면서 그곳의 여성들과 일하며 여성에 대한 샤리아 율법의 영향력을 이해하려 했죠. 그리고 엘런 쿠리가 소속된 단체가 이 문제에 집중했기 때문에 저는 그 2년간 그녀와 일할 수 있는 매우 감사한 기회를 가졌어요. 제 질문은, 하마스가 여성 권리와 관련해서 샤리아 율법을 지지하는지에 대한 거예요.

서구에서 하마스에 대한 악마화는 종종 하마스가 이슬람주의 집단이고 이들이 통치권을 잡으면 여성은 어떤 종류의 권리도 누리지 못할 것이라는 식으로 이루어집니다. 이 문제에 대해서 얘기해주실 수 있을까요?

아잠 타미미 박사　일단 먼저 샤리아의 의미를 정의하고, 그게 무엇인지, 어떤 권리인지 설명해야 해요. 상당히 큰 주제죠. 하지만 실제적으로 현재 형태에서 하마스는 민족 해방 운동이에요.

이들의 문헌이나 논의, 언어에서 샤리아와 관련한 주제들에 대한 얘기는 찾아볼 수 없어요. 그건 사회 자체가 정하도록 남겨진 주제니까요. 그러니까 팔레스타인 사회나 아랍 사회를 상정해보세요. 대다수가 무슬림인 사회이고 어떤 법에 의해 자신들이 통치를 받을지와 관련해서는 무슬림들이 전권을 가지고 있죠. 이렇게 간단한 문제예요. 이들은 민주주의를 믿고 받아들이고 이슬람 규범과 보편적 인권 사이에 실질적 모순이 없다고 믿죠.

그런데 이걸 적용하는 문제나 실질적인 부분에서는 사람들이 어떻게 적용할지를 확인해봐야 하는 문제가 있어요. 예를 들어 방금 '샤리아 율법'이라고 말씀하셨는데, 둘을 합치더라도 실제로 샤리아와 법은 별개입니다.

샤리아는 광범위한 지침의 집합인 반면에 법률은 법리학의 결과물이고 또한 다양하며 발전할 수 있죠. 사람들이 이견을 가질 수 있고 주변 상황이 어떤 종류의 법을 언제, 어떻게 적용할지 영향을 미칠 수 있는 것처럼요. 하지만 하마스의 경험이나 문헌에서 누군가에게 무언가를 강요하겠다는 내용은 전혀 없어요.

사실 하마스가 현재 가자지구를 통치하고 있는 이유도 그런 역할이 하마스에 부과됐기 때문이에요. 심지어 하마스가 선택한 것도 아니죠. 2006년 총선 이후 얼마 안 돼 민족 통합 정부가 있었을 때를 생각해보시면, 미국이 개입해서 키스 데이턴을 보내 쿠데타를 일으키는 구상을 가지고 있었는데, 이건 파타흐와 하마스 사이의 내부 싸움으로 이어졌고 결과적으로 서안지구는 파타흐가, 가자지구는 하마스가 통치하게 됐죠.

이건 정상적인 상황이 아니에요. 저는 2013년 이집트 쿠데타 전까지 2010년에서 2013년 사이에 가자지구에 네다섯 차례 다녀왔어요. 가자지구의 인민들은 진정 스스로 삶의 방식을 정했었죠. 이들은 대다수가 무슬림인 민족이에요. 이슬람을 믿죠. 무슬림 이름이 있기만 하고 이슬람 정체성이 없는 그런 사람들이 아니에요. 각자 이해, 엄격성, 진지함의 정도가 다르지만 이들은 이슬람과 자신을 동일시하죠.

기본적인 부분들에 대해서는 대개 의견의 차이가 없어요.

조하라 시먼스　　추가로 조금 말씀드리자면, 박사님은 아랍 세속주의에 대한 책*을 공동으로 편집하셨던 것으로 알고 있는데, 하마스에 대한 서구의 악마화로 인해 사람들은 가자지구 여성들이 아바야나 히잡을 착용하는 이유가 이들의 강요 때문이라고 말하죠. 많은 사람이 이렇게 믿고 서구 사람들이 하마스에 등을 돌리는 데에 이런 논리가 사용되고 있기 때문에 그에 대한 생각을 여쭤봤던 겁니다.

아잠 타미미 박사　　물론 취지는 이해하고 있습니다. 하마스가 특정 복장을 강요한다는 건 사실이 아니에요. 그뿐만 아니라 가자지구에는 기독교 공동체도 있어요. 이들도 무슬림들만큼 고통을 겪고 있고요.

　세속주의의 문제와 관련해서는, 제가 공동으로 편집한 책에서 보여주는 것처럼 유럽은 종교와의 경험이 무척 안 좋았기 때문에 세속주의는 사실 많은 이유에서 유럽의 산물이에요. 유럽의 교회는 교육, 과학, 사상의 자유 등과 관련해서 몹시 나쁜 역할을 했죠. 그런데 그게 이슬람의 경험은 아니에요.

　물론 저희도 나쁜 경험이 있었지만, 일반적으로 종교로서의 이슬람은 교회가 없고, 신성하다거나 신성한 계시를 받았다고 주장

---

*　(옮긴이주) Tamimi, A. and Esposito, J.L. eds., *Islam and Secularism in the Middle East*, NYU Press, 2000.

하는 권위자가 없을 뿐만 아니라 학습과 연구, 세계 여행, 신의 계시에 대한 탐구 등을 권장하죠. 아마 애초의 기독교도 그랬겠지만, 지금 얘기하는 건 중세시대 이후 타락하고 전제주의를 지지하는 교회입니다. 그래서 이런 상황 때문에 종교와 국가를 분리한다는 사상, 즉 세속주의가 촉진됐죠.

세속주의가 중동에 유입된 상황을 보면, 우리 스스로의 진보를 위해 필요하다는 걸 느끼는 자연스러운 과정을 통해 들어온 것이 아니라 식민주의 시대에 들어오게 되었어요. 세속주의는 식민주의자들이 우리에게 가져온 것이죠.

그들은 우리의 머리를 밟고 목을 조르면서 너희들의 삶의 방식은 용인되지 않는다고 합니다. 자기네 삶의 방식을 받아들여야 한다는 거죠. 그러니 그건 제국주의의 일부라고 할 수 있어요.

조하라 시먼스　　다음 질문을 드립니다. 하마스가 이미 가자지구를 '통치'해온 동안에도 매우 독재적인 경향을 보여왔다고 비난하는 사람들에게는 어떻게 답하시나요? 서구의 많은 이들은 하마스가 정적을 가혹하게 탄압해왔고, 게이와 레즈비언을 혹독하게 대하고, 여성들에게 엄격한 제한조치를 시행해왔다고 말하죠. 그리고 2006년 이래로 어떤 선거도 허용하지 않았다고 비난하기도 하고요. 박사님은 이런 비난에 대해서 뭐라고 답하시나요?

아잠 타미미 박사　　사실 하마스는 그 기간 내내 선거를 하고 싶어 했어요. 하마스는 학생회나 노동조합을 막론하고 선거에서 이기기 때문에 선거를 좋아해요. 선거에 대해 불만이 없죠.

글쎄요. 각자 하고 싶은 말을 할 수 있지만, 현실에서는 가자지구에 가보면(지금은 물론 아무도 가자지구로 갈 수 없지만), 혹은 과거에 가자지구에 갈 기회가 있었다면, 서구에서 하는 말들 대부분이 부정확하다는 것을 현장에서 볼 수 있었을 거예요.

물론 하마스도 적들이 있죠. 그건 파타흐와 하마스 간 경쟁과 갈등의 일부입니다. 그리고 이들은 시민들의 지지를 획득하기 위해 각자 적의 이미지를 손상시키려 하죠. 하마스에 대해 전해지는 말들 중에는 부당한 게 정말 많아요.

그리고 하마스는 동성애자, 게이와 레즈비언에 대해서는 언급을 안 하고 있어요. 이들의 언어 속에 없죠. 이슈가 아니기 때문에 이들의 담론 속에 존재하지 않아요. 그건 서구의 이슈이지 이들에게는 이슈가 아니에요. 이런 문제들은 일반적으로 이들의 사회에서 용납되지 않죠. 그리고 서구는 이들에게 무엇을 수용하고 무엇을 수용하시 말지 알려줄 수 없어요. 그건 인민들에게 달린 문제예요. 그리고 이건 기독교도와 무슬림들, 그리고 아마 이스라엘이 건국할 때까지 중동에 살았던 모든 유대인들에게도 적용될 겁니다.

노라 배로우즈 프리드먼　　서구에서 하마스를 보는 방식이나 하마스를 악마화하는 방식과 관련해서, 사람들이 이런 소위 여성 권리나 퀴어의 권리를 민족 해방 투쟁에 대한 모든 종류의 지지를 굴절시키는 몽둥이로 사용한다는 게 놀라워요. 마치 서구가 여성 권리나 동성애자의 권리의 개척자인 것처럼요. 정말 어처구니가 없죠.

박사님께서 특히나 저항 운동이 인식되는 방식에 대해서 어떤 말을 해주실 수 있을까요? 우리는 제2차 세계대전 당시 바르샤바 게토의 게릴라 빨치산과 투사들의 저항은 영웅화했죠. 오랫동안 남아공의 반反아파르트헤이트 투쟁도 떠받들었고요.

헬레나 코번   그건 무장 투쟁이었죠.

노라 배로우즈 프리드먼   군사 부문도 있었고요.

헬레나 코번   그게 만델라가 투옥됐던 이유였죠.

노라 배로우즈 프리드먼   정확합니다. 그리고 서구에서 우리는 집합적으로 그 투쟁을 이해하고 심지어 찬양하기도 하죠. 또 찬양하지는 않더라도 무장 저항이 민족 해방 투쟁에서 수행하는 역할은 이해해요. 사람들이 향후 수십 년간 팔레스타인의 해방 투쟁, 특히 무장 저항을 돌아보고 있는 그대로를 이해할 거라는 점을 저나 저의 동료들 다수가 알고 있어요. 박사님은 사람들이 무장 저항을 어떻게 기억하고 기념할 거라고 생각하시나요? 박사님은 서구가 팔레스타인 무장 저항을 해방 투쟁의 주요 도구로 볼 수 있을 거라고 생각하시나요?

아잠 타미미 박사   그럼요. 오늘날 사람들이 베트콩에 대해서 어떻게 생각하나요?

노라 배로우즈 프리드먼　맞네요.

아잠 타미미 박사　그들은 남아공의 아프리카민족회의African National Congress, ANC의 군사 부문을 어떻게 생각하나요? 그리고 알제리 저항 운동을 어떻게 생각했나요? 아니면 나치에 맞선 프랑스 레지스탕스는요. 당시 부패한 권력자들은, 있는 그대로를 인정하려 하지 않았죠. 그들의 명성을 더럽히고 그들에 대해 상이한 이미지를 만들려고 했습니다.

　전에 런던 중심부의 트래펄가 광장에서 행진을 하며 했던 발언에서 (마틴 루터 킹 목사의 연설에서 따와서) 나는 꿈이 있다고, 넬슨 만델라가 이 나라에서 영웅으로 받아들여지는 것처럼 아흐메드 야신도 언젠가는 런던에서 영웅으로 받아들여지는 꿈이 있다고 말했죠. 둘은 같은 저항 운동이고, 같은 원칙의 운동이고, 정의를 위한 씨움이니까요. 우리는 침략자가 아니라는 거죠.

　우리는 유럽에 가서 유럽을 침략하지 않았어요. 유럽이 우리에게 와서 침략한 거죠. 저의 어머니는 1948년 다른 수십만 명의 팔레스타인인들처럼 집에서 쫓겨났어요. 이들 한 명, 한 명은 모두 맞서 싸울 권리가 있고, 이들의 자녀와 그 손주도 그렇죠. 바이든이 뭐라고 말하건, 세상의 누군가가 뭐라고 말하건, 우리는 이 권리를 계속 믿을 거고 계속 저항할 겁니다. 우리는 팔레스타인이 요르단강에서부터 지중해까지 모두 해방될 때까지 계속 싸울 겁니다.

라미 쿠리　어느 시점에는 침략과 팔레스타인인들의 추방이라고 적절하게 설명해주신 근본 갈등을 해소할 정치적 협상이 있길 기대합니다. 저희도 제 아내 가족 명의로 텔아비브 대학교 인근의 토지 소유권 문서가 집에 있죠. 이런 문서들이 있는데, 그 땅은 팔린 것도 아니고 임대된 것도 아니고 그저 빼앗긴 겁니다. 그러니 이런 문제들은 협상되어야 해요.

만약 기적적으로 이스라엘, 팔레스타인과 예컨대 마드리드 회담의 구성원 같은 나라들 사이의 진지한 국제 협상, 신뢰할 만하고 진지한 협상이 생긴다면, 하마스도 참여할까요? 그게 믿을 만한 과정이고, 말하자면 오슬로 프로세스처럼 진지하지 않은 협상이 아니라는 것을 보증하기 위해 무엇이 필요할까요?

아잠 타미미 박사   물론 진지하고 정직한 협상이라면 당연히 하마스는 참가하길 바랄 겁니다. 진지하고 정직한 협상인지 아닌지 알 수 있는 방법을 말씀드릴게요. 만약 시온주의자들이 내일 우리에게 와서 소수의 남아공 백인이 다수의 흑인에게 그랬던 것처럼 "우리가 팔레스타인인인들에게 한 일들에 대해 사과한다. 잘못된 일이었다. 우리는 당신들을 침략했고, 당신들의 땅을 점령했고, 당신들이 가진 것들을 빼앗았다. 하지만 이제는 새 장을, 새 챕터를 시작하길 원한다. 함께 살기를 원한다. 당신들도 동의하는가?"라고 물어본다면 저는 물론 동의한다고 말할 거예요. 앉아서 대화를 하자고 할 거예요.

하지만 그들은 그 원칙을 명확히 인식할 필요가 있습니다. 팔레스타인인들이 희생자였다는 것을 시온주의자들이 인정하지 않으면, 아무것도 협상할 수 없어요. 협상할 게 뭐가 있겠어요?

헬레나 코번   정말 고맙습니다. 아쉽지만 시간 때문에 이제 마무리를 해야겠네요.

놀라울 정도로 풍부한 대화였어요. 아잠 박사님께도 솔직하게 임해주셔서 고맙다는 말씀을 드리고 싶습니다. 일부 어려운 질문을 드릴 거라고 미리 말씀드렸는데 우리 모두 정말 많이 배운 것 같아요. 그런 의미에서 오늘 참석해주셔서 정말, 정말 고맙습니다.

아잠 타미미 박사   기회를 주셔서 제가 고맙죠. 감사합니다.

헬레나 코번   그리고 오늘 게스트로 참여해주신 모든 JWE 이사회 회원들께도 고맙다는 말씀을 드립니다. 오늘의 대담을 더없이 풍성하게 만들어주셨습니다. 조하라 시먼스, 릭 스털링, 노라 배로우즈 프리드먼 모두 고맙습니다. 함께할 수 있어서 정말 즐거웠어요.

물론 여태까지 저와 함께 공동으로 이 시리즈를 이끈 라미 쿠리에게도 깊이 감사의 말씀을 드려요. 라미는 어땠나요?

라미 쿠리   정말로 유익했어요. 저는 평생 이 문제와 함께 살아왔죠. 제가 1948년생이고, 언론인으로 살아오면서 내내 하마스와 헤즈볼라 등의 관련자들을 알아왔어요.

그래서 저도 이들 단체들에 대해 많은 걸 알고 있지만, 아잠 박사님, 그리고 우리가 함께한 전문가 게스트 한 명 한 명에게 새로운 내용을 배울 수 있었어요. 이것이 절실히 보여주는 건 신뢰할 수 있고, 검증할 수 있는 지식이 폭넓게 공유될 필요가 있다는 거예요. 그리고 이건 이스라엘과 미국 정부가 넓게는 미국의 주류 정치와 언론에서 일어나길 원치 않는 일이죠.

이들은 우리가 하는 것처럼 토론을 위한 질문의 장을 열고 싶어 하지 않아요. 시온주의자들이, 아랍 세계가, 팔레스타인인들이 잘못한 건 무얼까 같은 것들이요.

그저 우리를 악마화하면서 현 상태를 강화하기만을 원하죠. 압델 나세르부터 사담 후세인, 하페즈 알아사드, 팔레스타인인들, 야세르 아라파트에 이르기까지 지난 50년간 아랍 지도자들에게 모두 똑같이 했어요. 팔레스타인이나 아랍의 지도자가 조금이라도 힘을 얻고 대중의 지지를 얻으면, 이들은 그를 악마화시키고 결국에는 보내버리죠.

그래서 우리가 하는 일이 정말 중요합니다. 지식을 공유하는 게 더없이 중요하죠. JWE와 함께 헬레나가 그 길을 만드는 데 큰 역할을 했다고 생각하고요. 앞으로 우리의 과제는 그걸 더 확장해서 더 많은 이들에게 다가가는 거라고 생각해요. 그걸 함께해야죠.

부록

부록 1

이슬람 저항 운동(하마스) 헌장*

1988년 8월 18일

· · ·

운동의 정의

이념적 출발점

제1조

이슬람 저항 운동: 우리의 운동은 이슬람 운동이다. 우주와 삶, 인간에 대한 우리 운동의 사상과 사고방식, 이해 방식은 이슬람에서 나온다. 모든 행위에 대한 판단은 이슬람에 기대고, 우리 행동의 지침은 이슬람에서 영감을 받는다.

---

*   전문에서 일부를 발췌한 것으로, 예일 대학교 로스쿨 아발론 프로젝트에서 전체 내용을 찾아볼 수 있다. avalon.law.yale.edu/20th_century/hamas.asp.

이슬람 저항 운동과 무슬림형제단의 관계

제2조

이슬람 저항 운동은 팔레스타인 무슬림형제단의 지부 중 하나다. (…)

• • •

제4조

이슬람 저항 운동은 우리의 신앙, 사상, 계획을 받아들이고 비밀을 유지하며 우리의 대열에 합류하여 임무를 수행하고자 하는 모든 무슬림을 환영한다. 알라는 그런 이들에게 반드시 보상을 주실 것이다. (…)

이슬람 저항 운동의 시간과 장소적 범위

제5조

이슬람 저항 운동의 시간 범위: 알라가 그 목적, 예언자Prophet가 그 모범, 《쿠란》이 그 헌법이므로, 우리의 운동은 이슬람을 삶의 양식으로 받아들임으로써 이슬람의 신탁이 생겨난 시기와 의로운 선조의 시기로 거슬러 간다. (…)

특성과 독립성

제6조

이슬람 저항 운동은 알라께 충성하고 이슬람을 삶의 양식으로 삼는 위엄 있는 팔레스타인 운동이다. 이슬람의 날개 아래 모든 종교의 신자들은 생명과 재산, 권리에 관하여 안전하게 공존할 수 있으므로 우리는 팔레스타인 전역에 알라의 깃발을 들어올리기 위해 노력한다. 이슬람이 부재하다면 분쟁이 만연하고 압제가 퍼지며 악이 승리하고 분열과 전쟁이 발생할 것이다. (⋯)

이슬람 저항 운동의 보편성

제7조

이슬람 저항 운동은 전 세계에 퍼져 있는 무슬림들의 지지와 연대를 통해 우리의 입장을 강화하고 투쟁을 심화하면서 보편적인 운동으로 자리매김하고 있다.(⋯)

이슬람 저항 운동은 시온주의 침략자들에 대항하는 일련의 투쟁에서 하나의 연결고리다. 우리의 운동은 순교자 이즈앗딘 알카삼과 그의 형제 투사인 무슬림형제단의 일원들이 등장한 1939년으로 거슬러 올라간다.* 우리의 운동은 1948년 전쟁의 팔레스타인인들과 무슬림형제단의 투쟁과, 1968년과 그 이후 무슬림형제단

---

* (옮긴이주) 역사적으로 알카삼은 1930년 영국과 시온주의에 맞선 무장 조직인 검은손을 결성해 활동하다가 1935년에 죽었고, 그 영향으로 일어난 1936~1939년의 아랍봉기 이후인 1939~1940년경 무슬림형제단의 무장 부문이 생겼다.

의 지하드 작전을 포함하는 또 다른 투쟁의 사슬과 연결되어 하나가 되기 위해 노력한다. (…) 알라께서 축복하고 구원을 허락할 예언자께서 말했다. "최후의 심판일은 무슬림이 유대교도를 무찔러 죽여 유대교도가 돌과 나무 뒤에 숨기 전까지는 오지 않으리니. 돌과 나무들은 '오 무슬림이여, 오 압둘라Abdulla*여, 내 뒤에 유대교도가 있으니 이리로 와서 그를 죽이라'라고 할 것이니라. 오직 가르카드 나무만이 그러지 않을지니, 그건 가르카드 나무가 유대교도들의 나무이기 때문이니라."**

• • •

전략과 방법

이슬람 저항 운동의 전략:
팔레스타인은 이슬람 와크프다

제11조

이슬람 저항 운동은 팔레스타인 땅이 최후의 심판일까지 미래의 무슬림 세대들에게 봉헌된 이슬람 와크프라고 믿는다. 이 땅, 혹은 이 땅의 일부를 함부로 쓰거나 포기할 수 없다. 그게 팔레스타

---

* (옮긴이주) 아랍어 이름 압둘라(Abdulla 혹은 Abdullah)는 '신의 하인'이라는 뜻이다.
** (옮긴이주) 수니파의 가장 중요한 하디스 모음집인 '육서Six Books(혹은 쿠틉 알시타 Kutub al-Sittah)'에서 가져온 내용으로, 수니파 종말신학에서 최후의 심판일에 있을 전투를 묘사하고 있다. 가르카드 나무는 구기자나무속의 일종으로 추정되는데 정확히 어떤 나무를 지칭하고 어떤 의미를 지니는지는 불분명하다고 한다.

인인이든 아랍인이든, 어떤 아랍 국가의 경우에도, 어떤 왕이나 대통령이라도, 어떤 조직이라도 그럴 권리를 가지지 않는다. 팔레스타인은 최후의 심판일까지 무슬림들에게 봉헌된 이슬람 와크프다. 이럴진대 누가 최후의 심판일까지 무슬림들을 대표할 권리가 있다고 주장할 수 있는가?

· · · ·

팔레스타인 이슬람 저항 운동의 관점에서 본
조국과 민족주의

제12조

이슬람 저항 운동의 관점에서 본 민족주의는 종교 교리의 일부다. 민족주의에서 어떤 것도 적들이 무슬림 땅을 짓밟을 경우보다 더 중요하고 심각한 상황은 없다. 적에 저항하고 그들을 무찌르는 것은 남녀를 불문하고 모든 무슬림 개인의 임무가 된다. 여성은 남편의 허락 없이 적과 싸울 수 있으며, 노예의 경우도 주인의 허락 없이 그러할 수 있다.

다른 어떤 체제에서도 이런 내용은 찾을 수 없다. 이는 반박할 수 없는 사실이다. 만약 다른 민족주의 운동들이 물질적, 인적 혹은 지역적 원인과 연결되어 있다면, 이슬람 민족 운동의 민족주의는 우리에게 영혼과 생명을 주는 더 중요한 요소들에 더해 이런 요소들도 모두 가지고 있다. 우리의 운동은 조국의 하늘에 지상과 천국을 강력하게 결합하는 천상의 깃발을 높이 들어올리며 영혼의 원천과 연결되어 있고 생명을 부여해주는 자와 연결되어 있다. (…)

평화적 해법, 이니셔티브, 그리고 국제 회의

제13조

각종 이니셔티브나 소위 평화적 해법과 국제 회의는 이슬람 민족 운동의 원칙과 상충된다. 팔레스타인의 일부를 모욕하는 것은 종교의 일부를 향한 모욕이다. 이슬람 민족 운동의 민족주의는 우리 종교의 일부이다. 우리의 구성원들은 그것을 자양분으로 하여 자라왔다. 우리는 조국에 알라의 깃발을 올리기 위해 싸운다. "알라는 두드러질 것이지만, 대부분의 사람들은 알지 못할 것이다."

때때로 (팔레스타인) 문제를 풀 방법을 찾기 위한 국제 회의를 소집하라는 요구가 나올 것이다. 다양한 이유로, 일부는 회의 소집과 참가 관련 조항들을 수락할 것이고, 다른 이들은 거부할 것이다. 이슬람 저항 운동은 이러한 회의를 구성하는 당사자들과 무슬림 문제에 대한 그들의 과거와 현재 태도를 잘 알고 있기에, 이런 회의들이 억압받는 자들의 권리를 회복하고 정의를 실현할 능력이 있다고 보지 않는다. 언제 불신자들infidels이 신앙인들believers을 정의롭게 대했는가?

. . .

세 가지 축

제14조

팔레스타인 해방의 문제는 팔레스타인 축, 아랍 축, 그리고 이슬람 축이라는 이 세 가지 축에 의해 결정된다. 각각의 축은 시온주의에 맞선 투쟁에서 각자의 역할이 있다. 각각은 그 임무가 있으며 이 중

하나라도 간과하는 것은 끔찍한 실수이자 심각한 무지의 징후다. 팔레스타인은 두 키블라(무슬림이 예배하는 방향) 중 첫 번째*와 (이슬람) 성소의 3분의 1을 품은 이슬람 땅이고, 무함마드가 일곱 천국으로 밤의 여정을 떠난 시작점(즉 예루살렘)이기도 하다.** (…)

팔레스타인의 해방을 위한 지하드는 개인의 의무다

제15조

적들이 무슬림 땅의 일부를 빼앗는 날 지하드는 모든 무슬림의 개인적 임무가 된다. 유대인들의 팔레스타인 강탈에 직면해서 지하드의 깃발을 드는 것은 의무다. 그러기 위하여 지역과 아랍, 이슬람 전체에서 대중들 사이에 이슬람 의식을 확산해야 한다. 이들이 적들에 맞서 투사들의 대열에 합류할 수 있도록 민족의 심

---

* (옮긴이주) 원래 키블라는 유대교의 전통을 따라 예루살렘 방향이었으나 622년 무함마드가 박해 때문에 메카에서 메디나로 이주한 이후 키블라의 방향을 메카의 신전인 카바로 변경했다. 그렇기 때문에 팔레스타인에 두 키블라 중 첫 번째 키블라가 있다고 하는 것이다.

** (옮긴이주) 일곱 천국Seven Heavens이란 유대교, 기독교, 이슬람교 등 아브라함에 기원을 두고 공통된 철학을 가진 아브라함 계통의 종교에서 천국에 있다고 믿는 일곱 개의 층이다. 《쿠란》에 따르면 무함마드는 621년 어느 날 밤에 멀리 있는 사원(예루살렘의 성전산 혹은 알아크사)으로 날아가서 예배를 드리고(이를 이스라 혹은 밤의 여정이라고 한다), 하늘로 승천하여 천국에서 여러 예언자들과 만난 후 가장 높은 층에서 알라를 만나고 집으로 돌아왔다고 한다. 다음의 글을 참조하라. 김수정, 〈사도 무함마드의 밤의 여정〉, 지중해지역원 홈페이지, 2023년 1월 2일, https://ims.or.kr/ims/culture/23.

장에 지하드의 정신을 반드시 고취해야 한다.

　교육받은 대중과 함께 과학자, 교육자, 교사, 언론정보 종사자, 특히 청년들과 이슬람 운동의 지도자들이 (대중을) 자각시키는 조직적인 활동에 참가하는 것이 필요하다. 살라흐 앗딘Salah ad-Din(살라딘)의 손에 십자군이 패한 이후 이 지역에 침투한 오리엔탈리스트와 선교사의 영향을 받은 학교 교육과정에서 기본적인 전환을 이루고 사상적 침략의 흔적들을 씻어내는 것이 중요하다. 십자군은 먼저 사상적 침략을 통해 우리의 사상을 흔들고, 우리의 유산을 손상시키며, 우리의 이상을 훼손할 길을 닦지 않고서는 무슬림을 격퇴하는 것이 불가능하다는 사실을 깨달았다. 그 이후에서야 군인들이 침략할 수 있는 것이다. 이것은 결국 앨런비가 예루살렘에 입성하며 "이제야 십자군이 종료됐다"고 선언할 수 있도록 만든 제국주의적 침략의 길을 닦았다.* 구로 장군**은 살라흐 앗딘의 무덤 앞에 서서 "살라딘이여, 우리가 돌아왔다"라고 외쳤다. 제국주의는 사상적 침략이 강화되고 그것이 뿌리를 내리는 데 도움을 주었으며 여전히 그러하다. 이 모든 것이 팔레스타인의 상실로 이르는 길을 닦아주었다.

　팔레스타인 문제는 종교적 문제이며 그러한 원칙을 기초로 해

---

* 　(옮긴이주) 제1차 세계대전 당시 시나이 반도와 팔레스타인에서 오스만 제국을 상대로 승리하고 1914년 예루살렘을 점령한 영국군 사령관 에드먼드 앨런비를 지칭한다. 이후 육군 원수로 승진하여 1919년부터 영국 보호령(실질적인 식민지) 치하의 이집트에서 총독의 역할인 고등판무관이 됐다.

** 　실제로 제1차 세계대전 당시와 마슈리크(레반트) 지역을 분할한 전후 합의 과정 당시 이 지역에서 프랑스군을 지휘한 앙리 구로 장군은 프랑스의 초대 레반트 고등판무관이 됐다.

결해야 한다는 것을 무슬림 세대들의 마음에 불어넣는 것이 필요하다. 팔레스타인은 이슬람의 성소를 품고 있다. 이곳에 있는 알 아크사 모스크는 천국과 지상이 이스라Isra'(일곱 천국으로 간 무함마드의 밤의 여정)와 미라지Mi'raj(예루살렘에서 일곱 천국으로 올라간 무함마드의 승천)를 기념하는 한 메카의 대모스크Great Mosque*와 불가분의 관계로 연결되어 있다. (…)

세대에 대한 교육

제16조

우리 지역의 이슬람 세대들을 교육할 때 신뢰할 수 있는 출처를 토대로 종교적 임무와 쿠란에 대한 총체적 연구, 예언자의 순나 Sunna(그의 말씀과 행동)에 대한 연구를 가르치고 이슬람의 역사와 유산에 대해 학습하게 함으로써 이슬람 지향을 따르게 하는 것이 필요하다. 이는 무슬림 학생의 생각과 신앙을 건강하게 형성하는 교육과정을 따르며 전문성과 학식을 갖춘 이들에 의해 이루어져야 한다. 이와 더불어 적에 대한 총체적인 연구, 그의 인적·재정적 역량, 강점과 약점에 대한 학습, 그를 지원하고 조력하는 세력에 대한 인식 역시 포함되어야 한다. 또한 시사 문제에 익숙해지고 새로운 사안들을 따라잡으며 그런 사건들에 대한 분석과 논평

---

* (옮긴이주) 메카의 카바를 둘러싸고 있는 마스지드 알하람 모스크를 지칭한다. 이슬람에서 가장 성스러운 모스크로, 카바가 이 모스크 안에 있으므로 전 세계에서 유일하게 키블라의 방향을 알려주는 미흐라브가 없는 모스크다.

을 공부하는 것도 중요하다. 싸우는 무슬림은 그의 목표와 목적, 방향을 인식하며 살기 위해 그의 주변에서 벌어지고 있는 일들 가운데서 현재와 미래에 대해 계획하고 모든 트렌드를 공부하는 것은 필수다. (…)

무슬림 여성의 역할

제17조

해방의 투쟁에서 무슬림 여성의 역할은 무슬림 남성의 그것 못지 않게 중요하다. 여성은 남성을 창조한다. 새로운 세대를 안내하고 교육하는 여성의 역할은 중대하다. 적들도 여성의 역할이 지니는 중요성을 인식해왔다. 그들은 여성들을 이슬람으로부터 분리시켜 자신들이 원하는 방식으로 지도하고 교육할 수 있다면 싸움에서 승리할 것이라고 생각한다. 이것이야말로 이들이 그런 목적을 가지고 전복과 사보타주 세포에 지나지 않는 프리메이슨, 로터리 클럽과 같이 다양한 명칭과 형태를 가진 시온주의 조직들, 그리고 간첩 집단 등을 통해 침투시킨 하수인들을 활용하는 이유다. 그들은 정보 작전, 영화, 학교 교육과정을 통해 집중적으로 이런 시도를 이어간다.

· · ·

사회적 상호 책임

제20조

무슬림 사회는 상호 책임의 사회다. 기도와 인사를 받으실 예언자께서 말씀하시길, "마을에 머물건 여행을 하건 자신이 가진 모든 것을 서로 공평하게 나눈 관대한 자에게 복이 있나니".

모든 무슬림 사회에서 널리 퍼져야 하는 것은 이슬람 정신이다. 남성과 여성, 아동과 노인을 가리지 않고 나치즘과 유사한 방식으로 행동하는 사악한 적을 맞닥뜨린 사회는 이런 이슬람 정신을 가질 권리가 있다. 우리의 적은 집단 처벌의 방식에 의존한다. (…)

유대인들은 나치와 같이 여성과 아동에게 예외를 두지 않았다. 가슴 속 공포를 조장하는 이들의 방침은 모두를 대상으로 한다. 생계 부양자들을 공격하고 이들의 돈을 강탈하며 명예를 위협한다. 이들은 인간을 마치 최악의 전쟁범죄자처럼 대우한다. 조국으로부터의 추방은 일종의 살인이다.

이런 행위에 대항하기 위해 사회적 상호 책임이 인민들 사이에 널리 퍼져야 한다. 한 사람이 항의하면 그 단위의 나머지 사람들도 동일한 고통을 느끼며 반응하는 단일체로서의 인민이 우리의 적에 맞서야 한다.

제21조

상호적 사회 책임은 어려움에 처한 모든 이들에게 재정적 혹은 도덕적 원조를 확장하고 그 일을 수행하는 데에 참여하는 것을 의미한다.

・・・

우리의 입장

팔레스타인 지역의 민족주의 운동에 대하여

제25조

이슬람 저항 운동은 이런 운동들을 존중하고 이들의 상황과 이들에 영향을 주는 조건을 인식한다. 이들이 공산주의적 동방이나 십자군적 서방에 충성하지 않는 한 우리는 이들의 운동을 권장한다. (…)

팔레스타인해방기구에 대하여

제27조

팔레스타인해방기구는 이슬람 저항 운동의 심장 가까이에 있다. 이 조직에 우리의 아버지, 형제, 가까운 친척과 친구가 속해 있다. 무슬림은 자신의 아버지, 형제, 가까운 친척이나 친구로부터 멀어지지 않는다. 우리의 조국은 하나이고, 우리의 상황도 하나이며, 우리의 운명도 하나이고, 적은 우리 모두에게 공동의 적이다.

해방기구의 형성을 둘러싼 상황 때문에, 그리고 십자군의 패배 이래로 아랍 세계가 영향을 받기 시작하고 오리엔탈리스트들, 선교사들, 제국주의자들을 통해 과거에도 그리고 현재도 강화되고 있는 사상적 침략의 결과로 아랍 세계에서 만연한 사상적 혼돈 때문에, 이 기구는 세속적 국가라는 사상을 채택했다. 그리고 그

것이 우리가 이 조직을 보는 관점이다.

세속주의는 종교적 사상과 완벽히 모순된다. 태도와 행동, 의사결정은 사상에서 나온다.

이것은 우리가 팔레스타인해방기구와 그 조직의 발전 가능성을 충분히 인정하고 아랍-이스라엘 분쟁에서 그들의 역할을 폄하하지 않으면서도, 현재 혹은 미래의 이슬람 팔레스타인을 세속적 발상과 교환할 수 없는 이유다. 팔레스타인의 이슬람적 본질은 우리 종교의 일부이며, 자신의 종교를 가벼이 여기는 이는 누구나 패배자가 될 것이다.

다른 종교의 추종자들에 대하여

제31조

이슬람 저항 운동은 인본주의적 운동이다. 우리의 운동은 인권을 소중히 하고, 다른 종교의 추종자들을 이슬람적 관용에 의해 인도한다. 누군가 우리를 적대시할 때, 혹은 우리의 움직임을 막고 우리의 노력을 무위로 돌리기 위해 우리의 길을 막아설 때를 제외하고 우리의 운동은 누구도 적대하지 않는다.

이슬람의 날개 아래 세 개의 종교, 즉 이슬람, 기독교, 유대교를 따르는 이들은 서로 평화롭고 안정적으로 공존할 수 있다. 이슬람의 날개 아래가 아니라면 평화와 안정은 가능하지 않을 것이다. 과거와 현재의 역사는 이에 대한 최고의 증거다.

이 지역에서 이슬람의 주권에 대한 논쟁을 중단하는 것은 다른 종교의 추종자들의 임무다. 이들이 이 지역을 장악하겠다고 하는 날에는 살육과 추방, 공포만이 존재할 것이기 때문이다. 이들은 모두 다른 종교의 추종자들은 말할 것도 없이 동료 신앙인들과도 충돌한다. 과거와 현재의 역사는 이 사실을 입증하는 예시들로 가득하다. (⋯)

팔레스타인 인민을 고립시키려는 시도

제32조

제국주의 강대국들과 함께 국제 시온주의는 세심하게 계획된 구상과 영리한 전략을 통해 시온주의에 맞선 투쟁의 축에서 아랍 국가를 하나씩 제거하고, 마침내는 오직 팔레스타인 인민만을 고립시키기 위해 노력한다. 크게는 이집트도 기만적인 캠프 데이비드 협정을 통해 투쟁의 축에서 거세됐다. 그들은 다른 아랍 국가들도 유사한 협정으로 끌어들여 투쟁의 축 밖으로 분리하려 한다.

이슬람 저항 운동은 아랍과 이슬람 국가들이 이 끔찍한 구상의 성공을 막고 시온주의에 맞선 투쟁의 축을 이탈할 때 발생하는 위험을 인민들에게 경고하기 위해 진지하고 끈질긴 행동을 취할 것을 촉구한다. 오늘은 팔레스타인이었던 곳이 내일은 다른 국가가 될 수 있다. 시온주의 구상에는 한계가 없다. 시온주의자들은 팔레스타인 이후에 나일강에서부터 유프라테스강까지 확장하길 열망할 것이다. 한 지역을 장악한 후에는 더 멀리 팽창을 꿈꿀 것이다. 그들의 계획은 《시온 의정서》*에 구체화되어 있고, 그들의

* (옮긴이주) 1903년 러시아에서 처음 출판된 이후 세계 전역으로 확산된 책으로,

현재 행태는 이를 증명한다.

. . .

역사의 증거

제35조

이슬람 저항 운동은 살라흐 앗딘 아유브가 십자군을 물리치고 그
들의 손에서 팔레스타인을 구한 역사와 더불어, 아인 잘루트 전
투에서 쿠투즈와 알-자히르 바이바르스가 타타르인들의 세력을
꺾어 인류 문명을 위협하던 그들의 공격으로부터 아랍 세계를 구
한 역사적 사건*을 깊이 새기고 있다. 우리의 운동은 이 모든 것에
서 교훈과 본보기를 얻는다. 현재의 시온주의 공격도 서방의 십
자군 공격과 동방 타타르의 공격의 연장선상에 있는 일이다. 과
거 무슬림들이 이들 공격에 직면해서 투쟁을 계획하고 그들을 격

반유대주의를 조장하기 위한 목적으로 만들어진 위서다. 19세기 말 유대교 장
로들이 모여 유대인의 세계 지배를 계획했다는 내용 등을 담고 있어 20세기 초
반 유럽과 미국에서 반유대주의를 확산시키는 데 큰 역할을 했다.

*   (옮긴이주) 아인 잘루트는 현재의 갈릴리 지역으로, 아인 잘루트 전투란 1260년
당시 맘루크 술탄국이 몽골제국의 침략을 물리치며 이슬람 세계를 구한 중요
한 전투다. 쿠투즈와 바이바르스는 당시 맘루크의 술탄으로 아인 잘루트 전투
를 승리로 이끈 장본인들이다. 그리고 몽골군의 동유럽 진격 당시 몽골군에는
칭키즈 칸에게 정복된 유목 민족인 타타르족이 많았고, 유럽에서는 그 이름이
그리스신화의 지옥 타르타로스와 겹쳐져 몽골군을 타타르로 부르게 됐다. 이후
오랫동안 유럽과 중동에서 중앙아시아 몽골계와 튀르크계 유목 민족을 두루 통
칭할 때 타타르라는 명칭을 사용했다.

퇴했던 것처럼 우리도 시온주의 침략에 맞서 이들을 격퇴할 것이다. 의도가 순수하고, 결심은 진실하며, 무슬림들이 과거 경험으로부터 도움을 얻고 사상적 침략의 영향에서 벗어나 조상들의 관습을 따른다면, 전능하신 알라의 도움으로 이 목표를 달성하는 것은 결코 문제가 되지 않을 것이다. (…)

미국 국제민주연구소의
팔레스타인자치의회 선거에 관한 최종 보고서*

2006년 1월 25일

· · ·

선거 감시 요약(2~3쪽)

2006년 1월 25일 수십만 명의 팔레스타인 사람들은 계속되는 분쟁과 점령이라는 어려운 상황에도 불구하고 새로운 팔레스타인자치의회 의원을 선출하기 위해 투표장으로 나갔다. 투표는 대체로 축제같이 평화로운 분위기 속에서 진행됐다. 대표단은 팔레스타인인들이 민주적 선거에 참여하고자 하는 열정을 분명하게 보여준 것에 깊은 감동을 받았다. 팔레스타인 중앙선거관리위원회와 선거 요원들은 자신감 있고 효과적으로 공정하게 선거를 진행했으며, 그 결과 국제 기준에 비추어 손색이 없는 선거가 진행됐다.

---

*   미국 국제민주연구소National Democratic Institute의 보고서 전문을 일부 발췌한 것으로, 다음에서 전체 내용을 찾아볼 수 있다. ndi.org/sites/default/files/2068_ps_elect_012506_5.pdf.

정당한 선거에 대한 국제 기준에 따르면 탄탄한 법적 체계와 공개적으로 활동을 수행하는 공정하고 효과적인 선거관리기구가 필요하다. 또한 정당과 후보자가 선거 과정에 자유롭고 완전하게, 그리고 평화롭게 조직하고 참여할 수 있는 선거 환경이 보장되어야 한다. 1월 25일 선거는 정치적 목적을 달성하는 수단으로 폭력의 사용을 옹호하고, 무장 해제를 거부하며, 유엔 회원국의 파괴를 목표로 하는 조직이 집권했다는 측면에서 특수한 과제를 제기했다. 민주적 선거와 거버넌스가 정치적 목적을 달성하기 위한 평화적 수단을 사용하는 것에 기초한다는 점은 보편적으로 받아들여진다. 선거는 실질적으로 폭력을 포기하는 것이어야 하며 정치적 대화와 진보의 문화로 되돌아가는 것을 의미할 수 있다. 대표단은 이번 선거가 모든 팔레스타인 집단에 의해 폭력을 포기하는 결정적 계기가 되고, 선출된 지도자와 대표자 들이 자유 독립 국가 안에서 팔레스타인 인민들이 마땅히 누려야 할 평화와 번영을 가져올, 진정으로 민주적인 제도와 절차를 수립하길 희망한다. 이번 선거를 통해 부패 문제와 팔레스타인인의 삶을 개선하는 데 핵심적인 여러 문제를 해결하려는 선출직 공직자들이 그 의지를 새롭게 하기를 희망한다.

- 최근 자발적으로 마련된 정당 행동 강령에 따라 모든 경쟁 정당들은 평화롭고 공정한 선거운동을 진행하고 선거 결과를 수용하기로 약속했다. 이는 정치적 목표의 달성을 위한 폭력의 사용을 거부하는 공인된 민주적 규범으로의 중요한 진전을 보여주었지만, 아직 완전하지는 않다. 선거운동은

유권자들이 투표소에서 사실에 기반한 선택을 할 수 있도록 도와주면서 활기차고 대체로 평화로운 분위기로 진행됐다. 그러나 선거 당일에는 선거법과 정당 행동 강령을 위반하는 선거운동이 만연했고, 모스크에서의 선거운동과 당파적 이득을 위한 공적 자원의 남용에 관한 신뢰할 만한 보고들도 있었다.

- 최근의 법체계 변화는 2005년 대선 당시 경험한 문제 일부를 통제하는 데 도움이 됐다. 특히 문제가 있는 주민등록부를 유권자 확인 수단으로 사용하거나 문맹자들의 투표를 조력하기 위한 특별 절차를 오용하는 문제를 개선했다. 새롭게 도입된 팔레스타인 경찰의 사전 투표 체계는 효과적이었으나, 유권자들의 투표에 영향을 미치려는 시도에 대한 산발적인 보고들에 의해 그 의미가 퇴색했다.

- 새로운 할당제 도입은 여성들이 후보로 참여하는 데 크게 기여했다. 여기에 더해 여성들은 선거 공직자, 정당 및 후보 대리인, 비당파 선거감시원과 유권자로서 크고 가시적인 역할을 수행했다.

- 상당수의 정당 및 후보 대리인들과 팔레스타인인 비당파 선거감시원들은 적극적으로 선거 절차를 감시했고 선거의 투명성과 완결성을 보증하는 데 도움이 됐다.

- 선거운동과 선거 준비 과정 동안의 일부 문제에도 불구하고 이스라엘 당국은 선거 당일 이동의 자유를 보장하기 위해 전반적으로 검문소 통과 절차를 완화했다.

- 예루살렘에서의 투표에 대한 이스라엘과 팔레스타인 사이

의 합의가 늦게 이루어지면서 결과적으로 관련 준비가 급하게 이루어졌다. 이스라엘의 제한 조치들로 인해 예루살렘 지역의 선거운동과 선거 당일의 활동이 심각하게 방해받았다. 팔레스타인인들이 사실상 우편 투표를 할 수 있었던 여섯 개의 이스라엘 우체국에서는 유권자들이 우체국 직원들의 시야를 피해서 투표할 수 없는 환경이었다.

대표단은 동예루살렘에서 투표가 허용된 유권자의 수에 제한이 있었던 것을 제외하고 위에 인용한 결점 중 어느 것도 선거 결과에 중대한 영향을 미치지 못했다고 결론을 내린다. 따라서 선거 결과는 인민의 의지를 반영한 것으로 받아들여져야 한다. 팔레스타인인들과 국제 사회는 이제 새로 선출된 지도자들이 서안지구와 가자지구에 평화와 번영을 가져올 진정으로 민주적인 제도와 절차를 이행하길 고대하고 있다.

• • •

선거 감시(17쪽)

팔레스타인 선거법은 후보 대리인이 선거의 전체 과정에 접근할 수 있도록 보장한다. 아랍 사상 포럼, 팔레스타인 인권 센터, 팔레스타인 선거감시위원회, 필리스티나야트와 같은 단체의 팔레스타인인 비당파 선거감시원뿐만 아니라 다수의 정당 및 후보 대리인들이 선거를 감시했다. 이들은 합법적 선거 절차의 전망을 향상시키기 위해 서로 간에, 그리고 선거 요원들과도 협력했다. 대부분은 문서 자료의 도움 없이 임무를 수행했지만, 사전 행사 기간과 선거 당일 이들의 강한 존재감은 선거 절차의 완결성을 지키는 팔레스타인인들의 역량이 성장하고 있음을 입증했다.

게다가 40개 이상의 단체와 외교 사절을 대표하는 수백 명의 국제 선거감시원들은 선거 절차를 감시하기 위한 인가를 받았다. 이들 중 가장 규모가 큰 국제 감시단은 유럽연합, 유럽의회, 캐나다 대표단과 국제민주연구소-카터 센터 대표단이었다. 국제 감시단, 특히 대규모 임무단 간 대단히 높은 수준의 협조가 이루어졌는데 이것은 〈국제 선거 감시 원칙 선언〉을 지지하는 조직들 간의 협력이 증가하는 경향과 궤를 같이한다. 이스라엘과 팔레스타인 관리 모두 대표단의 임무 수행에 더없이 협조적이었다.

선거일 전 중앙선거관리위원회는 모든 투표소 요원들이 전체 자료와 규약, 통계를 선거 감시단에 제공하는 데 협조하라는 지침을 발표했다. 이 지침들은 높이 살 만한 조치인 데 반해 실제로 일관되게 적용되지 않았고 일부 사례에서 선거 요원들이 선거감시단이 투표소에서 돌아다니는 것을 막는 경우도 있었다.

최종 결과(18쪽)

중앙선거관리위원회는 하마스가 74석, 파타흐가 45석을 각각 얻었다고 공식적으로 발표했다. 또한 순교자 아부 알리 무스타파 3석, 제3의 길 2석, 대안당 2석, 독립 팔레스타인 2석 및 여러 무소속 후보가 4석을 확보했다.

　선거 과정에서의 결점들은 선거 결과에 중대한 영향을 끼치지 않았다는 것이 대표단의 판단이다. 따라서 발표된 선거 결과가 인민의 의지를 반영했다는 것을 신뢰할 수 있다.

권고 사항(18쪽)

대표단은 이번 선거가 모든 팔레스타인 집단이 폭력을 포기하는 결정적 계기가 되고 부패 문제와 팔레스타인인의 삶을 개선하는 데 핵심적인 여러 문제를 해결하려는 선출직 공직자들이 그 의지를 새롭게 하기를 희망한다.(…)

2017년 하마스 일반 원칙 및 정책 문서[*]

2017년 5월

· · ·

모든 세상의 하나님이신 알라께 찬양이 있으라. 사도 중 으뜸이자 무자헤딘의 지도자인 무함마드, 그리고 그의 가정과 모든 사하바들Companions^{**}에게 알라의 평화와 축복이 있으리라.

전문

팔레스타인은 아랍 팔레스타인 민족의 영토로, 그들은 이 땅에서

---

*   전문에서 발췌해 수록했다. 출처는 다음과 같다. "Hamas in 2017: The document in full", *Middle East Eye*, May 2, 2017, bit.ly/hamas—doc—2017.

**   (옮긴이주) 사하바sahaba 혹은 예언자의 교우들Companions of the Prophet이란 무함마드 생전에 그를 만난 제자와 추종자 들을 말한다. 이들은 무함마드와 고락을 함께하면서 이슬람의 초석을 구축한 사람들이자 하디스의 전승자들이라는 중요성을 가진다.

기원하고, 이 땅을 따르며 그곳에 속하고, 그곳으로 손을 내밀어 소통한다.

  팔레스타인은 그 땅을 높이 평가하고 그 땅을 통해 영혼과 정의로운 가치를 숨 쉬게 하며 그 땅을 지키고 보호하는 교리의 토대를 놓는 신념인 이슬람에 의해 지위가 고양된 땅이다.

• • •

팔레스타인은 해방이 달성될 때까지, 귀환이 이루어질 때까지, 그리고 예루살렘을 수도로 하는 완전한 주권 국가가 수립될 때까지 이어질 저항의 상징이다.

• • •

우리의 운동

1. 이슬람 저항 운동 '하마스'는 팔레스타인의 이슬람 민족 해방 및 저항 운동이다. 우리의 목표는 팔레스타인을 해방하는 것이고 시온주의 기획에 맞서는 것이다. 우리의 준거 틀은 이슬람이고, 이슬람은 원칙과 목적, 수단을 결정한다.

팔레스타인 영토

2. 동쪽으로는 요르단강부터 서쪽으로는 지중해까지, 북쪽으로는 라스 알 나쿠라부터 움 알라슈라쉬까지* 이르는 팔레스타인은 완전한 영토적 단위다. 팔레스타인은 팔레스타인 민족의 영토이자 고향이다. 팔레스타인 민족이 그들의 땅에서 추방되고 쫓겨난 것과 그곳에 시온주의 실체entity가 수립된 것은 팔레스타인 민족의 땅 전체에 대한 팔레스타인 민족의 권리를 빼앗을 수 없고, 그 땅에 대한 시온주의 실체의 어떤 권리도 강화하지 않는다.

3. 팔레스타인은 아랍인의 이슬람 영토다. 또한 모든 아랍인과 무슬림의 가슴에 특별한 위치를 차지하고 있는 축복받은, 성스러운 땅이다.

팔레스타인 민족

4. 팔레스타인인이란 그곳에서 쫓겨났는지, 혹은 계속 살고 있는지의 여부와 무관하게 1947년까지 팔레스타인에 살았던 아랍인이다. 또한 그날 이후로 팔레스타인 안에서건 밖에서건 아랍 팔레스타인 아버지 밑에 태어난 모든 사람은 팔레스타인인이다.

* (옮긴이주) 역사적 팔레스타인의 최북단과 최남단 지역이다.

5. 팔레스타인 정체성은 진실하고 영원하며, 세대에서 세대로 전승된다. 시온주의 점령과 그 추방 정책으로 인해 팔레스타인 민족이 겪은 재앙들은 팔레스타인 민족의 정체성을 지울 수 없고 부정할 수도 없다. 팔레스타인인은 이중 국적을 얻음으로써 자신의 민족 정체성과 권리를 상실할 수 없다.

6. 팔레스타인 민족은 종교적, 문화적 또는 정치적 소속에 관계없이 팔레스타인 안팎에 거주하는, 모든 팔레스타인인들로 이루어진 단일 민족이다.

이슬람과 팔레스타인

7. 팔레스타인은 아랍과 이슬람 움마Ummah*의 중심에 있으며 특별한 위치를 누린다. 팔레스타인 안에는 알라께 축복받은 예루살렘이 위치하고 있다. 팔레스타인은 알라께서 인류를 위해 축복하신 성지다. 팔레스타인은 무슬림의 첫 번째 키블라이며, 평화가 깃들 예언자 무함마드가 수행한 밤의 여정의

---

* (옮긴이주) nation[민족], people[인민], community[공동체] 등과 유사하나 구분되는 개념으로 쿠란과 하디스 등 샤리아 율법에 따라 구성된 이슬람 공동체를 뜻한다. 무슬림들은 국적, 민족, 인종을 초월하여 동일한 움마에 속하고 동시에 같은 국민일지라도 종교가 다를 경우 서로 다르다는 의식을 공유한다. 따라서 움마 개념을 기초로 무슬림들이 국경을 초월하여 결속하거나 외부로부터의 지배에 저항하는 힘이 만들어지기도 한다. 그런 의미에서 이슬람 정체성을 가진 초국가적 정치체polity라는 의미로 확장되기도 하며, 영어의 commonwealth[연방, 공화국, 정치공동체 등을 의미]와도 유사한 의미를 지닌다.

목적지이자 그가 천국으로 승천한 곳이다. 팔레스타인은 평화가 깃들 예수 그리스도의 출생지이기도 하다. 또한 그 땅에는 수천 명의 예언자와 사하바들, 무자헤딘의 유해가 있다. 팔레스타인은 예루살렘과 그 주변 지역에서 진실을 지키기로 결심한 인민의 영토다. 그들은 반대자와 배반자 때문에 단념하거나 두려워하지 않을 것이며 알라의 약속이 실현될 때까지 임무를 계속해서 수행할 것이다.

8. 이슬람은 공정하게 균형 잡힌 중용과 온건한 정신을 통해 하마스에 총체적인 삶의 양식과 모든 시공간에 적합한 질서를 제공한다. 이슬람은 평화와 관용의 종교로서, 자신의 믿음을 안전하게 실천하는 다른 신념과 종교의 추종자들에게 보호를 제공한다. 하마스는 팔레스타인이 항상 공존과 관용, 문명사적 혁신의 모델이었고, 앞으로도 항상 그럴 것이라 믿는다.

9. 하마스는 이슬람의 메시지가 진실과 정의, 자유, 존엄의 가치를 확인하며, 종교, 인종, 젠더 혹은 민족과 무관하게 모든 형태의 부정의를 금하며 압제자들을 벌한다고 믿는다. 이슬람은 모든 형태의 종교적, 종족적, 파벌적 극단주의와 편협함에 반대한다. 이슬람은 그 추종자들에게 억압에 맞서고 억압받는 자를 지지하는 가치를 심어주는 종교다. 또한 그 추종자들이 관대하게 베풀고 그들의 존엄과 땅, 민족, 성소를 지키기 위해 희생할 것을 장려한다.

예루살렘

10. 예루살렘은 팔레스타인의 수도다. 그 종교적, 역사적, 문명
    사적 지위는 아랍인, 무슬림, 세계 전체에 본질적으로 중요
    하다. 팔레스타인의 이슬람 및 기독교 성소들은 독점적으로
    팔레스타인 민족과 아랍 및 이슬람 움마에 속한다. 예루살렘
    의 돌 하나라도 양도되거나 포기될 수 없다. 유대화Judaization,
    불법정착촌 건설, 현지 상황facts on the ground*의 강화 등 예루살
    렘의 점령자들이 착수한 조치들은 모두 근본적으로 무효다.
11. 축복받은 알아크사 모스크는 독점적으로 우리 민족과 움마
    에 속하며, 점령 당국에는 그에 대한 어떠한 권리도 없다. 알
    아크사를 유대화하고 분할하기 위한 점령의 음모와 조치, 시
    도는 무효이며 위법하다.

난민과 귀환권

12. 팔레스타인의 대의는 본질적으로 피점령지와 추방된 민족의
    대의다. 팔레스타인 난민과 피란민들이 1948년이나 1967년에
    점령된 땅들(즉, 팔레스타인 영토 전체)에서 쫓겨나 돌아갈 수 없게
    된 고향으로의 귀환권은 개인과 집단 모두의 자연권이다. 이

---

* (옮긴이주) 이스라엘이 팔레스타인 영토에서 정착촌을 확대해 실효 점유하는 땅을
  늘리는 전략을 지칭하는 개념이다.

권리는 인권법과 국제법의 기본 원칙뿐만 아니라 모든 신법神法, divine law에 의해 확인된다. 이는 양도할 수 없는 권리이며 어떤 팔레스타인, 아랍, 국제적 당사자도 이를 박탈할 수 없다.

13. 하마스는 난민들을 팔레스타인 밖의 대체 구역에 정착시키려는 시도를 포함해 난민의 권리를 박탈하려는 모든 시도를 거부한다. 추방과 영토 점령으로 인해 팔레스타인 난민들이 겪은 피해에 대한 배상은 이들의 귀환권과 함께 가는 절대적인 권리다. 난민들은 귀환 시 배상을 받을 것이고, 이는 그들의 귀환권을 부정하거나 축소하지 않는다.

시온주의 기획

14. 시온주의 기획은 타인의 재산을 장악하는 것에 기초한 인종주의적, 폭력적, 식민주의적, 팽창주의적 기획이다. 이는 팔레스타인 민족과 그들의 자유, 해방, 귀환, 민족자결에 적대적이다. 이스라엘의 실체는 시온주의 기획의 노리개이고 억압의 기반이다.

15. 시온주의 기획은 팔레스타인 민족만을 표적으로 삼지 않고, 아랍과 이슬람 움마의 안전과 이익에 심대한 위협을 가하는 적이다. 또한 통합, 부흥과 해방을 향한 움마의 열망에도 적대적이며 분쟁의 주요 원인이 되어왔다. 시온주의 기획은 또한 국제 안보와 평화에, 그리고 인류와 인류의 이익 및 안정에 위험이 되어왔다.

16. 하마스는 우리의 갈등이 종교로 인한 유대인들과의 갈등이 아니라 시온주의 기획과의 갈등이라는 것을 확인한다. 하마스는 단지 유대인이라는 이유로 유대인들에 대한 투쟁을 벌이는 게 아니라 팔레스타인을 점령한 시온주의자들에 대한 투쟁을 벌인다. 그러니 유대교와 유대인들을 자신들의 식민주의 기획과 불법적 실체에 지속적으로 동일시하는 것은 시온주의자들이다.

17. 하마스는 모든 인간에 대한 박해나 민족, 종교, 분파적 근거로 인한 인권 침해를 거부한다. 하마스는 유대인 문제, 반유대주의, 유대인들의 박해는 근본적으로 유럽의 역사와 연관된 현상이지 아랍인과 무슬림의 역사 혹은 그들의 유산으로 인한 현상이 아니라는 입장을 견지한다. 서구 강대국의 도움으로 팔레스타인을 점령하는 것이 가능했던 시온주의 운동은 세계 대부분의 지역에서 이미 사라진 정착민 점령의 가장 위험한 형태로서, 팔레스타인에서도 반드시 사라져야 한다.

점령과 정치적 해결책에 대한 입장

18. 다음의 문서들은 무효로 간주한다. 밸푸어 선언, 영국 위임통치령 문서, 유엔의 팔레스타인 분할 결의안,* 그리고 해당

---

* (옮긴이주) 밸푸어 선언은 제1차 세계대전 당시인 1917년 아서 밸푸어 영국 외무장관이 시온주의 지도자인 월터 로스차일드에게 보낸 서한에서 "팔레스타인에

문서에서 파생했거나 이들과 유사한 모든 결의안과 조치들. '이스라엘'의 수립은 전적으로 불법이고 양도할 수 없는 팔레스타인 민족의 권리를 위반하며 이들의 의지와 움마의 의지에 반한다. 또한 이는 국제 조약으로 보장되는 인권, 그중 대표적으로는 자결권을 침해한다.

19. 시온주의 국가의 정당성에 대한 인정은 없을 것이다. 팔레스타인 땅에 점령, 불법정착지화, 유대화나 그 땅의 특성에 대한 변경, 혹은 사실의 조작처럼 무엇이 닥치든 그것은 정당하지 않다. 권리는 소멸하지 않는다.

20. 하마스는 얼마나 점령이 지속되건 그 원인과 상황, 압력과 상관없이 팔레스타인 땅의 어떤 부분도 절충하거나 양보할 수 없다고 믿는다. 하마스는 요르단강부터 지중해까지의 완전하고 완벽한 팔레스타인의 해방 이외에 어떠한 대안도 거부한다. 하마스는 시온주의 국가에 대한 거부를 절충하지 않고 모든 팔레스타인인의 권리를 포기하는 것 없이 난민과 피란민이 쫓겨났던 고향으로 귀환하며 1967년 6월 4일의 예루

서 유대인 국가의 수립을 지지한다"는 내용을 선언한 것이고, 영국 위임통치령 문서란 제1차 세계대전 이후 승전국의 위임통치를 규정한 1919년 국제연맹 규약 제22조를 근거로 만들어진 1922년 팔레스타인 위임통치령 문서를 가리킨다. 밸푸어 선언의 정신을 이어받아 팔레스타인에서 아랍 민족의 권리를 인정하지 않고 유대인의 민족적 권리만 인정했다. 유엔의 팔레스타인 분할 결의안은 팔레스타인 영토의 56%를 유대 국가에, 44%를 아랍 국가에 분할한다는 내용을 담은 1947년 유엔 총회 결의안 제181호를 가리킨다. 참고로 위임통치령의 주요 조항의 의미와 사회적 영향에 대해서는 다음의 책을 참고하라. 라시드 할리디, 앞의 책, 60~87쪽. 위임통치령 전문은 다음 사이트에서 확인 가능하다. avalon.law.yale.edu/20th_century/palmanda.asp.

살렘을 그 수도로 하는 완전히 자주적이고 독립적인 팔레스타인 국가를 수립하는 것이 민족적으로 합의된 공식이라고 생각한다.

21. 하마스는 오슬로 협정과 그 부칙이 팔레스타인 민족의 양도할 수 없는 권리를 침해하는 책임을 발생시키므로 국제법의 관리 규범을 위반한다는 점을 확인한다. 그러므로 우리 운동은 이 협정과 그로 인해 발생한 모든 결과, 특히 우리 민족의 이해관계, 특히 안보 협력을 해치는 의무 등을 거부한다.

22. 하마스는 팔레스타인의 이상과 우리 팔레스타인 인민의 권리를 약화하려는 모든 합의, 계획, 정착 프로젝트를 거부한다. 이와 관련하여 어떠한 입장, 계획 혹은 정치 프로그램도 이러한 권리를 침해하거나 위반해서는 안 되며 이 권리와 상충되어서도 안 된다.

23. 하마스는 팔레스타인 민족의 땅을 강탈하고 이들을 고국에서 내쫓으며 이들의 권리를 침해하는 것을 평화로 부를 수 없다는 점을 강조한다. 이러한 원칙에 기초한 어떠한 합의도 평화에 이르지 못할 것이다. 팔레스타인의 해방을 위한 저항과 지하드는 우리의 민족과 우리의 움마에 속한 모든 아들딸들의 합법적 권리이자 의무, 명예로 남을 것이다.

저항과 해방

24. 팔레스타인의 해방은 특히 팔레스타인 민족의 의무이자 아랍과 이슬람 움마의 보편적인 의무다. 그것은 또한 진실과

정의의 명령으로 인한 필연적인 인도주의적 의무다. 민족, 아랍, 이슬람, 인도적 차원 어디가 됐든, 팔레스타인을 위해 일하는 기관들은 서로를 보충해주고 조화를 이루며 서로 갈등하지 않는다.

25. 모든 수단과 방법으로 점령에 저항하는 것은 신법과 국제 규범 및 국제법에 의해 보장된 정당한 권리다. 그 중심에 무장 저항이 자리하고 있고, 이는 법적 원칙과 팔레스타인 민족의 권리를 보호하기 위한 전략적 선택으로 간주된다.

26. 하마스는 우리의 저항과 저항의 무기를 약화시키는 모든 시도를 거부한다. 하마스는 또한 저항의 수단과 방법을 발달시키고자 하는 우리 민족의 권리를 확인한다. 긴장의 강화나 완화, 혹은 수단과 방법의 다변화라는 측면에서 저항을 관리하는 것은 갈등 조정 과정의 필요 불가결한 부분이며 이는 저항이라는 원칙을 희생해서는 안 된다.

팔레스타인 정치 체계

· · ·

28. 하마스는 다원성, 민주주의, 민족적 협력, 타자에 대한 수용과 대화를 기본 원칙으로 삼아 팔레스타인 내 관계를 조정하는 것을 믿고 그것을 충실히 따른다. 그 방향은 민족적 목표를 달성하고 팔레스타인 민족의 열망을 실현하려는 이들의

통합과 그러한 목적의 공동 행동을 지지하는 것이다.

29. 팔레스타인해방기구는 팔레스타인 국내외에 있는 팔레스타인 인민들의 민족적 체계다. 따라서 팔레스타인의 권리를 보호하는 방식으로 팔레스타인 민족의 모든 구성원들과 세력의 참여를 보장하기 위해 팔레스타인해방기구 민주적 토대 위에서 유지되고 발전하며 재건되어야 한다.

30. 하마스는 건전한 민주적 원칙 위에 팔레스타인 민족의 제도를 건설해야 하는 필연성을 강조한다. 그중 가장 중요한 것은 자유롭고 공정한 선거다. 그러한 절차는 민족 협력에 기초하며, 저항권을 포함하여 팔레스타인 민족의 열망을 실현하는 권리를 충실히 지키는 분명한 프로그램과 분명한 전략에 부합해야 한다.

31. 하마스는 팔레스타인자치정부의 역할이 팔레스타인 민족에 봉사하고 그들의 안전과 권리, 민족 기획을 보호하는 것임을 확인한다.

32. 하마스는 팔레스타인의 민족적 의사결정에서 독립성을 유지해야 함을 강조한다. 외부 세력의 개입이 허용되어서는 안된다. 하마스는 동시에 시온주의 점령으로부터 아랍인과 무슬림의 책임, 그리고 의무와 역할을 확인한다.

33. 팔레스타인 사회는 민족적 목표를 달성하고 사회를 재건하기 위해 함께 협력하고 저항에 힘쓰며 해방을 달성하려는 저명한 인물들, 인사들, 고관들, 시민사회 기관들, 그리고 청년·학생·노동조합·여성 관련 조직들로 넘쳐난다.

34. 팔레스타인 여성의 역할은 팔레스타인 역사를 만들어가는

과정에서 항상 그래왔던 것처럼 현재와 미래를 건설하는 과정에서 핵심적이다. 그 역할은 저항과 해방의 기획, 그리고 정치체제를 만들어가는 기획에서 중추적이다.

아랍과 무슬림 움마

35. 하마스는 팔레스타인 문제가 아랍과 이슬람 움마에서 핵심 대의라고 믿는다.

36. 하마스는 다채로운 구성원으로 이루어진 움마의 통합을 믿으며, 움마를 조각내고 그 통합을 약화시킬 수 있는 모든 것을 피해야 할 필요를 인식한다.

37. 하마스는 팔레스타인 민족의 권리를 지지하는 모든 국가와의 협력을 믿는다. 하마스는 어떤 나라든 그 나라의 내정에 개입하는 것을 반대한다. 또한 다른 나라 사이에 발생하는 분쟁과 갈등에 끌려 들어가기를 거부한다. 하마스는 전 세계의 여러 국가들, 특히 아랍과 이슬람 국가들에 개방적인 정책을 취한다. 하마스는 팔레스타인의 대의와 민족적 이익을 추구하는 동시에 움마의 이익과 부흥, 안전을 함께 고려하는 균형 잡힌 외교 관계를 수립하기 위해 노력한다.

인도적 측면과 국제적 측면

38. 팔레스타인 문제는 중대한 인도주의적, 국제적 차원을 가진

문제다. 이러한 대의를 지지하고 후원하는 것은 진실과 정의, 공통의 인도주의적 가치라는 필수 조건에 따라 요청되는 인도주의적, 문명사적 과업이다.

39. 법적, 인도주의적 관점에서 팔레스타인의 해방은 정당한 행위이고, 정당방위의 행동이며, 모든 민족들의 자결권이라는 자연권의 표현이다.

40. 전 세계의 민족과 관련하여 하마스는 협력과 정의, 자유, 인민의 의지에 대한 존중이라는 가치를 믿는다.

41. 하마스는 팔레스타인 민족의 권리를 지지하는 국가, 조직, 기관들의 입장을 환영한다. 하마스는 팔레스타인의 대의를 지지하는 세계의 자유 민족들에게 경의를 표한다. 동시에 하마스는 어떤 당사자가 됐든 시온주의 국가에 대해 보내는 지지 혹은 팔레스타인인들에 대한 그들의 범죄와 침략을 덮으려 하는 시도들을 고발하며, 시온주의 전쟁범죄자들이 기소되어야 함을 요구한다.

42. 하마스는 전 세계의 나머지 국가와 민족들에게 헤게모니를 강요하려는 시도를 거부하는 것처럼 아랍과 이슬람 움마에 헤게모니를 강요하려는 시도를 거부한다. 하마스는 또한 전 세계에서 모든 형태의 식민주의, 점령, 차별, 억압과 폭력을 규탄한다.

부록 4

하마스가 미국의 테러 단체 목록에
등재된 과정에 대한 설명*

2024년 2월 7일

· · ·

미국을 포함한 여러 국가들은 하마스를 테러 단체로 지정해왔다. 이 조직은 자신들이 이스라엘의 점령에 맞선 팔레스타인 해방 운동이라고 말한다.

위싱턴 근동 정책 연구소의 하마스 전문가인 매슈 레빗은 미국이 하마스를 여태까지 세 차례에 걸쳐 테러 조직으로 지정했다고 설명한다.

그에 따르면, "첫 번째는 현재의 테러 단체 목록이 만들어지기 이전인 1995년, 클린턴 행정부의 평화 프로세스 추진 과정에서 이루어졌다. 클린턴 행정부는 당시 평화 프로세스에 위협이 되는 단체를 금지하는 행정명령에 서명했다. 여기에는 하마스와 팔레스타인 이슬람지하드 같은 이슬람주의 단체와 함께 카흐와 카하

---

* Linda Gradstein, "Explainer: How Hamas Ended Up on US List of Terrorist Groups", *VOA*, February 7, 2024, https://bit.ly/hamas-terror-list.

네 하이* 같은 유대교 극단주의 단체도 포함됐다."

2년 후 미국은 새로운 테러 단체 목록을 작성했다.

레빗은 다음과 같이 설명했다. "1997년 당시 미 국무부는 테러 단체만을 대상으로 하는 외국 테러리스트 조직Foreign Terrorist Organization, FTO 목록을 새롭게 만들었다. 그리고 하마스는 평화 프로세스를 위협했다는 이유뿐만 아니라, 당시 총격전, 칼부림을 자행하고 있었으며 자살 폭탄 공격도 꽤 자주 감행하기 시작했기 때문에, 이러한 테러 행위로 인해 이 목록에 추가됐다."

레빗에 따르면 세 번째는 미국에 대한 9·11 테러 이후 부시 행정부가 특별 국제 테러리스트 목록을 만들었을 때였다.

레빗은 하마스가 어떻게 테러 조직에 대한 정의에 부합하는지를 설명했다.

그에 따르면, "간단하지만 가장 기본적인 정의는 사회적 혹은 정치적 변화에 영향을 주기 위한 목적으로 민간인을 표적으로 삼는 것이다. 개인적으로 나는 이걸 좀 더 단순화해서 전술의 문제로 본다. 테러 행위는 하나의 전술이고, 누군가가 사회적 혹은 정치적 변화에 영향을 주기 위한 목적으로 민간인을 표적으로 삼는 전술을 행한다면 그 행위는 테러 행위다".

---

* (옮긴이주) 카흐는 미국 태생의 유대교 랍비인 메이르 카하네가 1971년 창당한 이스라엘의 극단적 국수주의 정당이다. 카흐의 지지자였던 바루크 골드스타인의 1994년 이브라히미 모스크 학살 이후 두 정당 모두 그의 테러에 대한 지지 성명을 발표했고, 이로 인해 두 정당은 같은 해 이스라엘 정부에 의해 강제 해산되었다. 이스라엘 국가안보부 장관을 역임하다가 2025년 1월 19일 발효된 가자지구 휴전에 반대해 사임한 극우 정치인 이타마르 벤그비르도 카흐의 청년 당원 출신이다.

하마스는 1988년 선언에서 이스라엘의 파괴를 촉구했으나, 수년 후인 2017년 그런 표현을 삭제했다.

하지만 그들은 끊임없이 이스라엘 민간 지역을 향해 로켓을 발사해왔다.

2023년 10월 7일, 수천 명의 하마스 무장 세력이 이스라엘 영토로 침입해 대부분이 민간인인 1,200명을 죽이고, 20개 이상의 이스라엘 키부츠와 지역공동체를 공격했다. 사망자 중에는 미국 시민권을 가진 이스라엘인들도 최소 30명 포함되어 있었다.

이스라엘은 하마스의 공격에 대해 가자지구의 하마스를 상대로 한 전쟁으로 대응했다.

하마스가 통치하는 가자지구의 팔레스타인 보건부는 전투원과 민간인 모두를 포함하여 2만 7,000명 이상의 팔레스타인인들이 사망했다고 밝혔다. 반면 이스라엘은 하마스 전체 세력의 약 3분의 1인 1만 명 정도의 하마스 전투원을 살해했다고 밝혔다.

이스라엘은 이스라엘군이 가자지구에서 정밀 공격을 수행하고 있으며 민간인을 표적으로 삼지 않는다고 말한다. 또한 현재 발생하고 있는 민간인 사망은 의도치 않은 것이라고 주장한다.

가자지구에서 민간인 사망자 숫자가 증가하고 인도적 위기가 커지면서 이스라엘에 전쟁을 중단하라는 국제적 압력이 커지고 있다. 미국은 종국에는 팔레스타인자치정부가 다시 회복해서 가자지구를 운영해야 한다고 말하지만 베냐민 네타냐후 이스라엘 총리는 이 구상을 거부해왔다.

2007년부터 가자지구를 통치하고 있는 하마스도 이 구상을 거부했다. 최근 한 쿠웨이트 언론인과의 인터뷰에서 현재 카타르에 거주 중인 전 하마스 고위 관료 칼리드 마슈알은 이스라엘을 인정하는 구상을 거부하며, 10월 7일 공격은 '요르단강부터 지중해까지' 팔레스타인이 해방되는 구상이 실현 가능하다는 것을 입증했다고 언급했다.

마슈알은 하마스가 가자지구를 통치하는 동안 자신들의 저항 역량과 저항을 위한 모든 수단을 강화했다고 밝혔다. 그는 무기와 무기 생산 시설, 작전 기획, 훈련, 터널이 준비되어 있다며 이것이 자신들을 안전하게 보호해주고 있다고 밝혔다.

25마일(40킬로미터) 길이의 고립 지역인 가자지구에는 230만 명의 민간인이 거주 중이다.

다니엘 하가리 이스라엘군 대변인은 하마스가 전투원들을 민간 기반시설에 숨기고 있다고 밝혔다.

그는 "하마스는 병원을 테러 기반시설로 사용한다. 하마스는 병원을 지휘통제본부로, 하마스 테러리스트와 지휘관들의 은신처로 바꿨다"고 밝혔다.

베냐민 네타냐후 이스라엘 총리는 군사 조직으로서의 하마스를 궤멸시키는 데에 매진하고 있다고 말한다. 하지만 전쟁이 네 달째로 접어드는 현재 하마스는 가자지구의 일부에서 통치를 유지하고 있어 이 고립된 땅의 미래가 어떻게 될지는 불투명하다.

우리의 서사······ 알아크사 홍수 작전[*]

2024년 1월 21일

. . .

1부   왜 알아크사 홍수 작전인가?

1. 점령과 식민주의에 맞선 팔레스타인 민족의 투쟁은 10월 7일
    에 시작된 것이 아니라, 영국 식민 통치 30년과 시온주의 점
    령 75년을 포함하여 105년 전부터 이어져왔다. 1918년 팔레
    스타인 민족은 전체 팔레스타인 영토의 98.5퍼센트를 소유하
    고 있었고, 인구의 92퍼센트를 차지했다. 반면 영국 식민 당
    국과 시온주의 운동 사이의 협력으로 이루어진 대규모 이주

---

[*] 하마스가 작성한 문건으로, 전문에서 발췌해 수록했다. 이 문서는 18쪽 분량
    으로, 전문과 함께 다음 5부로 구성된다. 1부: 왜 알아크사 홍수 작전인가. 2부:
    알아크사 홍수 작전의 사건들과 이스라엘의 주장에 대한 응답. 3부: 투명한 국
    제 조사를 향해. 4부: 하마스는 누구인가. 5부: 무엇이 필요한가. 이 발췌문은
    1부에서 3부까지의 내용이다. 출처는 다음과 같다. *Palestine Chronicle*, www.
    palestinechronicle.com/wp-content/uploads/2024/01/PDF.pdf.

캠페인을 통해 팔레스타인으로 이주한 유대인들은 1948년 시온주의 국가가 선포되기 전까지 팔레스타인 영토의 6퍼센트만을 소유했고, 인구는 31퍼센트 정도였다. 당시 팔레스타인 인민들의 민족자결권은 부정당했고 시온주의 폭력배들은 팔레스타인 민족을 이들의 영토와 구역에서 추방시키기 위해 종족청소 캠페인에 착수했다. 결과적으로 시온주의 폭력배들은 강압적으로 팔레스타인 영토에서 팔레스타인 인민의 57퍼센트를 추방하고 500개 이상의 팔레스타인 마을과 도시를 파괴했을 뿐 아니라 팔레스타인인들을 수십 차례 학살하며 이 영토의 77퍼센트를 장악했다. 이는 결국 1948년 시온주의 국가의 수립으로 이어졌다. 게다가 이스라엘군은 1967년 침략의 연장선상에서 팔레스타인 주변의 아랍 영토와 함께 서안지구, 가자지구와 예루살렘을 포함한 팔레스타인 영토의 나머지 부분마저 장악한다.

2. 지난 수십 년간 팔레스타인 민족은 모든 형태의 압제와 부정의, 기본권 박탈, 아파르트헤이트 정책으로 고통받았다. 예를 들어 가자지구는 2007년부터 이곳을 전 세계에서 가장 큰 지붕 없는 감옥으로 만든, 숨 막히는 봉쇄로 인해 17년 넘게 고통받았다. 가자지구의 팔레스타인 인민들은 다섯 차례의 파괴적인 전쟁으로 고통받았고, 여기 모두에서 '이스라엘'은 범행 당사자였다. 또한 2018년 가자지구의 인민들은 이스라엘의 봉쇄 조치와 열악한 인도주의적 상황에 대해 평화적으로 항의하고 자신들의 귀환권을 요구하기 위해 귀환대행진 시위에 돌입했다. 그러나 이스라엘 점령군은 이 시위에

강경하게 대응하여, 수개월 만에 아동 사상자 5,000명 이상을 포함해서 팔레스타인인 360명이 살해되고 1만 9,000명이 다쳤다.

3. 공식 통계에 의하면 2000년 1월부터 2023년 9월까지 이스라엘의 점령으로 팔레스타인인 1만 1,299명이 죽고 15만 6,768명이 다쳤는데 이 중 대부분은 민간인이었다. 유감스럽게도 미국 정부와 그 동맹들은 지난 세월 팔레스타인 민족의 고통에 주의를 기울이지 않았고 이스라엘의 침략에 보호막을 제공했다. (…)

4. 이스라엘의 침해와 만행은 많은 유엔 조직과 국제앰네스티와 휴먼라이츠위치를 포함한 국제 인권 단체에 의해, 그리고 심지어 이스라엘 인권 단체들에 의해서도 기록됐다. 그러나 이런 보고서와 증거들은 무시되었고, 이스라엘의 점령에 대해 여전히 책임을 묻지 못하고 있다. (…)

5. 미국 정부와 그 서방 동맹국들은 이스라엘을 항상 법적 책임에서 예외적으로 대우해왔다. 그들은 점령을 지속하고, 팔레스타인 인민들을 탄압하는 데에 필요한 보호막을 제공해왔다. 이로 인해 '이스라엘'은 더 많은 팔레스타인 땅을 점유하고 팔레스타인의 성역과 성소를 유대화하는 과정을 계속할 수 있었다. (…)

6. '평화적 협상 절차'와 관련하여, 1993년 팔레스타인해방기구가 서명한 오슬로 협정은 서안지구와 가자지구에서 팔레스타인 독립국가 수립을 규정했음에도 불구하고, "이스라엘"은 이를 실현할 가능성을 체계적으로 무력화했다. 특히 점령

중인 서안지구와 예루살렘에서 불법정착촌을 건설하고 팔레스타인 영토의 유대화를 추진하는 광범위한 정책을 통해 팔레스타인 국가 수립의 기반을 체계적으로 약화시켜왔다. (…)

7. 75년의 가차 없는 점령과 고통을 겪고, 해방과 우리 민족의 귀환을 위한 모든 시도가 실패한 후에, 또한 소위 평화 프로세스마저 참담한 결과로 끝났다. **다음과 같은 현실에서 전 세계는 팔레스타인 민족이 무엇을 할 수 있다고 기대하는 것인가.**

- 축복받은 알아크사 모스크를 유대화하려는 이스라엘의 계획, 이스라엘 불법정착민들의 성전 침입 증가, 그리고 시간적, 공간적 분리 시도.
- 극우 이스라엘 정부가 서안지구와 예루살렘 전체를 소위 이스라엘 주권하에 합병하려는 시도와 팔레스타인인들을 그들의 거주지에서 추방하려는 공식적인 계획.
- 이스라엘 교도소에서 파시스트 장관인 이타마르 벤그비르의 직접 감독 아래 기본권을 박탈당하고 폭행과 굴욕을 경험하고 있는 수천 명의 팔레스타인 수감자들의 상황.
- 17년 이상 가자지구에 지속되고 있는 부당한 육해공 봉쇄.
- 팔레스타인인, 팔레스타인인의 재산에 대한 불법정착민의 일상적 폭력, 서안지구 전역에서 유례없는 수준으로 진행 중인 이스라엘 불법정착촌의 팽창.
- 75년 전 추방되어 고향 땅으로 귀환하고자 하며 난민촌 등지에서 극한의 조건 아래 살고 있는 700만 명의 팔레스타인인들의 상황.

- 팔레스타인 국가의 수립을 막고자 하는 초강대국들의 공모
  와 국제 사회의 무능.

이 모든 상황 속에서 팔레스타인 민족에게 무엇을 기대하는
가? 계속 기다리며 무력한 유엔에 계속 의지하기를 기대하는
가? 아니면 방어행위가 국제법, 국제 규범과 규약에 명시된
권리라는 것을 알면서 팔레스타인 인민과 영토, 권리, 성소
를 보호하기 위한 결단을 내리기를 기대하는가?

10월 7일 알아크사 홍수 작전은 이로부터 한발 나아가 팔레
스타인 민족과 대의에 대한 이스라엘의 모든 음모에 맞서기
위한 필수적인 조치이자 정상적인 대응이었다. 또한 팔레스
타인의 권리를 되찾고 이스라엘의 점령을 종식한다는 틀에
서, 그리고 전 세계의 모든 민족이 그랬던 것처럼 해방과 독
립을 향해가는 과정에서 일어난 방어적 행위였다.

2부 알아크사 홍수 작전의 사건들과
이스라엘의 주장에 대한 응답

10월 7일 알아크사 홍수 작전과 그 파급효과에 대한 이스라엘의
날조된 혐의와 비난을 고려하여 이슬람 저항 운동 하마스에 속한
우리들은 아래의 내용을 분명히 한다.

I. 10월 7일 알아크사 홍수 작전은 이스라엘 군사 거점을 목표

로 했고, 포로 교환을 통해 이스라엘 교도소에 수감된 수천 명의 팔레스타인인들을 석방하도록 이스라엘 당국을 압박하기 위해 적의 군인들을 체포하는 것을 목표로 했다. 따라서 작전의 초점은 가자지구 주변 이스라엘 정착촌 근처에 주둔한 이스라엘의 군사 거점인 이스라엘군의 가자 사단을 파괴하는 것이었다.

2. 민간인, 특히 아동, 여성과 노인에 대한 피해를 방지하는 것은 모든 알카삼 여단 전투원의 종교적, 도덕적 책무다. 우리는 팔레스타인 저항 세력이 당시 작전 중에 철저히 이슬람 가치에 충실했고 그에 의거해 규율되어 있었으며 팔레스타인 전투원들은 점령군과 우리의 민족에 맞서 무기를 가진 이들만을 표적으로 했음을 되풀이해 강조한다. 우리 저항 세력은 정밀무기를 보유하지 않았음에도 불구하고, 작전 동안 팔레스타인 전투원들은 민간인들에게 해를 끼치지 않기 위해 최선을 다했다. 추가적으로 만약 민간인에 대한 공격 사례가 있었다면, 그것은 우발적으로 점령군과의 대치 중에 일어난 것이다.

   1987년 창설 이래로, 하마스 운동은 민간인 피해를 방지하는 데에 최선을 다해왔다. (…)

3. 어쩌면 알아크사 홍수 작전 중 이스라엘 안보 군사 체계의 신속한 붕괴와 가자지구 경계 지역에서 발생한 혼란으로 인해 일부 잘못이 발생했을 수 있다.

   많은 이들에 의해 입증된 것처럼 하마스 운동은 가자지구에 억류된 모든 민간인을 호의적이고 친절하게 대우했고 침략

초기부터 이들을 석방하기 위해 노력했다. 이는 이스라엘 교도소에 수감된 팔레스타인 여성과 아동을 석방하는 대가로 이 민간인들이 석방된 1주일간의 인도적 임시휴전 당시 이루어진 결과였다.

4. 10월 7일 알카삼 여단이 이스라엘 민간인들을 표적으로 삼았다는 이스라엘 점령세력의 주장은 그저 완벽한 거짓이자 날조다. 이 주장의 출처는 이스라엘 공식 담화뿐이고 이 중 어떤 것도 독립적인 출처를 통해 입증되지 않았다. 이스라엘의 공식 서사가 항상 팔레스타인 저항 세력을 악마화하려 해왔고 동시에 가자지구에서 이들의 잔혹한 폭력을 정당화하려 해왔다는 것은 잘 알려진 사실이다.

이스라엘이 제기하는 혐의와 상충하는 실제 사실관계는 아래와 같다.

- 이스라엘인들 스스로의 증언에 더해 10월 7일 당일 촬영되었다가 이후 공개된 비디오 클립들은 알카삼 여단 전투원들이 민간인을 표적으로 삼지 않았으며 오히려 많은 이스라엘인들이 이스라엘군과 경찰의 혼란으로 인해 이들에 의해 살해당했다는 것을 보여준다.
- 또한 팔레스타인 전투원에 의해 '목이 잘린 영아 40명'이라는 거짓말은 확실하게 반박됐으며, 심지어 이스라엘을 출처로 하는 자료들도 이 거짓말을 부인했다. 유감스럽게도 서방 언론 통신사 다수는 이 주장을 받아들인 채로 널리 홍

보했다.

- 하마스를 포함한 팔레스타인 전투원들이 이스라엘 여성들을 강간했다는 주장은 명확하게 기각됐다. 비슷한 여러 보고서 중 2023년 12월 1일 《먼도와이스Mondoweiss》[*] 웹사이트의 기사는 10월 7일 하마스 대원들에 의해 자행된 것으로 알려진 '집단 강간'에 대한 증거가 부족하며 이스라엘은 "가자지구에서의 집단학살을 부채질하기 위해" 이러한 주장을 이용하고 있다고 밝혔다.

- 10월 10일 《예디오트 아하로노트Yedioth Ahronoth》와 11월 18일 《하아레츠Haaretz》[**]가 보도한 두 기사에 따르면 다수의 이스라엘 민간인들, 특히 364명의 이스라엘 민간인들이 살해된 노바NOVA 음악 페스티벌(가자지구 인근)에 있던 다수의 이스라엘 민간인들은 이스라엘군의 헬기에 의해 살해됐다.

- 다른 이스라엘인들의 증언은 이스라엘군의 공격과 군인들의 작전으로 인해 다수의 이스라엘 포로와 그들을 포로로 잡고 있던 이들이 사망했다는 것이 사실임을 확인해주었다. 이스라엘 점령군은 이스라엘의 정착촌에 있는 집들을 폭격했는데, 그 안에 있던 팔레스타인 전투원들과 이스라엘인들은 팔레스타인 저항 세력과의 포로 교환에 참여하는

---

[*] (옮긴이주) 팔레스타인, 이스라엘 등 중동과 미국의 외교 문제를 다루는 진보적 온라인 언론사.

[**] (옮긴이주) 《예디오트 아하로노트》는 텔아비브에서 발행되며 이스라엘 내 발행 부수가 가장 많은 일간지이고, 《하아레츠》는 1918년 설립된 이스라엘에서 가장 역사가 긴 중도 좌파 일간지다. 영어판이 있어 이스라엘 바깥에서 자주 인용된다.

것을 피하기 위해 '민간인 인질이나 군인도 생포되는 것보다 죽는 게 낫다'는 원칙을 분명히 하고 있는 이스라엘군의 악명 높은 '한니발 지침'의 적용을 받았다.

- 게다가 점령 당국은 200구의 불에 탄 시체가 이스라엘인 시체와 섞여 사망한 팔레스타인 전투원들의 것이라는 것을 확인한 이후에 자신들의 군인과 민간인 사망자 수를 1,400명에서 1,200명으로 조정했다. 이스라엘군만이 10월 7일 이스라엘 지역에서 살해, 연소 및 파괴를 일으킨 군용기를 보유하고 있다는 점을 인지하면 이는 팔레스타인 전투원들을 살해한 주체가 이스라엘인들을 살해한 주체와 일치한다는 것을 의미한다.

- 또한 거의 60명의 이스라엘 포로의 사망으로 이어진 이스라엘의 가자지구 공습은 이스라엘 점령 세력이 가자지구에 이스라엘인 포로의 생명을 그다지 신경 쓰지 않는다는 것을 입증한다.

5. 또한 가자지구 인근 정착촌에 있는 다수의 이스라엘 정착민들은 무장하고 있었으며 10월 7일 당시 팔레스타인 전투원들과 충돌했다는 것 역시 사실이다. 이 정착민들은 민간인으로 등록되어 있으나 사실은 이스라엘군과 함께 싸우는 무장 세력이다.

6. 이스라엘 민간인들과 관련하여, 18세 이상의 모든 이스라엘인들은 징집(남성은 32개월 군복무, 여성은 24개월 복무를 수행)되고 복무 중 모두가 무기를 소지하고 사용한다는 점을 알아야 한

다. 이는 '무장한 민족'이라는 이스라엘의 안보 논리에 기초하고 있는데, 이는 결국 이스라엘 실체entity를 '국가가 첨가된 군대'로 만들었다.

7. 민간인에 대한 잔혹한 살인은 이스라엘 국가의 조직적인 접근법이자 팔레스타인 민족에게 굴욕을 주기 위한 수단 중 하나다. 가자지구에서 팔레스타인인에 대한 집단학살은 이런 접근법의 명확한 증거다.

8. 알자지라 방송은 한 다큐멘터리를 통해 한 달 동안 가자지구에서 이스라엘의 폭력에 의해 사망하는 팔레스타인 아동이 하루 평균 136명이었고, 반면 러시아-우크라이나 전쟁에서 우크라이나 아동의 평균 사망자는 하루 1명이었음을 지적했다.

9. 이스라엘의 폭력을 옹호하는 이들은 일련의 사건들을 객관적 태도로 보지 않고, 하마스 전투원들을 공격하는 과정에서 민간인 사상자가 있을 수 있다고 말하며 이스라엘의 팔레스타인인 대량학살을 합리화하려 한다. 그러나 그들은 10월 7일 알아크사 홍수 작전에 대해서는 동일한 가정을 하지 않는다.

10. 우리는 공정하고 독립적인 조사를 통해 우리의 서사가 진실이었다는 것과 이스라엘 측의 거짓말과 허위 정보의 규모를 입증할 수 있다고 자신한다. 여기에는 팔레스타인 저항 세력이 가자지구의 병원들을 지휘소로 사용했다는 이스라엘의 주장도 포함되는데, 이는 입증되지 않은 주장으로 여러 서구 언론의 보도에 의해서도 반박된 바 있다.

3부 투명한 국제 조사를 향해

1. 팔레스타인은 국제형사재판소의 회원국이고 2015년 로마규정에 가입했다. 팔레스타인이 자국 영토에서 자행된 이스라엘의 전쟁범죄에 대한 조사를 요청했을 때, 재판소는 이스라엘의 비협조와 거부에 직면했고, 이스라엘은 재판소에 대한 요청을 이유로 팔레스타인을 처벌하겠다고 위협했다. 또한 철저히 점령 서사의 편을 들고 국제 사법 제도에서 팔레스타인의 조치에 반대 입장에 서면서 정의의 가치를 지킨다고 주장하는 초강대국들이 있었다는 점을 언급하게 되어 유감이다. 이 강대국들은 '이스라엘'이 법 위의 국가로 계속 군림하면서 그들이 법적 책무와 책임을 회피할 수 있길 원한다.

2. 우리는 이들 국가, 특히 미국 행정부와 독일, 캐나다, 영국이 진정으로 정의가 승리하길 원한다면, 점령지 팔레스타인에서 자행된 모든 범죄에 대한 조사 과정에 관해 협력을 표명하고 국제 재판소들이 효과적으로 작동할 수 있도록 모든 지원을 아끼지 말길 촉구한다.

3. 이들 국가들이 정의의 편에 설 것이라는 점에 의심을 가지고 있음에도 불구하고, 우리는 여전히 국제형사재판소 검사와 그의 팀이 단순히 멀리 떨어져 상황을 관찰하거나 이스라엘의 출입 제한에 구속되지 않기를, 그리고 즉각적으로, 속히 점령지 팔레스타인에 와서 이곳에서 자행된 범죄와 위반 사항을 살펴보기를 촉구한다.

4. 2022년 12월 유엔 총회에서 팔레스타인 영토에 대한 '이스라

엘'의 불법 점령의 법적 의미에 관해 국제사법재판소의 의견을 구하는 결의안을 통과시켰을 때, '이스라엘'을 지지하는 이 (일부) 국가들은 거의 100개국이 찬성한 조치에 대한 반대 입장을 표명했다. 그리고 우리 민족(그리고 법률 및 권리 단체들)이 보편관할권 제도*를 통해 유럽 국가들의 법정에서 이스라엘의 전쟁범죄자들을 기소하려 했을 때, 유럽 정권들은 이스라엘의 전쟁범죄자들이 계속 자유롭게 돌아다닐 수 있도록 이 시도를 차단했다.

5. 10월 7일의 사건은 식민주의와 점령에 맞선 우리 동시대 투쟁의 모든 사례가 환기되는 더 넓은 차원의 맥락에 놓여야 한다. 이 투쟁의 경험들은 이 점령자들이 자행한 것과 같은 수준의 탄압 아래에서는 점령 치하의 인민들에 의한 동등한 수준의 대응이 있을 것이라는 점을 보여준다.

6. 팔레스타인 민족과 전 세계의 민족들은 이스라엘의 서사를 지지하는 나라의 정부들이 스스로의 맹목적인 편견을 정당화하고 이스라엘의 범죄를 덮으려는 시도 속에서 실행하고 있는 거짓말과 속임수의 규모를 인식한다. 이 나라들은 자신들의 땅에서 존엄하게 살 팔레스타인 민족의 권리가 부정당하는 현실과 점령이 이 갈등의 근본 원인이라는 것을 알고 있다. 이 나라들은 가자지구의 수백만 팔레스타인인에 대한 부정의한 봉쇄가 지속되는 데에 관심이 없고, 또한 기본권이

---

* (옮긴이주) 국제법에서 인도에 반한 죄 등의 국제범죄에 대해서는 어느 나라에서나 재판 관할권이 인정되는 것을 말한다.

대부분 부정당하는 조건하에서 이스라엘 교도소에 구금된 수천 명의 수감자들게도 관심이 없다.

7. 우리는 각자의 수도와 전 세계의 대도시에서 이스라엘의 범죄와 대학살에 대한 반대의 목소리를 높이고, 팔레스타인 민족의 권리와 그들의 정당한 대의에 지지를 표하는 전 세계의 모든 종교, 민족, 배경을 가진 자유로운 인민을 환대한다.

· · ·

부록 6

팔레스타인정책조사연구소의 여론조사 92번*

2024년 6월 12일

· · ·

도입

다음은 팔레스타인정책조사연구소가 2024년 5월 26일부터 6월 1일까지 서안지구와 가자지구에서 실시한 최신 여론조사 결과

---

* 전문에서 발췌해 수록했다. 출처는 다음과 같다. https://www.pcpsr.org/en/ node/985. 팔레스타인정책조사연구소의 전체 보고서는 읽어볼 만하다. 우리가 여기에 싣지 못하는 전체 설문조사의 주요 결과를 보기 쉬운 막대그래프로 보여준다.**

** (옮긴이주) 최신 여론조사 보고서는 2024년 9월 초 실시된 팔레스타인정책조사연구소 여론조사 93번이다. 직전 조사와의 차이는 계속되는 전쟁으로 인해 10월 7일 공격에 대한 선호도와 하마스가 전쟁에서 승리할 것이라고 예상하는 수치가 상당히 하락했고, 두 국가안과 협상을 통한 점령 종식에 대한 지지가 상승했다는 점이다. 또한 전쟁의 장기화로 가자지구와 서안지구에서의 여론이 더 크게 갈리기 시작했다. 하지만 하마스에 대한 지지가 모든 팔레스타인 정파 중 가장 높은 것은 여전하다. 모든 여론조사 보고서는 팔레스타인정책조사연구소 홈페이지(www.pcpsr.org)에서 확인할 수 있다.

다.* 여론조사 이전 기간 동안 가자지구에서의 전쟁은 지속 및 확장되고 있었다. (…)

・ ・ ・

정보 수집원들의 안전을 보장하기 위해 인터뷰는 전투가 벌어지지 않는 특정 지역들의 주민들과 진행했다. 해당 지역에는 라파흐와 칸 유니스 지역 일부, 가자지구 중부와 그곳의 대피소가 포함되지만, 북부의 포위된 고립 지역과 가자지구 중부의 다른 전투 지역, 라파흐의 동부 지역은 포함되지 않았다. (…)

이번 설문조사의 표본 규모는 1,570명의 성인으로, 그중 760명은 서안지구(76개 거주 지역)에서, 750명은 가자지구(75개 지역)에서 대면 인터뷰로 진행됐다. (…) 오차 범위는 ±3%이다.

가자지구 정보 수집 방법론

3개월 전에 진행된 우리의 과거 여론조사에서 그랬던 것처럼 라파흐, 칸 유니스, 알마와시, 데이르 알발라와 가자지구 중부의 다

---

*   장기간 실시돼온 이 일련의 여론조사에는 이스라엘로 인해 수십 년 동안 서안지구와 가자지구 혹은 위임통치령 팔레스타인의 다른 지역 안에 계속 거주할 수 없게 된 다수의 팔레스타인 인민[즉, 역사적 팔레스타인 바깥의 공식 및 비공식 팔레스타인 난민]과 이스라엘 시민인 약 200만 명의 팔레스타인인들의 관점은 포함되지 않았다.

른 지역의 주민들과 이스라엘군의 지침에 의해 해당 지역에 피신 중이던 피란민들을 통해 75개 지역공동체가 선정되었다. 해당 지역공동체들은 팔레스타인 통계국의 분류에 따른 칸 유니스의 일부 지역, 라파흐, 가자지구 중부의 '집계 지역'이거나, 정부나 유엔 팔레스타인 난민 구호 사업 기구와 연계된 학교와 기타 기관인 '밀집 대피소'의 피란 중인 공동체이거나, 라파흐, 칸 유니스, 알마와시와 가자지구 중부 지역에 위치한 '텐트 집결지'다. 표본은 아래와 같은 방법론을 사용해서 추출했다.

1) 팔레스타인 통계국이 특정한 '집계 지역' 범주에서 선정된 곳은 29곳이었다.
2) '밀집 대피소' 범주에서는 우리가 확보한 대피소 목록에서 라파흐 서부, 데이르 알발라와 가자지구 중부의 다른 지역, 라파흐와 칸 유니스 지역의 모든 대피소를 대표하는 일반 무작위 표본을 추출했고, 선정된 곳은 20곳이었다.
3) 라파흐, 칸 유니스, 알마와시와 가자지구 중부 지역의 '텐트 집결지' 범주에서는 이 지역공동체의 지리적 위치를 보여주는 위성 지도에 의존했다. 이 지역들을 블록으로 나누었고 26개 블록의 일반 무작위 표본을 추출했다.

인터뷰를 위해 각 집계 지역, 밀집 대피소, 텐트 집결지에서 성별과 연령 분포를 고려하여 열 명을 선정했다. 인터뷰 응답 거부율은 9%였다. 가자지구 주민의 51%는 5월 6일부터 시작된 이스라엘의 라파흐 침공 때문에 이들이 인터뷰한 현재 위치로 피란을 오게 됐다고 응답한 반면 나머지 49%는 해당 공격 때문에 현재 위치로 피란을 오게 된 것은 아니라고 응답했다는 점은 언급할 필요가 있다.

주요 조사 결과 요약

3개월과 6개월 전 진행된 우리의 과거 두 차례 여론조사처럼 2024년 2분기를 포괄하는 이번 여론조사의 질문은 대부분 10월 7일 공격과 후속 이스라엘-하마스 전쟁, 이스라엘의 가자지구 지상 침공, 유례없는 가자지구 주민들의 고난, 전쟁의 참상, 전쟁 후 가자지구의 미래와 관련한 논의, 라파흐 전면 침공의 가능성과 그 영향, 국제형사재판소 검사장의 이스라엘과 하마스 지도자에 대한 체포 영장 청구 결정, 전쟁 중 여러 당사자들의 직무수행에 대한 만족도를 중심으로 이루어졌다. 전쟁의 개시 이후 원래 집에 잔류한 가자지구 북부의 주민들은 해당 지역에서 우리 조사원들과 접촉하기 어려웠고 이들의 숫자와 소재에 대한 신뢰할 만한 자료 또한 부족하여 세 조사 모두에서 표본에 포함되지 않았음을 지적해야 한다. (…)

조사 결과를 통해 약 80%의 가자지구 주민들이 현재 전쟁으로 인해 가족 구성원이 사망했거나 부상당한 것을 알 수 있다. 그럼에도 불구하고 여론의 3분의 2는 10월 7일 공격을 지지하고 약 80%는 이 공격으로 인해 팔레스타인 문제가 전 세계의 주목을 받게 됐다고 응답했다. 압도적인 다수가 국제형사재판소의 체포 영장이 발부되더라도 이스라엘과 하마스 지도자가 체포될 거라고 믿지 않았지만, 응답자 다수는 그런 결정이 전쟁을 끝내는 과정을 촉진하는 데에 기여할 수 있을 거라고 생각했다. 또한 조사 결과를 통해 여론의 3분의 2는 가자지구 전쟁에서 하마스가 이길 것이라고 생각한다는 점을 알 수 있지만, 이 수치는 가자지구에서 전체 응답의 절반 수준으로 떨어진다. 또한 가자지구 주민의 약 절반만이 전쟁 이후 하마스가 가자지구를 다시 통치할 것이라고 예상했다. (…)

마흐무드 압바스 사임 요구는 증가하고 있으며, 조사 결과를 통해 하마스와 마르완 바르구티에 대한 인기가 증가한 것을 볼 수 있다. 또한 조사 결과에 따르면 여론의 절반가량은 팔레스타인의 우선순위가 점령을 끝내고 독립 팔레스타인 국가를 수립하는 것이라고 믿지만, 가자지구에서 두 국가안에 대한 지지는 상당히 감소했다. 대조적으로 무장 투쟁에 대한 지지가 증가했으며 팔레스타인 자치정부 해체를 지지하는 여론은 60% 이상에 이른다.

인도주의적 상태   가자지구 중부와 남부에서의 인도주의적 상태와 생활 상태를 먼저 살펴보고자 한다. 이번 전쟁에서 가족 구성원을 잃었다는 응답자의 비중이 60% 이상으로 약간의 증가가 있었고, 이번 조사 결과는 과거 설문조사와 마찬가지로 가자지구 주민 중 약 80%가 가족 구성원 중 최소 한 명이 사망하거나 부상을 입었다고 답변한 것을 보여준다. 조사 결과는 '식량을 찾을 가능성'처럼 모니터링해온 일부 지표에서 개선이 이루어졌음을 보여주지만, 압도적 다수는 여전히 큰 어려움이나 위험 없이 식량이나 물을 확보할 수 있는 지역에 접근할 수 없고 자신들이 현재 살고 있는 대피소에 대부분의 필수 물품이 부족하다고 답했다. (…)

정치적 이유로 인해 인도적 지원 물자의 배분에서 차별받고 있다는 상당한 불만이 있다는 점과 이번 조사에서 이 수치가 응답자의 4분의 3으로 증가했다는 점도 지적되어야 한다. 거의 응답자의 3분의 2가 자신의 고난을 이스라엘 탓이라고 생각했고, 나머지 응답자들은 미국의 탓이라고 생각했다. 가자지구에서 비난을 하마스에 돌리는 응답은 8%를 넘지 않았다.

10월 7일 공격에 대한 지지 하마스의 10월 7일 공격에 대한 전반적인 지지도는 높게 유지됐으나 지난 여론조사와 비교해서는 4%p 감소하여 3분의 2였다. 감소율은 대체로 14%p가 감소한 가자지구에서 기인했다. 뒤에 살펴볼 것처럼 이 공격에 대한 지지는 반드시 하마스에 대한 지지를 의미하거나 민간인에게 자행된 살인과 잔혹행위에 대한 지지를 의미하지 않는다는 것은 주목할 필요가 있다. 지지도는 다른 동기에서 비롯된 것으로, 조사 결과는 80% 이상의 팔레스타인인들이 해당 공격으로 인해 지역적·국제적 차원에서 팔레스타인 문제가 이목을 집중시키며 수년간 등한시된 상태가 끝났다고 믿는다는 것을 보여준다.

전쟁범죄 3개월 전과 6개월 전 진행된 지난 두 차례의 여론조사에서 확인한 바와 같이 거의 모든 팔레스타인인들은 현재 이스라엘이 전쟁범죄를 저지르고 있다고 믿는 반면 거의 모두가 하마스는 전쟁범죄를 저지르지 않고 있다고 믿고 있다. 게다가 90% 이상의 응답자들은 하마스가 10월 7일 이스라엘 민간인을 상대로 어떠한 잔혹행위도 저지르지 않았다고 믿고 있다. 10명 중 1명의 팔레스타인인만이 하마스가 저지른 잔혹행위를 보여주는 영상을 보았다고 응답했다. (…)

국제사법재판소와 라파흐 공격　여론의 4분의 3은 미국이 국제사법재판소의 결정으로부터 이스라엘을 보호해줄 것이기 때문에 재판소가 전면적인 라파흐 지상 침공을 막지 못할 것이라고 예상했다.

국제형사재판소　네타냐후 이스라엘 총리, 갈란트 국방장관과 세 명의 하마스 지도자에 대한 체포 영장 발부를 청구한 국제형사재판소 검사장의 결정과 관련하여 압도적 다수의 응답자(71%)는 이스라엘 지도자들이 실제 체포되거나 기소되지 않을 것이라고 생각한다. (…)

서안지구의 대다수와 가자지구 응답자 3분의 1은 하마스 지도자들에 대한 국제형사재판소의 결정이 하마스의 인기를 높이기만 할 것이라고 생각한다.

• • •

전쟁 후 가자지구 통치의 주체　이전 여론조사와는 다르게 3개월 전과 비교해 현재 더 많은 서안지구 주민들이 가자지구는 하마스의 통제하에 남을 것이라고 답한 반면에 더 많은 가자지구 주민들은 하마스가 향후에 통치 세력이 되지 못할 것이라고 답했다. 추측과 추정을 포함하여 가장 가능성이 높은 전쟁 이후의 시나리오에 대한 유사한 질문에서 응답 결과는 첫 번째 질문과 유사했는데, 가자지구 주민 절반은 하마스가 가자지구의 통제를 회복할 것이라고 답했다. 우리는 이런 시나리오에 대한 대중의 의견에 대해서도 질문했다. 서안지구에서는 약 3분의 2의 응답자가, 가자지구에서는 절반을 약간 상회하는 응답자가 하마스의 귀환을 선호한다고 밝혔다. 가자지구 응답자의 4분의 1 이상이 이전 여론조사에는 포함되어 있지 않았던 응답지인 대통령과 의회, 정부가 선출된 새로운 팔레스타인자치정부를 선호한다고 답했다.

아랍 보안군의 가자지구 파병　2023년 12월 우리는 이집트와 요르단에서 가자지구에 아랍 보안군을 파병하는 것에 대한 대중의 의견을 물어보았다. 당시 70%라는 광범위한 숫자가 (해당 보안군이 팔레스타인 경찰을 조력하기 위해 파병되더라도) 그러한 구상에 반대한다는 것을 확인했다. 이번 여론조사에서 보안군 파병에 대한 반대는 75%로 증가했다.

• • •

전쟁 중 여러 당사자들의 직무 수행에 대한 만족도　과거 두 차례의 여론조사에서 그랬던 것처럼 이번 조사에도 전쟁 중 팔레스타인, 아랍 및 역내, 국제 행위자가 수행한 역할에 대한 여론 만족도를 물어보았다. 조사 결과는 이란에 대한 만족도가 눈에 띄게 증가한 것을 제외하고 과거 두 차례와 유사한 수준의 만족도를 보여준다.

- 하마스와 야흐야 신와르에 대한 만족도는 매우 높게 나왔다. 반면 파타흐와 압바스 대통령에 대한 만족도는 계속 감소했다. (…)
- 역내 차원에서 가장 높은 만족도는 예멘과 헤즈볼라, 카타르, 이란에 대해서였고 요르단과 이집트의 경우는 그것보다 훨씬 뒤처지며 낮은 응답률을 보였다. 이번 여론조사에서 분명하게 드러나는 것은 3개월 전과 비교해서 이란에 대한 만족도가 19%p 증가하며 높아진 것인데, 아마 4월 이스라엘에 대한 이란의 직접 미사일 공격 때문인 것으로 보인다. (…)
- 역외의 국제 행위자와 관련해서는 러시아가 4분의 1을 약간 넘기며 가장 높은 만족도를 기록했고, 이어서 유엔, 독일, 미국 순이었다.
- 가자지구에 대한 전쟁으로 촉발된 국제적 파급효과에 대한 대중의 인식이라는 맥락에서 팔레스타인 여론은 낙관적인 편이었는데, 미국 대학가에서의 학생 시위가 팔레스타인 측을 더 지지하거나 이스라엘 측을 덜 지지하게 만들며 미국 정책에 변화를 가져올 것이라는 데에 70% 가량이 동의했다.

팔레스타인 정파에 대한 지지   어떤 정당이나 운동을 선호하는지의 질문에 대해, 가장 큰 비율(40%)이 하마스라고 답했고, 이어 파타흐(20%), 8%는 제3세력, 3분의 1은 이들 중 누구도 지지하지 않거나 의견이 없다고 답했다. 이런 결과는 지난 3개월 동안 하마스에 대한 지지는 6%p 증가했고, 반면 같은 기간 동안 파타흐에 대한 지지는 3%p 증가했음을 보여준다. (…)

팔레스타인 지도자에 대한 지지　리더십 차원에서 이번 여론조사는 마르완 바르구티에 대한 지지가 지속적으로 증가한 것을 보여준다. 마흐무드 압바스 현 대통령, 하마스 지도자인 이스마일 하니예, 현재 이스라엘 교도소에 수감 중인 파타흐 지도자 마르완 바르구티 세 후보 간의 대통령 선거에서는 바르구티가 참가자 과반수의 표를 얻었다. 바르구티와 하니예 사이의 양자 대결에서는 바르구티가 투표 참가자 60%의 표를 얻었다. 미리 정해진 답이 없는 개방형 질문에서 우리는 응답자들에게 압바스 이후 선호하는 팔레스타인자치정부의 대통령 후보를 제시해달라고 질문했다. 29%의 응답자가 마르완 바르구티를 꼽았고, 이어 이스마일 하니예(14%), 모하메드 다흘란*(8%), 야흐야 신와르(7%), 무스타파 바르구티(2%) 순이었다.

---

* 　(옮긴이주) 조지 부시 행정부 등 미국과 이스라엘 정부의 지지를 받아온 파타흐의 강경파 지도자로, 팔레스타인 보안국를 이끌며 미국의 지원을 받아 하마스에 대한 쿠데타를 계획한 인물이다. 이는 2007년 하마스와 파타흐 간의 가자지구 내전으로 이어졌고 결과적으로 파타흐는 가자지구에서 축출된다. 다흘란은 여러 팔레스타인 지도자들에게 이스라엘 정보원이라는 비난을 받았고, 부패 혐의와 아라파트 독살 혐의를 받고 파타흐에서도 축출됐다.

마흐무드 압바스 대통령 사임에 대한 요구　압바스의 직무수행에 대해 만족한다는 응답은 12%에 머물렀고 불만족은 85%였다. 약 90%의 응답자가 대통령이 사임하길 원했다. 현재 서안지구 주민 94%와 가자지구 주민 83%가 대통령의 사임을 요구했다.

• • •

두 국가안에 대한 지지　(…) 두 국가안에 대한 지지는 응답자의 3분의 1에 머물렀고 과반수는 무장 투쟁을 지지한다. (…)

가자지구와 서안지구 모두에서 거의 절반에 이르는 응답자들이 팔레스타인 인민의 가장 중요한 목표는 "이스라엘이 1967년 경계선으로 철수하고 서안지구와 가자지구에서 동예루살렘을 수도로 하는 팔레스타인 국가를 수립하는 것"이라고 생각한다.

무장 투쟁에 대한 지지　이스라엘의 점령을 종식하기 위한 정치적 과정에서 현재 교착상태를 깨기 위해 팔레스타인인들에게 가능한 세 가지 선택지를 고려했을 때, 이번 조사 결과는 무장 투쟁에 대한 지지가 거의 3분의 1로 8%p 증가한 것을, 또한 비폭력 저항에 대한 지지가 거의 절반으로 4%p 증가한 것을 보여준다. 60% 이상의 응답자가 팔레스타인자치정부의 해체를 지지했고, 5분의 1 이상의 응답자가 두 국가안을 폐기하고 팔레스타인인과 이스라엘인을 위한 단일 국가를 요구하는 안을 지지했다. 게다가 우리가 응답자들에게 이스라엘의 점령을 끝내고 독립 팔레스타인 국가를 수립하기 위한 세 가지 가능한 수단을 제시하고 가장 효과적인 것을 골라달라고 요청했을 때, 절반을 조금 넘는 응답자들이 '무장 투쟁'을 골랐고, 4분의 1은 '협상'을 골랐다. 이 결과는 무장 투쟁에 대한 지지는 8%p 증가를, 협상에 대한 지지는 변동이 없음을 보여준다. 무장 투쟁에 대한 지지 응답 증가는 17%p가 상승한 가자지구 때문이다.

사우디-이스라엘 관계 정상화　　여론조사 결과는 4분의 3이라는 상당수의 응답자들이 이스라엘이 팔레스타인 국가를 인정하고 그 목표를 향해 구체적이고 돌이킬 수 없는 조치를 취하는 전제 조건에서도 사우디-이스라엘 관계 정상화에 반대하는 것을 보여준다.

주요 인명

길라드 샬리트 Shalit, Gilad　　2006년 가자지구에서 하마스에 포로로 잡힌 이스라엘 군인으로 2011년 이집트가 중개한 협상에서 1,072명의 팔레스타인 포로와 교환하는 조건으로 석방되었다.

넬슨 만델라 Mandela, Nelson　　아프리카민족회의의 지도자이자 아프리카민족회의의 군사 부문 창설자. 반아파르트헤이트 운동으로 인해 1962년부터 1990년까지 투옥됐다. 1990년 그의 석방은 아파르트헤이트 정부와 잠비아 루사카에 근거지를 둔 망명 아프리카민족회의 지도부가 아파르트헤이트 체제의 종식을 협상하기 위한 노력의 일환이었으며, 이는 대체로 성공적이었다.

데니스 로스 Ross, Dennis　　강력한 친이스라엘 성향의 원로 미국 외교관으로, 조지 H. W. 부시, 빌 클린턴, 버락 오바마 정부에서 일했다. 2002년 예루살렘 소재 싱크탱크인 유대인정책연구소의 초대 소장을 역임했다.

마르완 바르구티 Barghouti, Marwan 　 1959년생으로 평생 파타흐 활동가로 활동했으며, 오슬로 협정 이후 파타흐 지도자들에게 이전의 무장 투쟁 노선으로 돌아갈 것을 촉구하고 파타흐의 무장 세력인 '탄짐'을 이끌었다. 이스라엘군은 2002년에 그를 체포했다. 재판을 받고 5회 종신형을 선고받았다. 팔레스타인 포로들의 광범위한 민족주의 연합을 구축하기 위한 운동의 지도자다.

마흐디 압델 하디 Abdel-Hadi, Mahdi 　 원로 팔레스타인 정치학자이자 1987년 예루살렘에 설립된 팔레스타인국제문제연구소PalestinianAcademic Society for the Study of International Affairs, PASSIA의 창립 대표다.

마흐무드 압바스 Abbas, Mahmoud(아부 마젠 Abu Mazen) 　 1935년생으로 2004년 야세르 아라파트가 사망한 후 그의 뒤를 이어 파타흐, 팔레스타인해방기구, 그리고 팔레스타인자치정부의 지도자가 된 파타흐의 원로 지도자다.

마흐무드 자하르 Zahhar, Mahmoud 　 1945년 가자 시티에서 태어난 내과 의사이자 하마스의 공동 창시자다. 2006년 팔레스타인자치의회 의원으로 선출되었고, 하니예의 초대 정부에서 외무부 장관으로 임명되었다. 그는 여러 차례 이스라엘의 암살 시도에서 살아남았으며, 그 와중에 그의 아들이 살해당했다.

모하마드 데이프 Daif, Mohammad 　 2002년부터 하마스의 알카삼 여단을 이끌고 있는 가자지구 조직가의 전투명이다. 2001년 이후 최소

일곱 번의 이스라엘 암살 시도에서 살아남았다. 그의 아내와 어린 두 자녀는 2014년 이스라엘의 공습으로 사망했다(그 역시 2024년 7월 이스라엘의 알마와시 지역 공습으로 암살당했다).

무사 아부 마르주크 Abu Marzouq, Musa 하마스의 공동 창립자 중 한 명으로 하마스의 정치 부문 의장과 부의장을 지냈다.

무스타파 바르구티 Barghouti, Mustafa 팔레스타인 국가선도당의 창립 대표다. 의사로서 제1차 인티파다에서 큰 역할을 한 의료구호협회Medical Relief Committees의 핵심 조직가로 명성을 얻었다.

무함마드 무르시 Morsi, Mohammad 이집트 무슬림형제단의 원로 지도자로, 2012년 6월의 선거에서 이집트 대통령으로 선출되었다. 1년 후 그의 정부는 아랍에미리트의 지원을 받은 폭력적인 군사 쿠데타로 전복되었다. 그는 체포되어 종신형을 선고받았고, 감옥의 열악한 환경을 버티지 못하고 2019년 사망했다.

베냐민 네타냐후 Netanyahu, Binyamin 리쿠드당 소속으로 1996~1999년, 2009~2021년, 2022년 12월부터 2025년 5월 현재까지 이스라엘의 총리다.

베니 간츠 Gantz, Benny 전 이스라엘군 총참모장 출신으로 정계에 입문하여 이스라엘회복당Israel Resilience Party을 창당했다. 이스라엘회복당은 나중에 국가통합연합National Unity Coalition의 일원이 되었다.

통상 네타냐후의 리쿠드당에 반대했지만 2023년 10월 7일 이후 네타냐후가 설립한 특별 '전시 내각'에 합류했다. 2024년 6월 네타냐후는 전시 내각을 해산했다.

세예드 알리 하메네이 Khamenei, Seyyid Ali　　이란의 두 번째 최고지도자로, 1989년 아야톨라 루홀라 호메이니 사망 후 그의 뒤를 이었다.

아부 니달 Abu Nidal　　초기 파타흐 지도자인 사브리 알바나의 전투명이다. 1974년 이 단체와 결별하고 파타흐: 혁명위원회를 결성하여 이라크 정부와의 협력하에 전 세계에서 다수의 암살 및 테러 작전을 수행했다. 2002년 바그다드에서 이라크 정부 요원들의 손에 의해 사망했다.

아부 이야드 Abu Iyad　　파타흐의 공동 창립자 살라 칼라프Salah Khalaf의 전투명으로, 1991년 1월 튀니스에서 이라크 또는 아부 니달의 명령으로 암살된 것으로 추정된다.

아부 지하드 Abu Jihad　　파타흐 공동 창립자 지하드 알 와지르의 전투명으로, 1988년 튀니스에서 이스라엘에 의해 암살됐다.

아야톨라 루홀라 호메이니 Khomeini, Ayatollah Ruhollah　　시아파 이슬람 혁명 운동을 자극하고 이끌어 1979년 집권한 이란의 초대 최고지도자였다.

아흐메드 야신 Yassin, Ahmad　　하마스의 창립자이자 초기 정신적 지도자다. 그는 1936년 현재의 이스라엘 아슈켈론에서 태어났고, 12세에 레슬링 놀이를 하다가 사고를 당해 사지마비를 겪게 되었다. 그의 가족은 가자지구의 샤티 난민촌으로 피난을 갔다. 1989년 이스라엘은 그를 체포해 종신형을 선고했고, 1997년 요르단이 암만에서 칼레드 마슈알을 살해하려다 체포된 모사드 요원 2명을 석방하는 조건으로 그를 석방했다. 이스라엘은 2003년 9월 야신을 살해하려 했지만 실패했고, 2004년 3월 후속 공격으로 그를 암살했다.

압델아지즈 란티시 Rantisi, Abdelaziz　　지도자 아흐메드 야신과 함께 하마스의 공동 창립자인 그는 2004년 이스라엘에 의해 암살당했다.

압델파타흐 시시 Sisi, Abdelfatah　　이집트 군부 수장 출신으로, 2013년 무함마드 무르시 이집트 대통령에 대한 쿠데타를 기획하고 그 이후로 줄곧 대통령직을 맡고 있다.

야세르 아라파트 Arafat, Yasser　　파타흐의 공동 창립자 중 한 명으로, 아부 지하드와 아부 이야드가 살해된 후 파타흐와 그 상위 조직인 팔레스타인해방기구의 전제군주형 지도자가 되었다. 아라파트는 1993년 팔레스타인해방기구의 지도자로서 이스라엘과 오슬로 협정을 체결했고 2004년 11월에 사망했다.

야흐야 신와르 Sinwar, Yahya 2024년 7월 현재 가자지구 내 하마스 조직을 이끌고 있다. 1989년 이스라엘에 체포되어 4회에 걸쳐 종신형을 선고받았으나 2011년 길라드 샬리트 포로 교환의 일환으로 석방되었다. 교도소에 있는 동안 히브리어를 배우고 이스라엘 사회를 면밀히 연구했으며 소설을 집필하고 하마스 수감자 조직의 리더로 활동했다[하니예의 암살 이후 2024년 8월부터 하마스 정치 부문 의장을 겸직하다가 그 역시 2024년 10월 16일 가자지구에서 이스라엘군에 의해 피살됐다].

에브라힘 라이시 Raisi, Ebrahim 2021년 선출되어 2024년 5월 헬리콥터 사고로 사망할 때까지 이란의 대통령이었다.

에후드 바라크 Barak, Ehud 1999~2001년 이스라엘의 총리였다. 이스라엘 노동당 소속으로 1991~1995년 이스라엘군 참모총장을 역임했다.

오사마 함단 Hamdan, Osama 가자지구 난민촌에서 태어난 하마스의 고위 정치인이자 외교관으로 1988년부터 레바논에서 하마스 대표부를 이끌고 있다.

유수프 알카르다위 Al-Qardawi, Yusuf 이집트 출생의 원로 학자로 무슬림형제단에 이슬람적 지적 정당성을 부여한 핵심 인사다. 카타르에서 오랫동안 거주하며 매우 영향력 있는 TV 프로그램에 출연했고, 2022년 96세의 나이로 사망했다.

이스마일 아부샤나브 Abushanab, Ismail　　이스라엘과의 장기 휴전을 강력히 지지했던 하마스의 고위급 공동 창립자로 2003년 8월 이스라엘에 의해 암살됐다.

이스마일 하니예 Haniyeh, Isamail　　가자지구 출생의 오래된 하마스 조직가로 2006년 팔레스타인자치의회 선거 당시 하마스의 참여를 이끌었다. 그는 팔레스타인자치의회에서 당선된 후 라말라의 파타흐 지도자들과 경합을 벌인 끝에 의원들에 의해 팔레스타인자치정부의 총리로 선출되었다. 2016~2017년 하마스 조직이 그를 정치 부문 수장으로 선출한 후 카타르로 이주했다〔새로운 이란 대통령인 마수드 페제시키안의 취임식 참석 차 이란 수도 테헤란에 방문했다가 2024년 7월 31일 이스라엘 정보기관 모사드에 의한 것으로 추정되는 공격으로 사망했다. 그는 사망 당시 이스라엘과의 종전 협정을 주도하고 있었다〕.

이즈앗딘 알카삼 Al-Qassam, Izzeddine　　시리아 출신의 설교자(샤이크)로 1936~1939년 팔레스타인에서 영국의 식민지 세력에 대항해 일어난 '아랍 봉기'의 영감이 된 인물이자, 이를 주요하게 조직한 인물이다. 영국은 1935년 그를 살해했지만 하마스는 그의 이름을 군사 부문〔알카삼 여단〕과 자체 개발한 로켓에 붙일 정도로 하마스에 중요한 영감을 주었다.

자밀라 샨티 Shanti, Jamila　　하마스 여성 지부를 설립한 팔레스타인 교수다. 2006년 팔레스타인자치의회 의원에 선출되었고, 2011년 하마스의 가자지구 정부에서 장관이 되었으며 하마스의 정치 부

문 위원으로 활동했다. 배우자 압델아지즈 란티시는 2004년, 자밀라 샨티는 2023년 10월 이스라엘에 의해 암살당했다.

지브릴 라조브 Rajoub, Jibril   원로 파타흐 전투원으로 2002년까지 팔레스타인자치정부 경찰 수장을, 2017년부터 파타흐 중앙위원회 사무총장을 역임했다.

칼리드 마슈알 Meshaal, Khaled   1956년 서안지구 출생. 하마스 쿠웨이트 지부의 창립 책임자로 하마스 정치 부문을 조직하는 데 전반적으로 기여했으며 1996~2017년 하마스 정치 부문 의장을 역임했다(그의 자리를 이어받은 이스마일 하니예와 야흐야 신와르가 모두 2024년 이스라엘에 의해 암살되자 하마스는 의장 대신 마슈알이 포함된 다섯 명의 하마스 임시위원회가 정치 부문을 이끈다고 발표했다).

칼릴 시카키 Shikaki, Khalil   라파흐 출신의 정치학자로, 예루살렘에 위치한 팔레스타인정책조사연구소를 설립했으며 지금까지 이끌고 있다.

칼릴 알하야 Al-Hayya, Khalil   2006년 팔레스타인자치의회에 선출된 하마스 고위 관리 중 한 명이다.

키스 데이턴 Dayton, Keith   2005년부터 2010년까지 팔레스타인자치정부의 경찰에 주요 훈련을 제공하며 '데이턴 부대'로 널리 알려진 미국 임무단을 이끌었던 미국 장군이다.

용어

1948년 팔레스타인'48　　많은 팔레스타인 사람들이 1948~1949년에 이스라엘이 된 지역을 지칭하는 용어다.

1967년 경계선'67 Borders　　1948년부터 1967년까지 이스라엘이 통제권을 행사한 경계선(실제로는 일련의 휴전선)으로, 유엔 기구들이 일반적으로 이스라엘 국가의 국경으로 인정하는 경계선이다〔이 당시 이스라엘은 1947년 유엔 분할안(유엔 총회 결의 제181호)인 유대 국가 56%, 아랍 국가 43%, 유엔 관할 1%(예루살렘)보다 훨씬 많은 78%를 점령했다〕.

2000년 캠프 데이비드 회담 Camp David in 2000　　미국 클린턴 대통령이 두 번째 임기 막바지에 소집한 회담으로 오래 기다려온 최종 평화 조약 체결을 위해 여기에 에후드 바라크 이스라엘 총리와 야세르 아라파트가 함께했다. 이 노력은 실패로 돌아갔고 양쪽에서 수많은 비난을 불러일으켰다. 서방 언론은 대체로 모든 것이 아라파트의 책임이라는 이스라엘의 견해를 받아들였다.

갈릴리 평화 작전 Operation Peace for Galilee   1982년 6월 이스라엘이 레바논에서 팔레스타인해방기구의 군사력을 제거하고 레바논에 친이스라엘 대통령을 세우기 위해 시작한 대규모 지상 침공 작전이다. 미국이 중재한 휴전 협정에 따라 팔레스타인해방기구는 그해 8월 해상을 통해 레바논에서 전투원들을 철수시켰다. 레바논에 대한 이스라엘의 정치적 야심은 실패로 돌아갔고, 레바논에서 이스라엘이 오래 군사적 영향을 행사한 결과로 헤즈볼라가 탄생했다.

검은 9월 Black September   미국의 지원을 받은 요르단 군대가 요르단에 남아 있던 팔레스타인 게릴라 세력 대부분을 몰아낸 1970년 9월을 의미하는 명칭이다. 이후 이 명칭은 1972년 뮌헨 올림픽에서 이스라엘 선수들에 대한 살해 공격 등 각종 주요 작전을 수행한 파타흐 계열의 배후 테러 조직을 지칭하는 데도 사용됐다.

국제사법재판소International Court of Justice, ICJ   유엔 회원국 간의 분쟁을 판결하는 유엔의 주요 사법기관이다.

귀환대행진Great March of Return   2018년 3월 가자지구의 시민사회 단체들이 시작한, 전체적으로 비폭력적이었던 캠페인으로, 당시 대규모의 민간인이 '귀환권'을 행사하기 위해 1949년 휴전선을 향해 행진을 시도했다. 하마스는 이 캠페인을 일부 지원했다. 21개월 동안 매주 행진을 이어갔지만, 이스라엘의 가혹한 공격으로 참가자 223명이 사망하고 수천 명이 부상을 입으면서 행진은 흐

지부지됐다.

글로벌 북반구Global North '글로벌 남반구'의 국가들과 구분하여 많은 경우 남반구 국가들의 식민지 억압국이었던 (주로 '백인') 국가들을 지칭하는 방식이다.

나크바Nakba '재앙'이라는 뜻의 아랍어로, 1947~1949년 시온주의(이후 이스라엘의) 민병대가 팔레스타인 원주민을 상대로 벌인 대규모 인종청소를 듣고 팔레스타인인 등이 부르는 용어다.

네투레이 카르타Naturei Karta 시온주의를 강하게 반대하는 초정통파 유대인 조직으로, 미국과 이스라엘에서 큰 세력을 보유하고 있다.

두 국가Two States 1947년 이후 모든 유엔 결의안에서 팔레스타인-이스라엘 분쟁 해결을 위해 요구하는 접근법으로 두 국가의 평화로운 공존을 기본으로 한다.

마드리드 회담Madrid Conference 1991년 10월 유엔의 지원을 받고 미국과 (이미 해체하고 있던) 소련이 공동 의장을 맡아 소집된 회의다. 이스라엘, 시리아, 레바논, 요르단-팔레스타인 공동 대표단이 모두 참여했으며 목표는 이스라엘과 모든 아랍 당사국 간의 최종 평화 협정을 체결하는 것이었다. 그러나 협상은 흐지부지됐고 1992년 말 이스라엘은 대신 팔레스타인해방기구와 접촉해 양

자 협정인 (그러나 최종 협정이 아닌) 오슬로 협정을 체결했다.

마르즈 알 주후르Marj al-Zuhur　1992년 12월 이츠하크 라빈 이스라엘 총리가 하마스 지도자들을 포함한 제1차 인티파다 주동 혐의자 396명을 추방한 레바논 남부의 언덕 지역이다. 당시 마르즈('평원')는 이스라엘과 레바논 점령 지역 사이에 있는 무인 지대였고, 레바논 정부는 자신들의 영토로 추방자들이 입국하는 것을 금지했다. 몇 달 동안 마르즈에 고립되어 있던 추방자들은 헤즈볼라가 자신들을 지원하는 주체라는 사실을 알게 됐고, 곧 마르즈는 헤즈볼라와 팔레스타인 정당들의 군사 및 정치 지도자들이 사상, 전술, 연락망을 교환하는 활발한 교육기관이 됐다.

마우마우Mau Mau　영국이 케냐의 강력한 반식민주의 운동인 토지자유당에 붙인 이름이다.

무슬림형제단Muslim Brotherhood　1928년 이슬람 학자이자 교사였던 하산 알반나가 이집트에서 설립한 초국적 수니파 이슬람주의 단체다.

샤리아Shariah　이슬람 율법에 의해 지배되는 법률 체계다.

수감자 문서Prisoners' Document　2006년 5월 파타흐, 하마스, 팔레스타인해방인민전선 등 이스라엘 교도소에 수감된 주요 팔레스타인 정파의 지도자들이 공표한 문서다. 이 문서는 1967년 이스라엘

이 점령한 모든 팔레스타인 지역에 팔레스타인 국가를 수립하고 팔레스타인인인의 귀환권을 이행할 것을 촉구했다.

수니파Sunni　무슬림 세계에서 더 전통적이고 널리 퍼져 있는 종파다. 수니파의 성직 체계는 시아파에 비해 훨씬 덜 위계적이다. 거의 모든 팔레스타인 무슬림은 수니파이다.

시아파 초승달 지대 Shia Crescent　레바논 남부에서 시리아를 거쳐 이라크 일부와 이란에 이르는 시아파 정치 운동과 정부를 가리키는 데 주로 사용되는 용어다(시리아 정부는 시아파의 분파인 무슬림 종파인 알라위파Alawi가 지배하고 있다).

아바야Abaya　율법을 준수하는 많은 무슬림 여성들이 공공장소에서 착용하는 전신을 덮는 의상으로, 볼륨감이 있으며 주로 검은색이다.

아부 알리 무스타파 여단 Abu Ali Mustafa Brigades　(통상) 좌파 조직인 팔레스타인해방인민전선의 전투 부대다.

ISIS　2014년 이라크 서부와 시리아 북동부에서 폭발적으로 세력을 확장하여 2024년까지 시리아에서 작은 기반을 유지한 극단주의 운동조직인 '이라크-시리아 이슬람 국가Islamic State of Iraq and Syria'의 약어다.

아프리카민족회의African National Congress, ANC　1912년에 설립된 남아 프리카공화국의 대표적인 반식민주의, 반아파르트헤이트 운동조 직이다. 1992년 아프리카 민족회의와 그 동맹들은 기존 통치 체제 를 종식하고 1인 1표제를 확립하기 위한 획기적인 합의를 남아공 아파르트헤이트 정부와 체결했다.

알아크사Al-Aqsa　예루살렘에서 가장 성스러운 무슬림 예배 장소 로, 대부분의 무슬림이 사우디아라비아의 메카와 메디나만큼이 나 신성하게 여긴다. 알아크사 대형 모스크는 나무가 늘어서 있 고 길을 닦은 구역 한쪽 끝에 자리하고 있는데, 이곳은 많은 유대 인이 자신들의 제3성전Third Temple의 잔해라고 생각하는 곳 위에 위 치해 있다.

알아크사 순교자 여단 Al-Aqsa Martyrs Brigades　알아크사 인티파다에 참여한 파타흐 내 주요 무장 단체 중 하나이다.

알아크사 인티파다　2000년 말 이스라엘 점령군에 대항하여 하마 스와 파타흐의 일부 세력 등 팔레스타인 무장 단체가 일으킨 봉 기의 이름으로, '제2차 인티파다'라고도 불린다.

알카삼 여단 Qassam Brigades　하마스의 군사 부문이다.

알쿠드스 여단 Al-Quds Brigades　팔레스타인 이슬람지하드의 군사 부문이다.

안사르 알라 Ansar Allah　‘후티’ 참조.

FLN　알제리와 베트남의 반식민주의 단체에서 사용하는 ‘민족 해방전선’을 뜻하는 약어다.

오슬로 협정 Oslo Accords　1993년 9월 노르웨이의 중재로 이스라엘과 팔레스타인해방기구 사이에서 타결된 두 개의 협정이다. 첫 협정에서 팔레스타인해방기구는 이스라엘 국가를 공식적으로 인정하고, 이스라엘은 팔레스타인해방기구를 팔레스타인의 유일하게 합법적인 대표기구로 인정했다. 다음 협정에서 양측은 서안지구와 가자지구에서 ‘팔레스타인 과도 자치정부’를 수립하고 1999년 5월까지 최종 평화 협상을 완료하기로 합의했다.

와크프Waf　통상 양도를 취소할 수 없는 공동체 신탁재산으로, 명확한 종교 원칙에 따라 설립되고 운영된다.

이브라히미 학살 Ibrahimi Massacre　1994년 헤브론의 이브라히미 모스크에서 무장한 미국 태생의 이스라엘 정착민 바루크 골드스타인이 무슬림 신도들을 상대로 저지른 학살이다. 이로 인해 29명이 살해됐다.

이슬람지하드Islamic Jihad　1979년 이란에서 정권을 장악한 (시아파) 이슬람주의 운동의 영향으로 1981년 무슬림형제단에서 분리된 무장 운동 단체 ‘팔레스타인 이슬람지하드’의 줄임말이다.

인티파다Intifada　　　'흔들다'라는 뜻의 아랍어로, 이스라엘의 군사적 점령에 반대하여 점령지 팔레스타인의 주민들이 일으킨 대중봉기에 붙은 이름이다.

저항의 축 Axis of Resistance　　　서아시아('중동')에서 이스라엘의 확장주의 행보를 적극적으로 반대하는 모든 주요 세력을 연결하는 동맹이다. 2024년 중반 현재 이란, 헤즈볼라, 하마스, 팔레스타인 이슬람지하드, 안사르 알라(예멘의 후티), 이라크, 레바논 및 기타 지역의 비국가 조직들, 그리고 일정 부분 시리아 정부까지를 포괄한다. 초창기 일부 저항의 축 구성원들 간의 관계는 유동적이거나 상충되기도 했다.

제1차 인티파다 First Intifada　　　1987년 12월 이스라엘이 점령한 서안지구(동예루살렘 포함)와 가자지구에서 폭발한, 전체적으로 비폭력적이었던 봉기다. 이스라엘 점령 지역의 공동체들은 망명 중인 팔레스타인해방기구 지도부가 1993년 이스라엘과 오슬로 협정을 체결할 때까지 이스라엘의 폭력적인 대응 조치에 맞서 인티파다를 유지했다.

카이로 선언 Cairo Delcaration(2005)　　　2005년 3월 파타흐, 하마스와 기타 10개의 팔레스타인 운동 단체가 팔레스타인해방기구가 팔레스타인 인민의 '유일하게 합법적인 대표기구'임을 확인하고 더 포용적인 단체가 되어야 한다는 데 합의한 협정이다. 이 선언은 하마스와 다른 서명 단체들이 10개월 후 치러진 팔레스타인자치

의회 선거에 모두 출마하기로 한 합의의 기초가 됐다.

타디아Tahid'a　　'평온의 기간'이라는 의미로 일반적으로 공식 휴전보다는 덜 안정적이고 취약한 것으로 이해되지만, 타디아를 통해 공식 휴전으로 이어질 수 있다.

파타흐Fatah　　'팔레스타인 해방운동'이라는 아랍어 명칭(Harakat al-Tahrir al-Watani l-Filastini)을 반대로 나열한 약어이다. 파타흐는 1948년 나크바 이후 탄생한 최초의 주요 민족주의 운동이다. 주요 창립자들은 모두 가자지구의 난민 출신으로, 이들의 주된 요구는 난민들이 1948년 이전의 집과 땅으로 '귀환'하는 것이었다. 파타흐는 1965년 이스라엘 표적에 대한 게릴라 작전을 시작했다. 파타흐는 1968~1969년에 더 관료적인 팔레스타인해방기구를 장악한 게릴라 조직 연합을 이끌었고, 파타흐의 야세르 아라파트는 두 조직 모두의 수장이 되었다.

팔레스타인민족평의회Palestine National Council, PNC　　팔레스타인해방기구의 대의제 '의회'다.

팔레스타인자치정부Palestinian Authority, PA　　1993년 이스라엘과 팔레스타인해방기구 사이의 오슬로 협정에 의해 탄생한 기구로, 현재 라말라에 본부를 두고 있다. 팔레스타인자치정부의 정식 명칭은 '팔레스타인 과도 자치정부'이며 오슬로 협정에 따라 최종 조약이 체결되기 전 5년간만 운영할 예정이었다.

팔레스타인자치의회Palestinian Legislative Council, PLC　오슬로 협정에 따라 팔레스타인자치정부의 업무를 감독하기 위해 선출된 입법 기구다. 이스라엘이 서안지구와 가자지구에 거주할 수 있도록 허가한 팔레스타인인만이 팔레스타인자치의회 선거에서 투표권이 주어진다. 1996년과 2006년 두 차례 팔레스타인자치의회 선거가 진행된 바 있다.

팔레스타인해방기구Palestine Liberation Organization, PLO　팔레스타인 민족 해방을 위해 1964년 아랍 국가 연맹에 의해 설립된 포괄 조직이다. 1968~1969년에 파타흐와 다른 팔레스타인 게릴라(페다인fe-da'iyeen) 조직들이 주도권을 장악했다. 하마스를 포함한 거의 모든 팔레스타인 해방 운동 단체와 전 세계 대부분의 국가들은 팔레스타인해방기구를 팔레스타인 인민의 '유일하게 합법적인 대표기구'로 간주한다.

팔레스타인해방인민전선Popular Front for Liberation of Palestine, PFLP　1960년대에 아랍 민족주의 운동의 팔레스타인 지부로 설립된 좌파 계열의 팔레스타인 운동 조직으로, 광범위하고 대체로 세속적인 지역 운동이다.

피트나Fitna　'혼돈' 또는 '사회 붕괴'를 뜻하는 아랍어 용어다.

헤즈볼라Hizbullah　1982년 이스라엘의 레바논 침공 이후 그에 반대해 레바논의 대규모 시아파 무슬림 공동체에서 성장한 무장 운

동이다. 2000년 헤즈볼라 전투원들은 당시 이스라엘 침공의 마지막 잔존 세력을 추방했다. 2006년 이스라엘은 또다시 레바논을 광범위하고 매우 파괴적으로 침공했다. 당시에는 헤즈볼라가 침략 세력을 격퇴하는 데 단 33일밖에 걸리지 않았다. 헤즈볼라는 이란과 밀접한 관계를 맺고 있지만 레바논에 깊이 뿌리를 내리고 있다. 또한 다른 레바논 정당들과도 긴밀한 관계를 맺고 있고, 여러 명의 레바논 의회 의원을 보유하고 있다.

후드나 Hudna   '휴전'이라는 의미의 아랍어다.

후티 Houthis   전쟁으로 폐허가 된 예멘에서 수년 동안 실질적인 정부 역할을 해온 안사르 알라('신의 신봉자') 운동을 가리키는 이름으로 주로 서구인들이 사용한다.

히잡 Hijab   독실한 무슬림 여성이 착용하는 머리 가리개다.

히즈브 알칼라스 Hizb Al-Khalas   1996년 3월 가자지구에서 하마스의 분파로 설립된 이슬람국가구원당의 아랍어 명칭에 대한 줄임말이다.

참고 문헌

단행본

Abu Amr, Ziad, *Islamic Fundamentalism in the West Bank and Gaza: Muslim Brotherhood and Islamic Jihad*, Indiana University Press, 1994

Baconi, Tareq, *Hamas Contained: A History of Palestinian Resistance*, Stanford University Press, 2018

Caridi, Paola, *Hamas: From Resistance to Regime, 3rd edition*, Seven Stories Press, 2023

Chehab, Zaki, *Inside Hamas: The Untold Story of the Militant Islamic Movement*, Nation Books, 2008

Dalacoura, Katerina, *Islamist Terrorism and Democracy in the Middle East*, Cambridge University Press, 2011

Gunning, Jeroen, *Hamas in Politics: Democracy, Religion, Violence*, C. Hurst, 2010

Hroub, Khaled, *Hamas: A Beginner's Guide*, London: Pluto Press, 2010

Jad, Islah, *Palestinian Women's Activism: Nationalism, Secularism, Islamism*, Syracuse University Press, 2018

Jensen, Michael Irving, *The Political Ideology of Hamas: : A Grassroots Perspective*, I.B. Tauris, 2008

Kear, Martin, *Hamas and Palestine: The Contested Road to Statehood*, Routledge, 2020

McGeough, Paul, *Kill Khalid: The Failed Mossad Assassination of Khalid Mishal and the Rise of Hamas*, The New Press, 2013

Roy, Sara M., *Hamas and Civil Society in Gaza : Engaging the Islamist Social Sector*, Princeton University Press, 2013

Sen, Somdeep, *Decolonizing Palestine: Hamas between the Anticolonial and the Postcolonial*, Cornell University Press, 2020

Seurat, Leila, *The Foreign Policy of Hamas: Ideology, Decision Making and Political Supremacy*, I.B. Tauris, 2022.

Stern-Weiner, Jamie, *Deluge: Gaza and Israel from Crisis to Cataclysm*, OR Books, 2024

Tamimi, Azzam, *Hamas: Unwritten Chapters*, Hurst & Company, 2009

Tamimi, Azzam, *Hamas : A History from Within*, Olive Branch Press, 2011

Wiktorowicz, Quintan, *Islamic Activism: A Social Movement Theory Approach*, Indiana University Press, 2012

논문과 기타 자료

Abu-Amr, Ziad, "Hamas: A Historical and Political Background", in *Journal of Palestine Studies*, vol. 22, no. 4, July 1993, pp. 5–19

Abunimah, Ali, "It's Time to Change Liberal Discourse about Hamas", in *The Electronic Intifada*, June 10, 2021

Abunimah, Ali, "Why Do the Media Keep Parroting Israel's Genocidal Lies?" in *The Electronic Intifada*, March 18, 2024

Alsoos, Imad, "What Explains the Resilience of Muslim Brotherhood Movements? An Analysis of Hamas' Organizing Strategies", in *Mediterranean Politics*, no. 28, 4 May 2021, pp. 1–24

Anzalone, Kyle, "IDF Report Found Multiple Cases of Friendly Fire Deaths on Oct 7", on *Antiwar.com*, June 20, 2024

Araj, Bader, "Harsh State Repression as a Cause of Suicide Bombing: The Case of the Palestinian–Israeli Conflict", in *Studies in Conflict & Terrorism*, vol. 31, no. 4, 4 April, 2008, pp. 284–303

Blumenthal, Max, "New Israeli Report Alleging 'Systematic and Intentional Rape' by Hamas Relies on Debunked Western Media Reports", in *The Grayzone*, February 22, 2024

Brown, L. Carl, and Khaled Hroub, "Hamas: Political Thought and Practice", in *Foreign Affairs*, vol. 80, no. 2, 2001, p. 162

Cobban, Helena, "Hamas's Next Steps", in *Boston Review*, May 3, 2006

Cobban, Helena, "Sisterhood of Hamas", in *Salon*, March 14, 2006

Dana, Tariq, "The Palestinian Resistance and Its Enemies", in *Jacobin*, July 21, 2014

Dean, Jodi, "Palestine Speaks for Everyone", on *Verso Blog*, April 9, 2024

Filiu, Jean-Pierre, "The Origins of Hamas: Militant Legacy or Israeli Tool?" in *Journal of Palestine Studies*, vol. 41, no. 3, June 2012, pp. 54–70

Gunning, Jeroen, "Like Two Peas in a Pod or Two Roads Diverging? Comparing Hamas and Hizballah", in *Mediterranean Politics*, vol. 26, 10 March, 2020, pp. 1–7

Gunning, Jeroen, "Peace with Hamas? The Transforming Potential of Political Participation", in *International Affairs*, vol. 80, no. 2, March, 2004, pp. 233–255

Gunning, Jeroen, and Richard Jackson, "What's so "Religious" about 'Religious Terrorism'?" in *Critical Studies on Terrorism*, vol. 4, no. 3, December, 2011, pp. 369–388

Haspeslagh, Sophie, "'Listing Terrorists': The Impact of Proscription on Third-Party Efforts to Engage Armed Groups in Peace Processes – a Practitioner's Perspective", in *Critical Studies on Terrorism*, vol. 6, no. 1, April, 2013, pp. 189–208

Hroub, Khaled, "A 'Newer Hamas' Through Its New Documents", in *Journal of Palestine Studies*, vol. 35, no. 4, 2006

Hroub, Khaled, "A Newer Hamas? The Revised Charter", in *Journal of Palestine Studies*, vol. 46, no. 4, August 2017, pp. 100–111

Hroub, Khaled, "Palestinian Nationalism, Religious (Un)Claims, and the Struggle against Zionism", in Nadim N. Rouhana and Nadera Shalhoub-Kevorkian, eds., *When Politics Are Sacralized*, Cambridge University Press, 2021

Hussein, Ahmed Qasem, "The Evolution of the Military Action of the Izz Al-Din Al-Qassam Brigades: How Hamas Established Its Army in Gaza", in *Al-Muntaqa: New Perspectives on Arab Studies*, vol. 4, no. 1, September/October, 2021, pp. 78-97

Inkalesh, Robert, "Why the U.S. Must Engage Hamas Politically", in *Mondoweiss*, 2024, February 23, 2024

Jackson, Richard, "Constructing Enemies: Islamic Terrorism in Political and Academic Discourse", in *Government and Opposition*, vol. 42, no. 3, June 2007, pp. 394–426

Kfoury, Assaf, "Hamas: The Islamist Golem?" in *Security In Context*, March 6, 2024

Khalidi, Tarif, and Mayssoun Sukarieh, "Leader of the Underground Tells All", in *Mondoweiss*, February 4, 2024

Kubovich, Yaniv, "IDF Ordered Hannibal Directive on October 7 to Prevent Hamas Taking Soldiers Captive", in *Haaretz*, July 7, 2024

Omar, Abdaljawad, "The Question of Hamas and the Left", in *Mondoweiss*, May 23, 2024

Reed, Wyatt, "Haaretz Confirms Grayzone Reporting It Dismissed as 'Conspiracy' Showing Israel Killed Own Festivalgoers", in *The Grayzone*, November 21, 2023

Rose, David, "The Gaza Bombshell", in *Vanity Fair*, March 3, 2008 (Issue of April 2008)

Sanders, Richard, and team, "October 7: Forensic Analysis Shows Hamas Abuses, Many False Israeli Claims", on *AlJazeera.com*, March 21, 2024, available at: bit.ly/jazeera-on-oct-7-events

Sayigh, Yezid, "'We Serve the People': Hamas Policing in Gaza", a report from the Brandeis University, Crown Center for Middle East Studies, 2011, available at: bit.ly/hamas-policing

Scahill, Jeremy, "On the Record with Hamas", on *Drop Site*, July 9, 2024

Sheen, David, "How an Israeli Colonel Invented the Burned Babies Lie to Justify Genocide", in *The Electronic Intifada*, June 11, 2024

Tocci, Nathalie, "What Went Wrong? The Impact of Western Policies towards Hamas & Hizbollah," policy brief from Center for European Policy Studies, no. 135, July 2007

Winstanley, Asa, "Israeli HQ Ordered Troops to Shoot Israeli Captives on 7 October", in *The Electronic Intifada*, January 20, 2024

감사의 글

우리는 무엇보다 이 프로젝트에 선뜻 유익한 전문 지식을 제공해 주신 다섯 분의 전문가 게스트들께 빚지고 있습니다. 우리는 또한 가장 구체적이고 유익한 방식으로 이 프로젝트에 대한 지지를 표한 다수의 소액기부자들께도 깊이 감사드립니다! 오알북스의 콜린 로빈슨과 그의 팀과 함께 일한 것도 우리에게 유익한 경험이었습니다. 그리고 이 프로젝트에 꼭 필요하고, 주로 보이지 않는 전문적 지원을 해준 쿠알라룸푸르의 무스타파 무함마드와 뉴욕의 말락 아부수드 두 분께도 깊은 고마움을 전합니다.

하마스와 팔레스타인,
오늘날의 식민주의를 보는 창

가자지구의 오늘

4월 1일 42명(180명 이상), 2일 41명, 3일 56명, 4일 112명(100명 이
상), 7일 56명, 8일 58명, 9일 29명, 10일 35명, 11일 10명, 14일
최소 수십 명, 15일 17명(69명), 16일 19명, 17일 최소 17명,
18일 34명, 21일 39명, 22일 25명, 23일 24명, 24일 50명(150명 이
상), 25일 60명, 27일 53명, 28일 23명, 30일 39명.

나는 아침마다 《데모크라시 나우!Democracy Now!》의 헤드라인 뉴
스를 틀어놓고 출근한다. 대부분의 경우 첫 번째 헤드라인은 이
스라엘이 가자지구에서 학살한 내용을 다룬다. 위 숫자는 지난
2025년 4월 한 달간 가자지구에서 이스라엘에 의해 살해된 사람
의 숫자다(괄호의 숫자는 부상자이고, 주말의 수치는 누락된 경우도 있다). 우
리가 하루하루 일상을 살아가는 이 순간에도 가자지구의 주민들
은 말 그대로 살인적인 이스라엘의 봉쇄(휴전의 1단계가 종료된 다음
날인 3월 2일부터 어떠한 물자도 허용하지 않는 '지옥 작전')와 무자비한 폭

격으로 인해 그 언제보다 고통스러운 시간을 보내며 죽어가고 있다.* 이스라엘은 레바논과의 휴전 협정을 어기며 레바논 남부에 대한 공격도 계속하고 있고, 예멘에서는 3월 중순부터 시작된 미국의 공습으로 이미 250명 이상(대부분은 민간인)이 사망했다. 팔레스타인과 연대해 홍해에서 이스라엘과 미국의 상선들을 봉쇄하고 있는 후티를 명분으로 한 명백하게 불법적인 공격인데**, 이들이 상선에 대한 공격 중단을 위해 내건 조건은 그저 이스라엘의 가자지구에 대한 인도적 지원 허용과 휴전이었다.

우리의 오늘

'나는 이 책을 어떻게 번역하게 되었나?' 번역을 마무리하는 시점에 다시 한번 생각해본다.

원래는 출판사에 박사학위 공부를 위한 주제로 생각하고 있던 무기 산업arms industry(한국에서는 '방위 산업defense industry'이라는 부당한 명칭으로 불린다)과 국제 무기 거래에 대한 책의 번역을 제안드렸다.

---

*   휴전이 폐기된 이후 두 달도 안 돼 사망자는 2,000명을 넘어섰고, 4월 말 기준 18개월 동안 팔레스타인 전체 사망자는 5만 4,000명을 넘어섰다.

**   Craig Mokhiber, "Yemen is acting responsibly to stop genocide and the U.S. is bombing them for it", April 1, 2025. 한국어 번역은 다음 웹페이지를 참조하라. https://pal.or.kr/wp/yemen-is-acting-responsibly-to-stop-genocide-and-the-u-s-is-bombing-them-for-it/. 이 칼럼은 예멘의 홍해 봉쇄의 국제법적 적법성을 논하고 있다. 한편 미국은 (바이든 행정부 당시부터) 외국 영토인 예멘에 대한 군사 공격을 의회 승인 없이 진행했다는 측면에서 자국의 헌법을 위반한 혐의도 짙다.

그러면서 이메일의 말미에 최근 영어로 출간된 책 중에 하마스에 대한 대담집도 있으니 혹시라도 적절한 번역자가 있으면 번역해도 좋겠다는 추신과 함께. 편집자님은 노련하고 합리적인 편집자답게 무기 산업에 대한 책은 출판 시장의 수요상 어려울 것 같다며 대신 하마스에 대한 책을 직접 한번 번역해보면 어떻겠냐고 역제안을 주셨다.

제안을 받자마자 무엇보다 한국 사회에 필요한 내용이라는 생각과 동시에 팔레스타인 문제에 대한 전문가도 아닌 내가 번역을 하는 게 맞는가 하는 걱정이 들었다. 이 책을 읽는 독자라면 누구나 기억하고 있을 2023년 10월 7일 알아크사 홍수 작전 이후 이스라엘의 가자지구 집단학살이 본격화되었고, 나 역시 국제 문제에 관심이 많은 한 명의 시민으로서 당시 활동하고 있던 녹색당에서 이스라엘을 규탄하는 논평을 작성하고 팔레스타인과 연대하는 한국 시민사회 긴급행동(이하 '긴급행동')의 주말 집회와 1인시위에 함께하면서 여력이 되는 정도로 연대해오긴 했다. 하지만 복잡한 역사를 가진 팔레스타인 문제에 전문성이 있다고 말하긴 어려웠기 때문이다. 그럼에도 불구하고 이 책을 번역하기로 결심했던 가장 큰 이유는 탈식민주의의 과제가 제대로 해결되지 않은 이 세상에서 팔레스타인의 그들과 우리가 연결돼 있다는 믿음, 그러므로 한국에 있는 우리에게도 일종의 책임감이 있다는 생각 때문이었던 것 같다.

또한 팔레스타인의 해방을 지지하는 한국 시민사회 내에서도 하마스에 대한 이해를 둘러싸고 해소되지 않은 쟁점이 있다는 것도 번역 작업에 영향을 미쳤다. 긴급행동의 캠페인에 연대하면서 연대체인 긴급행동 내에서도 예컨대 관련 팸플릿을 작성하며 하마스에 대해 어떻게 소개하고 기술할 것인가에 대해 참여 단체별로 이견이 있었던 것을 알게 됐다. 그러나 집단학살이 격화된 초반이었던 당시에는 하마스에 대한 사실관계를 따지고 어떤 입장이 더 바람직한지, 그리고 그에 따라 연대기구의 입장을 어떻게 면밀하게 정리해야 할지에 대해 토론하기보다는 그에 대한 고민을 계속 가져가되 가속화되고 있는 집단학살을 멈추는 것이 최우선이라는 공감대가 있었고, 이에 대한 문제는 한동안 수면 아래로 들어갔다. 또한 논의를 위한 자료가 상대적으로 부족한 이유도 있었을 것이다.

그러면서 나 개인적으로는 초보적인 수준에서라도 하마스에 대한 자료를 찾아갔고 이 책에 대해서도 알게 됐다. 번역을 고민하면서 한국 지식 담론장에서 팔레스타인평화연대에서 번역하는 외국 기사나 칼럼을 제외하고는 하마스에 대한 출판된 문헌 자료가 없다는 것도 알게 됐다(이 책이 하마스에 대한 국내 첫 단행본이다). 이제는 부족하나마 이 공백을 메우고 '하마스는 무엇인가'에 대한 논의를 할 때가 됐다는 생각에 이르게 됐다.

식민주의의 오늘

이 책의 번역 작업은 그렇게 시작되었다. 우크라이나 전쟁에 대한 이전 번역 작업*을 할 당시에도 책에 기술된 사실 관계를 확인

---

* 　메디아 벤저민 외, 《당신은 우크라이나 전쟁을 모른다: 이분법을 넘어 한 권으로 이해하는 우크라이나 전쟁》, 이준태 옮김, 오월의봄, 2023.

하기 위해 우크라이나 언론사의 기사를 영어 번역기로 번역해서 보며 정리된 자료들이 부족한 것에 답답함을 느꼈는데 이번 번역 작업에서 개인적으로 느낀 어려움은 훨씬 컸다. 대담자들이 툭툭 던지는 과거 사건들에 대한 언급은 책이나 논문처럼 정리된 형태로 제시되지 않았고, 가끔은 어떤 내용부터 공부해야 할지 막막하기도 했다. 게다가 많은 사건들은 최소 100년의 팔레스타인 역사에 대한 이해를 필요로 했다. 100여 년 전 영국이 오스만 제국의 팔레스타인 지역에 처음 개입하기 시작한 이래로 전개된 일련의 사건들은 도미노처럼 연결돼 있었기 때문이다.* 그러다 보니 번역어 하나를 제대로 번역하기 위해서 많은 역사적 사건들을 찾아보고 공부할 필요가 있었다.

그런 고충의 와중에서도 팔레스타인 문제를 둘러싼 역사를 공부할수록 그들이 겪고 있는 식민주의의 오늘과 우리가 겪은 식민주의의 과거가 너무나 비슷하게 포개진다는 생각이 들었다. 예컨대, 이스라엘은 비유대인을 이등국민으로서 대우하며 이들의 기본권을 보장하지 않기 위해 헌법을 제정하지 않고 이들을 차별하는 70여 개의 법률을 가지고 있다는 것은, 일제강점기 일본이 조선인을 차별했던 것과 전혀 다를 바가 없지 않은가? 아무리 일본 식민 정부는 내지(일본 본토)와 조선은 한 몸이라는 내선일체를 외치고 일본인과 동일한 국적을 부여한다고 했지만 조선 땅에는 일

---

* 그런 측면에서 다음의 책은 팔레스타인 100년사를 개괄하는 데 큰 도움이 된다. 라시드 할리디, 《팔레스타인 100년 전쟁: 정착민 식민주의와 저항의 역사, 1917-2017》, 유강은 옮김, 열린책들, 2021.

본 헌법을 적용하지 않고 '내지 호적'과 '조선 호적'을 구분해 이동을 금하고 철저히 차별했다. 그런 기만적인 체제가 표면에 있었지만, 잘 알려진 것처럼 간토 대지진 당시 일본인 자경단은 집집마다 다니며 조선인이 잘 발음하지 못했던 '15엔 50전(주고엔 고주센)'을 발음하게 하여 일본인이 아니라는 것이 확인되면 조선인을 학살했다.*

또한 팔레스타인의 저항 운동 분파들의 역사를 볼수록 일제 강점기 당시 우리의 독립 운동과 다르지 않다는 것을 느끼게 된다. 당시 민족 독립을 위해 투쟁한 여러 정파와 지향이 있었지만, 민족 독립이라는 하나의 목표를 추구한다는 공통점이 있었다. 사회주의, 아나키즘, 무장 투쟁부터 문화 및 교육 운동까지 그 세력들의 지향이 각기 다르고 그에 대한 현재 각자의 평가는 다를 수 있지만, 우리는 그들 모두를 민족 독립에 기여한 세력으로 본다. 가령 몇 해 전 한국 사회에서 약산 김원봉의 서훈을 둘러싼 논란이 일었을 때도 쟁점은 그의 사회주의 활동과 숙청 전 북조선 정부에서의 역할에 대한 것이었지, 의열단 활동처럼 대중영화로도 잘 알려진 그의 테러 및 요인 암살, 무장 투쟁 노선과 그로 인한 무고한 민간인 희생이 정당화될 수 있는 것인지에 대한 것은 아니었다.**

역사를 공부할수록 명확해지는 것이 있다. 제국주의 시대 유럽의

---

* 　 길윤형, "주고엔 고주센", 《한겨레》, 2024년 9월 1일.

** 　 윤봄이, "[김원봉 서훈 논란①] '뜨거운 인물' 약산 김원봉…서훈할 것이냐 말 것이냐", KBS, 2019월 4월 2일.

백인 남성 '시민'과 일본과 같은 명예 백인 남성 '시민'은 피지배 인종을 근본적으로 자신과 다른 존재, 동시에 죽여도 되는 존재라고 인식했다는 것이다. 야만의 시대였다. 그런데 피식민국가들이 명목상의 자결권을 보장받기 시작한 20세기 후반부터의 역사를 조금 더 공부할수록 알제리와 인도네시아에서, 베트남과 인도차이나에서, 발칸반도와 이라크, 아프가니스탄에서 이런 인식과 행동이 별로 바뀌지 않았다는 걸 절감하게 된다.

팔레스타인을 공부할수록 식민주의적 인식과 행동이 21세기의 사반세기가 지난 현재에도 여전히 이어지고 있다는 것을 절감한다. 우리가 겪은 식민주의의 유령은 100년이 지난 지금도 팔레스타인에서 동일한 방식으로 작동하고 있다. 스스로가 팔레스타인 난민이기도 했던 비판적 지성인 에드워드 사이드가 타계하기 몇 개월 전인 2003년, 1967년부터 35년간 점령지 팔레스타인에서 지속된 이스라엘의 군사 점령에 대해 일본의 한반도 점령만을 제외하고 현대사에서 가장 긴 군사 점령이라고 언급했던 이유다.* 그 점령이 우리의 일제강점기를 훨씬 뛰어넘어 현재까지 58년가량 이어져오고 있다.**

---

* Said, Edward W., "Memory, Inequality, and Power: Palestine and the Universality of Human Rights", *Alif: Journal of Comparative Poetics* 24: 15 – 33, 2004, 25쪽.

** 물론 1967년 이후의 군사점령만이 아니라 나크바와 그 이전부터 지속된 시온주의 정착민들의 폭력을 고려하면 그 범위는 훨씬 길어진다. 일부 비판적 법학자들은 나크바를 시작으로 77년간 계속되고 있는 이스라엘의 식민지배와 아파르트헤이트, 군사점령부터 현재의 집단학살까지를 국제법을 위반하는 연속적인 '나크바 체제'라고 규정하기도 한다. 동시에 이런 관점은 팔레스타인인들 사

또한 이 시점에도 수단에서는 반군(신속지원군)과 정부군 간의 내전으로 인해 "최악의 인도주의 위기"(유엔)를 겪으며 2년 동안 사망자 6만 명 이상, 난민은 1,300만 명을 기록 중이고, 콩고민주공화국에서도 또 다른 반군(M23)과의 내전으로 2025년 초 두 달 만에 최소 7,000명 이상이 사망한 것으로 알려져 있다. 우리와 상관없는 듯하지만 수단 내전은 중국, 러시아, 아랍에미리트 등 여러 강대국의 지원을 받는 정부군과 반군이 금광을 둘러싸고 갈등하는 것이며, 콩고 내전의 핵심은 우리가 일상에서 매일 사용하는 스마트폰처럼 첨단 제품에 핵심적으로 사용되는 코발트와 같은 광물이다.* 또한 1956년 독립한 이래 대부분의 기간에 내전을 겪은 수단이나, 1990년대 르완다 대학살에서부터 이어져온 콩고의 내전도 과거 식민지 시절 영국, 독일, 벨기에에 의해 시작된 분할통치와 착취 구조에 기원하고 있다는 점에서도 닮았다.** 팔레스타인과 수단, 콩고는 식민주의를 경유해 아직도 우리와 연결되어 있다.

이에서는 광범위하고 상식적인 인식이다. UN Committee on the Exercise of the Inalienable Rights of the Palestinian People, "1948–2024: The Ongoing Palestinian Nakba (Panel Discussion)", 17 May, 2024; Rabea Eghbariah, "The Harvard Law Review Refused to Run This Piece About Genocide in Gaza", *The Nation*, November 21, 2023; John Reynolds, "Challenging the Nakba through International Law?", *The Nakba Files*, July 27, 2016.

* 정유경, "최악의 '위기국가' 수단 내전 2년…"우린 금의 저주를 받았다"", 《한겨레》, 2025월 4월 23일; 구정은, "내전에 자원 약탈까지, '늪'에 빠진 콩고 동부", 《한겨레》, 2025월 3월 1일.

** Searcy, Kim , "Sudan in Crisis", *Origins: Current Events in Historical*, June, 2019; 정의길, "종족 · 광물 얽힌 30년 분쟁의 늪…'3차 콩고전쟁' 위기 치닫나", 《한겨레》, 2025년 2월 11일.

그렇다면 우리는 지금 야만의 시대를 벗어났다고 할 수 있을까?

하마스는 무엇인가?

이 책을 번역하고 팔레스타인에 대해 공부하는 과정은 식민주의의 역사와 현재를 자각하는 과정이었다. 동시에 그 과정에서 경험한 몇 가지 일화를 공유하고 싶다.

첫 번째는 하마스 대원들에 열광하는 가자지구 주민들의 영상이다. 2025년 초 휴전안이 타결되어 짧게나마 학살이 중단된 시기 양측의 포로가 석방될 때 하마스는 이스라엘 인질들을 석방하며 대대적인 행사를 진행했다. 당시 영상을 보면 주민들은 아이와 어른 할 것 없이 국제적십자사에 포로들을 인도하기 위한 준비를 하는 하마스 대원들을 둘러싸고 환호하며 이들과 '셀카'를 찍고 즐겁게 악수하는 것을 볼 수 있다.*

이 영상이 모든 진실을 담고 있지는 않겠지만 최소한 가자지구에서 하마스가 건재하다는 것과 이들이 상당한 대중적 지지를 유지하고 있다는 것을 보여준다. 반면 이 영상의 댓글창을 보면 다른 사실도 알 수 있다. 댓글창에는 "역시나 하마스와 팔레스타인 민간인은 차이가 없다", "가자지구에는 민간인 같은 건 없다는

---

*   AFP News Agency, "Gazans cheer for Hamas militants as Israeli hostages released", January 20, 2025, https://www.youtube.com/watch?v=mX-WbTzF8nzc. 특히 이 영상의 50초경에는 찰나지만 얼굴 전체에 화상을 입은 청소년이 하마스 대원 옆에서 환하게 웃음 짓는 장면이 있는데 나에게는 가자지구의 현실을 가장 극명하게 보여주는 한 장면처럼 보였다.

걸 보여준다"는 혐오적 내용으로 가득 차 있다.

다른 하나는 내란 사태의 주범인 대통령도 탄핵된 따뜻한 4월 어느 날 이 책의 1차 교정을 마치고 주말 종로 꽃시장에 들러 베란다에 심을 채소와 허브류를 사서 돌아오는 버스 안에서였다. 신호를 기다리는 버스가 광화문 광장에 멈춰섰을 때 광장 한복판에 극우 단체의 것으로 보이는 현수막이 눈에 들어왔다. 현수막에는 영어로 "하마스를 죽이고 인질을 데려오자"라고 적혀 있었다. 한국에서까지 이렇게 팔레스타인인들을 비인간화하는 적나라한 논리에 직면하자 여기에 어떻게 반응해야할지 모르면서도 동시에 또 다른 장면이 떠올랐다.

바로 지난 1월 14일 있었던 피트 헤그세스 국방부 장관의 상원 인준 청문회다. 자신은 '기독교도 시온주의자'라고 당당히 밝힌 한 공화당 의원이 헤그세스에게 "가자지구에서 이스라엘의 실존적 전쟁을 지지하느냐"고 질문하자 그는 자신도 기독교도 시온주의자라고 호응하며 "저는 이스라엘이 하마스의 마지막 구성원까지 살해하는 것을 지지합니다"라고 답변한 것이다.[*]

또한 긴급행동 주도로 광화문역 인근의 이스라엘 대사관 앞에서 매일 점심시간마다 진행되는 1인시위 중에 유대인으로 보이는 한 커플은 나에게 납치된 이스라엘 민간인의 사진을 보여주며 나에게 '진실을 공부하라'고 훈계한 적도 있었다(1인시위에 참여한 적이

---

[*]   NBC News, "Highlights: Pete Hegseth Questioned about Misconduct Allegations and Views on Women at Senate Confirmation Hearing", January. 15, 2025.

있는 시민들은 상당수가 비슷한 경험이 있을 것이다).

이 책을 읽고 있는 독자 중에 이런 논리에 공감하는 사람은 거의 없을 것이라고 생각한다. 하지만 동시에 '그래도 하마스는 민간인에 대한 자살테러 공격을 하고 민간인을 납치했다는 점을 먼저 규탄하고 이스라엘을 비판해야 하는 게 아닐까?'라는 생각을 암암리에 먼저 하게 되기도 쉽다. 물론 이런 문제의식도 그 자체로는 고려할 필요가 있는 쟁점이라고 할 수 있다. 또한 민간인을 대상으로 자살 폭탄 테러를 하거나 이들을 납치하는 것은 당연히 국제인도법을 위반한 인도에 반한 죄이자 전시의 경우 전쟁범죄다.

하지만 동시에 그러한 사태가 벌어진 팔레스타인의 현실을 인식하기보다 먼저 하마스가 무엇을 하였는지에 대해서 집착하게 되는 것은 그런 폭력이 벌어진 더 큰 배경의 폭력, 즉 77년간 이어져온 이스라엘의 식민지배와 아파르트헤이트, 군사점령의 본질이 무엇인지를 희석시킬 위험이 크다. 그러나 동시에 이 말은 하마스가 본인들이 저지른 인도주의적 잘못에서 면책된다는 것이 아니다. 하마스와 팔레스타인의 다른 저항 세력들은 알아크사 홍수 작전 이후에도, 그 이전에도 국제형사재판소나 유엔 등 공인받은 독립 기구를 통한 객관적인 조사를 요구해왔고 그런 조사가 이루어진다면 조사 결과를 그대로 받아들이겠다고 강조해왔다. 이것을 지속적으로 막고 있는 것은 하마스와 팔레스타인인들이 아니라 이스라엘 식민 당국이다.

현실에 대해 조금만 관심을 가지면 사태의 본질을 확인하는 것은 어렵지 않다. 하지만 일본 정치의 극우화로 젊은 일본인들이

제국주의 역사에 대해 제대로 배우지 못하고 피해국들에 어떠한 일을 자행했는지 잘 모르는 것처럼 대다수의 이스라엘 유대인들도 나크바나 이스라엘이 자행한/자행하고 있는 폭력에 대해서 잘 알지 못하거나 인식하려 하지 않는다.

그러나 현란한 수치와 근거를 통해 일제강점기를 미화하는 수정주의적 언설과 논리가 난무하더라도 우리에게는 그 현실을 간파하는 피식민 경험이 세대와 세대를 통해 이어져오고 있기 때문에, 친일파와 친미파가 사회의 기득권을 쥐고 있는 상황에서도 '정치적 친일'을 명시적으로 드러내는 것은 금기시된다. 그런 한국에서 정보 부족과 서구중심적 언론 보도에도 불구하고 팔레스타인에 대해서도 식민주의자와 점령자의 관점이 아니라 피점령자 관점의 인식을 갖는 것은 어려운 것일까? 이 책의 필요는 여기 있다고 생각한다. 그러므로 이 책이 우리나라의 주류 언론에서 극단주의 무장 테러 단체로만 그려지는 하마스의 모습을 있는 그대로 인식하는 데 도움이 되고 팔레스타인의 경험을 '팔레스타인의 입장'에서 이해하는 데 도움이 된다면 무엇보다 번역한 보람을 느낄 것 같다.

게다가 한국은 가자지구 학살에 사용되는 상당량의 무기를 이스라엘에 지속적으로 수출하고 있고, 한국의 HD현대건설기계는 서안지구에서 팔레스타인인들의 집을 파괴하고 불법정착촌을 확대하는 데 사용되는 굴착기도 계속 수출하고 있지 않은가?* 또한

---

*   다음의 서명 캠페인과 기사를 참조하라. 팔레스타인 긴급행동, "한국 정부는 이스라엘 무기 수출 중단하라 Stop Arming Israel!", 2023, https://campaigns.

최근 국방대에서는 전쟁에 인공지능을 활용하는 것을 배우겠다며 이스라엘의 예비역 장성을 초청해 강연을 듣기도 했다.[*] 최소한 피식민의 경험이 있는 한반도에서 이런 현실은 바뀌어야 하지 않을까?

하마스를 이해하기, 우리를 이해하기

이 대담의 기획자들이 이 책의 목표가 하마스를 옹호하거나 대변하는 것이 아니라고 밝혔던 것처럼 내가 이 책을 번역하려 했던 목적도 크게 다르지 않다. 최대한 사실을 그대로 보고 판단해서 우리가 생각하는 '진실'에 가까이 다가가는 것이고, 이번 번역 작업의 목표도 그 판단을 위한 사실의 조각을 제공하고 사실들이 발생한 큰 그림을 정리할 수 있게 돕는 것이었다. 대담이라는 형식으로 인해 정보 전달의 체계성은 다소 부족하다고 느낄 수 있겠지만, 각 전문가들이 전달하는 생생한 현장성이 독자들에게 더 잘 전달되었길 빈다.[**]

전업번역가도 아니고 지역 분쟁 전문가도 아닌 내가 관련된 영

do/campaigns/1179; 팔레스타인 긴급행동, "HD Hyundai Equipment Used for Ethnic Cleansing in Palestine 팔레스타인 인종청소에 사용되는 HD현대 장비", 2024, https://campaigns.do/campaigns/1229; 이오성, "팔레스타인 할퀴는 HD현대의 중장비들", 《시사IN》, 917호, 2025.

[*]   정인환, "반인륜적 전쟁 배우려는 한국", 《한겨레21》, 1557호, 2025.

[**]   하마스에 대한 조금 더 깊이 있는 분석은 원하는 독자들에게는 칼레드 흐룹의 최근 저서를 추천한다. Hroub, Khaled. *Hamas: A Beginner's Guide (3rd edition)*, Pluto Press, 2025.

어 자료들을 조금씩 보게 되면서 어쩌다 보니 국제 지역 분쟁과 관련한 책을 두 권이나 번역하게 됐다. 유예된 박사학위 진학 전에 공부를 하기 위해서인지, 진학을 유예를 하기 위해서인지 모르게 번역 작업에 시간을 쏟게 됐다. 그런데 생각지도 못하게 이번 번역을 통해 우리의 역사와 현실에 대해 더 자주 생각하게 됐다. 식민지 경험과 그에 이은 외세 개입으로 의한 분단으로 민족국가 건설이라는 근대적 프로젝트를 성공하지 못했다는 어쩌면 익숙하지만 한동안 깊이 있게 생각해보지 못했던 주제 말이다. 팔레스타인의 이야기 속에서 우리의 이야기를 볼 수 있는 경험이었다. 그런 의미에서 팔레스타인은 계속 우리와 연결되기 위해 손을 내밀고 있음을 느낄 수 있었다.

이 책의 원서는 일부 고유명사 추가와 같은 최소한의 편집을 제외하고 온라인 대담의 속기록을 그대로 사용했으나, 한국어판의 편집 과정에서는 취지를 훼손하지 않는 수준에서 반복되는 진행자 소개와 짧은 호응, 반복되는 표현 등을 일부 삭제하고 윤문했음을 밝혀둔다. 논지 전달과 가독성에 도움이 됐길 바란다. 또한 번역 과정에서 확인한 작은 오타와 사실 관계 오류도 저자들과의 소통을 통해 수정했고, 아랍어의 로마자 표기법은 원서를 참고하되 가장 널리 쓰이는 표기법을 따랐다.

　몇 개월 동안 번역과 편집을 하는 과정에서 이심지, 이정신 편집자님과 동녘 편집부 구성원들은 초고 교정부터 마지막 책 디자인까지 무사히 진행될 수 있도록 애써주셨다. 책 작업을 할 때마다 책을 내는 것은 이분들과의 공동 작업임을 깨닫는다. 팔레스타인평화연대의 활동가들은 바쁜 와중에도 원서와 번역본을 꼼꼼히 살펴보며 여러 표현과 번역어, 역주 내용 등에 수정 제안을 주었고 열정적인 해제도 작성해주었다. 옮긴이가 아랍어와 팔레스타인의 역사에 대한 지식이 일천했음에도 불구하고 이분들의 도움으로 그나마 책이 잘 정리되어 세상에 나올 수 있었다. 진심으로 고마움을 전한다. 그럼에도 불구하고 번역에 오류나 잘못된 표현이 있다면 전적으로 옮긴이의 책임이다.

또한 마감 때마다 저녁과 주말까지 작업하느라 함께 시간을 보내지 못해도 미소로 이해해준 라일리와, 힘들다는 징징거림을 너그럽게 이해해주며 작업을 이어갈 수 있게 응원의 말을 보태준 주변의 동료들과 친구들에게도 고마움을 전한다. 마지막으로 극한의 상황에서도 희망을 잃지 않고 새로운 하루하루의 역사를 지어내고 있는 팔레스타인 민중들과 전 세계에서 이들의 고난을 함께하는 이들에게 존경과 연대의 마음을 보낸다.

찾아보기

311

ㅎ